Islandeering

Deutschland

In dankbarem Andenken an meinen Vater Dr. Hans Ransmayr,
der bis zu seinem Ableben neugierig, naturliebend,
entdeckungsfreudig und unternehmungslustig geblieben ist.

H. R.

HAFFMANS TOLKEMITT

Einmal im Jahr solltest du einen Ort besuchen,
an dem du noch nie warst.

Dalai Lama

Die Sandinsel im Donaudurchbruch

Eibseeinseln

Inhalt

»Ich bin eine Insel« – Abenteuer Islandeering

»Niemand ist eine Insel, in sich ganz; jeder Mensch ist ein Stück des Kontinents, ein Teil des Festlandes«, schrieb der englische Dichter John Donne im Jahr 1623. Echte Islandeerer sehen das ganz anders. Islandeerer, das sind Inseljäger oder Inselsammler und damit Menschen, die sich Inseln in allen Größen, Formen, Farben und Lagen tief verbunden fühlen und möglichst viele davon kennenlernen wollen. Besonders die kleinen, unbekannten Schönheiten haben es ihnen angetan. Vielleicht sind Sie ja auch ein Islandeerer. Eingefleischte Inselfans können John Donnes mittlerweile geflügelten Ausdruck jedenfalls guten Gewissens umdrehen und im positiven Sinne behaupten: »Ich bin eine Insel.«

Wer Inseln liebt, muss deshalb aber noch lange kein Einsiedler sein, der mit dem Rest der Welt nichts zu tun haben will. Im Gegenteil: Wenn wir Inseln als Orte der Freiheit, der Gemeinschaft und der Nachhaltigkeit verstehen, dann räumt die wohlbekannte einsame Insel den Platz für eine wahrhaftige Insel der Seligen (die zwar abgelegen sein kann, uns aber nicht einsam macht) – ob für ein kleines Abenteuer am Wochenende, für einen ganzen Sommer oder gar als Wahlheimat.

Doch was fasziniert uns Menschen so sehr an Inseln? Warum beflügeln sie unsere Fantasie seit Jahrhunderten? Schon im frühen 16. Jahrhundert ersann der englische Humanist Thomas Morus die Insel Utopia, die zur Namensgeberin für eine ganze literarische Gattung, aber auch für die menschliche Neigung zum Entwurf idealer Gesellschaftsformen werden sollte. Ihm folgten viele Künstler und Schriftsteller, die Inseln als Schauplätze für ihre Utopien, Dystopien und Robinsonaden wählten. Klassiker von »Robinson Crusoe« über »Die Schatzinsel« und »Die Insel des Dr. Moreau« bis hin zu »Herr der Fliegen« oder Filme wie »Cast Away – Verschollen« und die TV-Serie »Lost« haben unser kulturelles Gedächtnis so geprägt, dass wir Inseln als romantische, gar utopische oder abenteuerliche Sehnsuchtsorte begreifen.

Wenn wir uns »reif für die Insel« fühlen, sehnen wir uns danach, unsere vom Alltag verbrauchten Batterien wieder aufzuladen – mit Sand zwischen den Zehen, salzigem Meeresduft in der Nase und erfrischendem Inselwind im Gesicht. Wir sehnen uns nach Inspiration durch raue Küstenstreifen, unberührte Urwälder, die wilde See, die Weite des Horizonts und einzigartige Inselmythen und -geschichten.

Inseln im Weitsee

Wir wollen uns beim Schwimmen, Radeln, Surfen oder Kanufahren auspowern oder meditative Ruhe beim Angeln, Vögel- und Wolkenbeobachten oder beim Wattwandern finden. Wir wollen uns in geselligen Strandbädern vergnügen und uns dem besonderen Rhythmus des Insellebens hingeben.

Dass auch deutsche Inseln gern gegen den auf dem Festland herrschenden »Strom« schwimmen, beweist Rügens wunderbar wilde kleine Schwester Hiddensee. Nicht erst seit DDR-Zeiten strandeten dort Künstler und Aussteiger. Die Magie der langgestreckten, autofreien Ostseeinsel hat zuletzt Lutz Seiler, der selbst 1989 als Saisonkraft dort arbeitete, in »Kruso« verewigt. Auf Hiddensee als »Sehnsuchtsort der Freiheit« vereinen sich in seinem Roman Robinsonade und Utopie, Abenteuer und Hoffnung, Action und Romantik – genau wie beim Islandeering.

Rheininsel Pfalzgrafenstein

Pfaueninsel

»Deutschlands Inselvielfalt erstreckt sich neben Meeresinseln in Nord- und Ostsee auch auf unzählige Inseln in Flüssen und Seen.«

Das Bild der Insel als Refugium impliziert allerdings nicht nur romantische, freie Abgeschiedenheit. Es hat auch eine Kehrseite: Isolation kann auch Gefangenschaft oder Verbannung bedeuten, der Abschottung reicher Eliten oder militärischen Zwecken dienen. Hansjörg Ransmayr stellt uns in diesem Buch deutsche Inseln in all ihrer Vielfalt und Einmaligkeit vor – von Gerichts- und Festungsinseln über Kloster-, Wein- und Künstlerinseln bis hin zu Naturschutzinseln und einer sogenannten Seucheninsel.

Hansjörgs Inselleidenschaft entflammte während abenteuerlicher Familienurlaube auf der kroatischen Adriainsel Cres in Kindheitstagen. Gemeinsam mit dem begeisterten Freiwasserschwimmer, Wanderer, Kajakfahrer und Fotografen entwickelte ich 2018 die Idee zu Islandeering Deutschland – locker angelehnt an ein soeben erschienenes englisches Buch. Dabei hatten wir weniger die großen deutschen Meeresinseln wie Rügen, Sylt oder Helgoland im Blick. Herzstück des Buchs sollten vielmehr die unbekannteren, kleineren und weniger touristischen Inseln in Deutschlands Nord- und Ostsee, aber auch die Binneninseln in den Flüssen und Seen des Landes sein. Gesagt, getan: Im Sommer 2019 unternahm Hansjörg eine Inselentdeckungstour kreuz und quer durch die Bundesrepublik, die dem unbeugsamen Islandeerer neben vielen Glücksmomenten auch eine unfreiwillige Sturmnacht auf einem exponierten Parkplatz und den Untergang seiner Kameradrohne samt Fotoausbeute bescherte. Aber Odysseus' Abenteuer waren schließlich auch keine Spazierfahrt! Hansjörgs Entdeckergeist verdanken wir diesen einmaligen Inselguide: Er nimmt uns mit von der herrschaftlichen Herreninsel im Chiemsee zu den windgepeitschten Warften der Hamburger Hallig unweit der dänischen Grenze und von der rechtsrheinischen Inselburg Pfalzgrafenstein tief im Westen Deutschlands bis hin zum luxuriösen Lustschlösschen des preußischen Königs Friedrich Wilhelm II. auf der paradiesischen Pfaueninsel in der Havel südlich von Berlin.

Deutschlands Inselvielfalt erstreckt sich neben Meeresinseln in Nord- und Ostsee auch auf unzählige Inseln in Flüssen und Seen. Und doch: Kein Eiland ist wie das andere. Zu den Meeresinseln zählen auch Halligen, wie Hooge oder Oland im nordfriesischen Wattenmeer, wo bei Sturmflut häufig »Land unter« gerufen wird. Und auf deutschen Flüssen und Seen wiederum finden sich auch künstlich angelegte Inseln, wie die einst private Badeinsel Hoy im Bodensee, die mit 53 Quadratmetern kleinste Insel dieses Buchs. Die Donauinsel Kräutelstein bei Passau ist mit 450 Quadratmetern nur etwas größer und ebenfalls unbewohnt, bietet aber immerhin genügend Platz für einen Grenzstein (sie gehört größtenteils zu Österreich). In Hamburg hingegen wohnen gleich mehr als 50.000 Menschen auf einer Insel: dem Stadtteil Wilhelmsburg.

»Islandeering Deutschland« fördert nicht nur Ihre »Inselbegabung«, es liefert auch Antworten auf die brennendsten Fragen. Gibt es die Insel aus der Fernsehwerbung dieser Biermarke wirklich, und wenn ja, wo? Stimmt es, dass es auf dem Steinhuder Meer schon ab Ende des 18. Jahrhunderts eine Gefängnisinsel gab, lange bevor das berüchtigte Gefängnis auf Alcatraz den Betrieb aufnahm? Und was hat der Ausdruck »über die Wupper gehen« mit der Wuppertaler Gerichtsinsel zu tun? Um viele deutsche Inseln ranken sich Mythen, Sagen und Anekdoten. Wie es sich für Sagen gehört, gehen die meisten davon weit zurück. Die Siedlung Rungholt in der nordfriesischen Küstenlandschaft Strand etwa wurde 1362 durch eine Sturmflut zerstört. Im Lauf der Jahrhunderte entstanden immer fantastischere Ausschmückungen hinsichtlich Größe und Opulenz der Stadt, und ihre Zerstörung wurde als göttliche Strafe für lasterhaftes Leben gedeutet. Der Legende nach soll die Stadt alle sieben Jahre in der Johannisnacht aus der Erde auftauchen. Hansjörg scheint nicht im richtigen Jahr vor Ort gewesen zu sein, denn den wortwörtlich sagenhaften Anblick des »Atlantis der Nordsee« konnte er leider nicht bezeugen.

Während manche Inseln im Lauf der Geschichte von den Karten verschwanden, nahmen sich andere nur eine kurze Auszeit. Weil die Staatsführung der DDR die kleine Insel Vilm südlich von Rügen zu ihrem Urlaubsort auserkoren hatte, wurde sie 1959 für die Öffentlichkeit gesperrt und vorsorglich von der Landkarte getilgt. Immerhin kam Vilms »Insulation« Flora und Fauna sehr zugute: Die Insel kehrte nach der Wende auf die Landkarten zurück, wurde aber zum Naturschutzgebiet erklärt und bietet heute unzähligen Tier- und Pflanzenarten einen idealen Lebensraum.

Inseln unterliegen einem stetigen Wandel. Sie werden versteckt, gehen unter oder verbinden sich durch Sandbänke mit dem Festland. Genauso entstehen aber auch immer wieder neue Inseln – etwa Landstücke, die aus strategischen Gründen oder durch Sturmfluten vom Festland abgetrennt werden, oder Flussinseln, die man zugunsten des Schiffverkehrs durchsticht.

Wenn Sie also glauben, dass sich in Ihrer direkten Umgebung keine Insel befindet, dann schauen Sie lieber noch mal nach! Womöglich ist erst vor kurzem eine neue Insel entstanden. Oder Sie entdecken in dem kleinen Fluss im Stadtwald plötzlich ein Inselchen, das Ihnen früher nie aufgefallen ist. Wer einmal vom Inselfieber gepackt ist, wird es so schnell nicht mehr los. Um die ansteckende Leidenschaft des Islandeering mit

»Wer einmal vom Inselfieber gepackt ist, wird es so schnell nicht mehr los.«

Empfehlungen, Geschichten und Hintergrundinformationen zu füttern, gibt es dieses Buch.

Wer sich auf die Suche nach Inseln macht, sucht dabei auch immer ein bisschen nach einer besseren Welt. Inseln sind in Zeiten der zusätzlichen Bedrohung ihrer Existenz durch den Klimawandel umso schützenswerter: Sie sind Naturparadiese, in denen oft die letzten Exemplare einer Art ein Zuhause haben. Inseln stellen aber auch die Gesetze des 21. Jahrhunderts auf den Kopf: Aus Notwendigkeit und wohl auch dank des unabhängigen Naturells der Insulaner sind Zusammenhalt und die Werte eines Lebens im Einklang mit der Natur wichtiger als neue Smartphones oder angesagte Serien.

Das Zeitalter der Globalisierung, Digitalisierung und Vollvernetzung fordert uns zunehmend mehr ab. Die ständige Erreichbarkeit versetzt uns in Dauerstress; wir finden immer weniger Zeit, um wortwörtlich »abzuschalten«. So verwundert es kaum, dass sich Inseln als Urlaubsziele, Aussteigerdestinationen und Sehnsuchtsorte ungebrochener Beliebtheit erfreuen. Zum Dank für die großen und kleinen Abenteuer, die wir auf ihnen erleben dürfen, und für die Tiefenentspannung, die sie uns schenken, können wir Inseln etwas zurückgeben und beim Islandeering für den Schutz unserer Lieblingsorte kämpfen, denn: Ich, Sie, wir alle sind Inseln.

– Till Tolkemitt, Verleger »Islandeering Deutschland«

Inselbegeisterte aufgepasst!

Inselabenteuer erlebt oder geplant? Wir freuen uns über Fotos und Berichte Ihrer Reisen für unser nächstes Buch!

Schicken Sie uns Ihr Material einfach per E-Mail an: tt@haffmans-tolkemitt.de

Instagram:
#islandeering.de
#wildundcool

Inseln A – Z

Ostsee
Nordsee
Rostock
Hamburg
Hannover
Berlin
Leipzig
Köln
Frankfurt
Nürnberg
München
01
12
21
38
36
16
02
34
11
19
51
52
46
07
49
04
30
50
28
57
17
15
56
32
09
23
40
33
58
03
37
42
14
05
39
44
29
55
53
48
45
31
35
59
26
24
54
47
41
25
13
27
8
06
20
60
43
22
10
08

Genau mein Typ

Insel im Weitsee

INSELN IN SEEN

Badeinsel Steinhude

Bjerinsel
Burgstall / Steinbrünning
Burgwallinsel
Christlieger
Eibseeinseln
Fraueninsel
Herreninsel
Hirteninsel
Höglwörth
Hoy
Hünensteg
Klosterinsel Seeon
Krautinsel
Liepnitzinsel
Lindwallinsel
Reichenau
Roseninsel
Schalch
Schwerin
Vogelinsel
Werder
Wilhelmstein
Wörth

INSELN IN FLÜSSEN

Dominsel
Gerichtsinsel
Großer Werder
Harriersand
Jochenstein
Kräutelstein
Krautsand
Kühkopf
Leopoldineninsel
Mühleninsel
Peißnitzinsel
Pfalzgrafenstein
Pfaueninsel
Praterinsel
Rabeninsel
Rettbergsaue
Ried
Sandinsel
Volksbankinsel Riedlingen
Weininsel
Wilhelmsburg
Windorfer Donauinsel

Leopoldineninsel

Fehmarn

INSELN IM MEER

Arnis
Baltrum
Fehmarn
Föhr
Hamburger Hallig
Hiddensee
Hooge
Langeoog
Lotseninsel
Oland
Pellworm
Riems
Spiekeroog
Ummanz
Vilm

01

Amrum

Amrum ist nicht nur eine Insel, sondern auch eine Sprachinsel, auf der sowohl Öömrang als auch Amrumer Friesisch gesprochen wird. Hier kann man sich in der Wüste wähnen. Oder an der Copacabana. Oder in der Lüneburger Heide. Verantwortlich für diese liebenswerte, kleinräumige Vielfalt ist die Verschmelzung geologisch unterschiedlich alter Inselteile. Während sich auf dem aus Moränenablagerungen entstandenen Geestkern Heidelandschaft, Marschen, lichte Wälder und Weideland abwechseln, dominiert abseits davon ein anderes Bild. Durch Sandflug wuchs seit dem 13. Jahrhundert im Norden und Süden des Geestkerns eine Dünenlandschaft mit fast 10 km^2 Ausdehnung.

Rüm hart,
klaar kimang.
Weites Herz,
klarer Horizont.

FRIESENVERS

BUNDESLAND Schleswig-Holstein
MEER Nordsee

FLÄCHE 20,5 km²
LÄNGE 10 000 m
BREITE 2 500 m
EINWOHNER 2279

54°39'58.9"N 8°20'17.8"O

Ein Strand, der beeindruckt

~

An ihrer Westseite wird die etwa 20 km² große Nordseeinsel fast komplett vom Kniepsand »gekniepst« (eingekniffen). Diese mächtige Sandbank ist weder geologisch Teil der Insel, noch gehört sie zu den Inselgemeinden, weil sie verwaltungstechnisch als Meeresgebiet gilt. Mit etwa 10 km² gilt die Sandbank als einer der größten Strände Europas. Der Nordteil war noch bis Mitte der 1960er Jahre von Amrun durch einen Priel getrennt und wandert kontinuierlich um die Nordspitze der Insel herum.

Etwa in der Inselmitte befindet sich der von der Gemeinde Nebel betriebene Badestrand. Er ist sowohl per Auto und Fahrrad als auch über eine Heidewanderung recht einfach zu erreichen und bietet eine umfassende touristische Infrastruktur mit Parkplatz, Kiosk, Strandkorbverleih, Toiletten, DLRG-Überwachung und Bollerwagenverleih. Der Zugang erfolgt bequem über einen gut ausgebauten Bohlenweg. Am weitläufigen Badestrand, der in FKK-Bereich, Hundestrand und normalen Badestrand unterteilt ist, gibt es genügend Platz für die unterschiedlichsten Aktivitäten. Neben Volleyball-, Bolz- und Spielplätzen laden bei Niedrigwasser die auch von den Temperaturen her badewannenähnlichen Priele die Kleinsten zum gefahrlosen Plantschen ein. Und dass dieser Strand ein Paradies zum Sandburgbauen ist, versteht sich fast von selbst.

Wüstenfeeling am Kniepsand

Verwaltungstechnisch gilt der Kniepsand als Meeresgebiet

Geografie

Die Nordfriesische Insel Amrum liegt südlich von Sylt und westlich von Föhr im Nationalpark Schleswig-Holsteinisches Wattenmeer. Auf einer Fläche von 20,46 km² leben etwa 2300 Einwohner in den fünf Inseldörfern Norddorf, Nebel, Süddorf, Steenodde und Wittdün.

Sehenswert

Mit fast 42 m ist der Amrumer Leuchtturm der höchste Leuchtturm an der Nordseeküste Schleswig-Holsteins. Wer die 297 Stufen vom Fuß der Düne, auf die der Leuchtturm erbaut wurde, bis zum Balkon auf sich nimmt, der wird mit einer grandiosen Aussicht über die Insel und das Wattenmeer belohnt. Im Sommer finden nach Sonnenuntergang auch geführte Touren zum Leuchtfeuer statt.
Das historische, bestens erhaltene Friesenhaus »Öömrang Hüs« und die älteste Windmühle Schleswig-Holsteins in Nebel sollten unbedingt besucht werden.

Wie mit einer Zange hat der Kniepsand
die Insel eingekneift

Empfehlenswert

Nach Inselabenteuern aller Art kann man im traditionsreichen »Friesen-Café« von Nebel bei hausgemachten Kuchen und Torten die Kohlehydratspeicher wieder genussvoll auffüllen.

Wissenswert

Einige prähistorische Funde, darunter Hügelgräber und eine Wallanlage bei Nebel, belegen die früheren Besiedlungen Amrums. Ein Besuch der archäologischen Ausgrabungen und des Heimatmuseums in der Mühle ist lohnenswert. Die Wikinger sollen bereits um 800 v. Chr. auf Amrum vorbeigeschaut haben.

Der 44 m hohe Amrumer Leuchtturm

Wandern & Baden

Die Leuchtturmrunde startet in Süddorf Bushaltestelle, vorbei am Öömrang Hüs, durch Nebel entlang der Küste nach Wittdünn, von dort zum Leuchtturm und wieder zurück zur Bushaltestelle. Strecke 11,5 km.

Waldweg-Wanderung ab Wittdünn auf Dünenlehrpfad zum Wriakhörnsee und zum Leuchtturm, ab dort auf Waldwegen zur Vogelkoje Meeram, weiter zum kleinen Leuchtturm Norddorf, den Strand entlang nach Norddorf. Strecke 18 km.

Eine geführte Wattwanderung von Amrum nach Föhr dauert ca. 3 bis 3,5 Std.

Geführte Sonnenaufgangstouren mit dem Stand-up-Paddel (SUP) ab Wittdünn.

Zum Baden führen drei offizielle Strandwege an den Kniepsand über Norddorf, Nebel und Süddorf. Besonders originell sind die aus Treibholz und Fundstücken errichteten Strandhütten.

Für wen sich ein Besuch ganz besonders lohnt

Für Familien mit Kleinkindern.
Für Watt- und Dünenwanderer und Naturfreunde.
Für Sprachforscherinnen und -forscher.

Anreise

Mit dem Auto
A23 Hamburg-Heide oder A7 Hamburg-Flensburg, B5 über Husum nach Dagebüll, Autofähre der Wyker Dampfschiff-Reederei (ca. 90 Min. direkt oder ca. 120 Min. über Föhr).

Mit der Bahn
Direkt nach Dagebüll Mole, Umstieg auf Fährschiff der W.D.R.

Mit dem Flugzeug
Per Flieger nach Westerland/Sylt, anschließend mit den Adler-Schiffen ab Hörnum nach Amrum.

Mit dem Ausflugsschiff
Abfahrten von der Halbinsel Nordstrand, von Sylt und der Hallig Hooge.

Links

www.amrum.de
www.amrum.insel-leben.de
www.faehre.de

In den Dünen sollten die ausgewiesenen Wege keinesfalls verlassen werden

02
Arnis

Die sowohl von der Einwohnerzahl (weniger als 300) als auch von der Fläche (0,45 km^2) her kleinste Stadt Deutschlands wurde 1667 von 65 Familien aus dem nahegelegenen Kappeln auf der damals unbewohnten Schleiinsel Arnis gegründet. Dieser Landstrich war zur Insel geworden, nachdem der dänische König Erich der Pommer 1415 die bis dahin bestehende Halbinsel zu Verteidigungszwecken vom Festland hatte abtrennen lassen. Der »Exodus nach Arnis« war eine Reaktion auf das Vorhaben Detlef von Rumohrs, die Bewohner Kappelns in die Leibeigenschaft zu zwingen. Einige besonders freiheitsliebende Familien wandten sich hilfesuchend an den Landesherrn Herzog Christian Albrecht von Schleswig-Holstein-Gottorf, der ihnen die inzwischen nicht mehr als Verteidigungsanlage genutzte Insel als Siedlungsgebiet zuwies. Anfänglich verlief jedoch der Aufbau der neuen Enklave viel mühsamer als geplant. Einerseits, weil Detlef von Rumohr den Aussiedlern verbot, ihre zerlegbaren Fachwerkhäuser mitzunehmen, andererseits, weil er angesichts der drohenden Verödung Kappelns den anderen Bleibewilligen doch den Lehenseid erließ. So entstanden auf Arnis statt der geplanten 65 nur 30 Häuser. Durch den Schwedisch-Brandenburgischen Krieg schien die Gründung von Arnis zu scheitern. Viele Bewohner zogen wieder weg, Häuser verwahrlosten, und es gab mehr Todesfälle als Geburten. Erst als Ende des 17. Jahrhunderts für Zuwanderer eine 10-jährige Steuerfreiheit auf der Insel erlassen wurde, besserte sich die Situation, neue Siedler zogen ein, und die Schifffahrt entwickelte sich.

Schlösser, fürstliche Hallen
Sucht ihr umsonst dabei.
Doch lieb ich dich vor allen,
Arnis, du Perle der Schlei.

DR. WITT,
ARNIS, DU PERLE DER SCHLEI

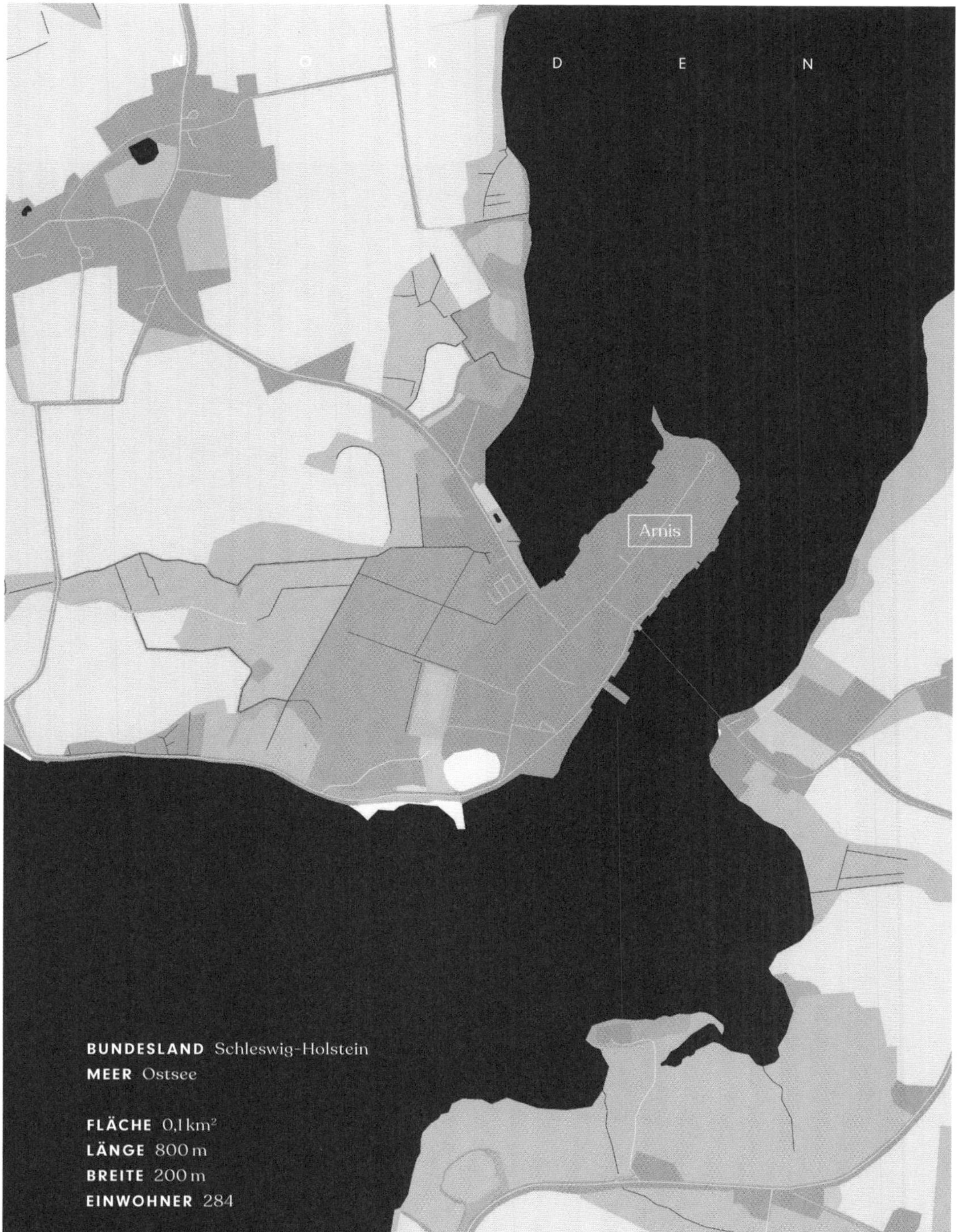

54°37'55.2"N 9°56'03.6"O

Am »Stadtstrand« von Arnis

Die »Fachwerk-Seite« der Schifferkirche

Erschließung – Aufschwung – Stadternennung

~

Erst ab 1796 gab es durch die Errichtung des Alten Damms zwischen Kirchberg und dem Grödersby-Ufer wieder eine Verbindung zum Festland. Angeblich stammt der Sand zum Bau des Dammes aus Kopenhagen. Demnach soll er von den Arniser Seeleuten, die dort ihre Handelsware verkauften, als Ballast mitgebracht worden sein.

Zur Mitte des 19. Jahrhunderts erlebte der Ort mit 90 Handelsschiffen und über 1000 Einwohnern eine Blütezeit.

Im Zuge der nationalsozialistischen Gebietsreform bekam Arnis 1934 dank eines streitbaren Bürgermeisters und aufgrund seiner Schiffswerften das Stadtrecht verliehen, obwohl damals hier nur ein paar hundert Einwohner lebten. Arnis wird heute vom Amt Kappeln-Land mitverwaltet, hat aber dennoch seine Bürgermeisterin, sein Rathaus und sein Stadtrecht behalten.

Die Grenzen des Wachstums

~

Weil die einstige Insel auf fast allen Seiten vom Wasser umgeben ist, kann die kleinste Stadt Deutschlands gar nicht viel größer werden, und nach Meinung ihrer Einwohner und Besucher soll sie das auch nicht. Das zumeist etwas reifere Publikum liebt die kuschelige historische »Stadtatmosphäre« mit der Langen Straße, den schönen blumengeschmückten alten Häusern und den schmalen bis an die Schlei reichenden Gärten. Keinem hier fehlt ein Stadthotel, schmucke Ferienwohnungen tun's auch und locken inzwischen bis zu 15 000 Übernachtungsgäste pro Jahr an. Diese gehen gerne spazieren oder fahren Rad, genießen die Ruhe und das kulinarische Angebot in den vier städtischen Restaurants. Auch viele Angler, welche die Schleiregion besonders zur Heringssaison als Revier schätzen, zieht es hierher.

Geografie

Arnis liegt in der Region Angeln auf einer Schlei-Halbinsel in Schleswig-Holstein. Arnis ist nicht nur die kleinste Stadt Deutschlands, sondern auch weltweit eine der kleinsten Städte.

Die »Backstein-Seite« der Inselkirche

Sehenswert

Ursprünglich war das älteste Bauwerk der Stadt, die **Schifferkirche** von 1673, als Backsteinbau geplant. Als jedoch das nach Gotland um Baumaterial entsandte Schiff unterging, wurde die Kirche mit Fachwerk errichtet. Von diesem Fachwerkbau ist noch die Nordseite erhalten, die anderen Wände mussten bereits im Jahre 1733 mit Backsteinen erneuert werden. Die Kanzel stammt von einer untergegangenen Kirche im Nordseegebiet und ist gut 100 Jahre älter als die Schifferkirche. An der Kirchendecke hängen bunte Votivschiffe, die von Seefahrern als Dank für die glückliche Heimkehr gestiftet wurden.

Das Rathaus wurde von einem der ehemals reichsten Männer der Stadt, dem Reeder Klinck, erbaut und nach ihm benannt. Seit 1934 beherbergt das Klinckhaus nicht nur die Amtsräume der Bürgermeisterin, der Sitzungssaal dient im Sommer auch als Ausstellungs- und Eventlocation.

Am kleinen, aber feinen Arniser Badestrand gibt es einen Süßwasserbrunnen zur Erinnerung an die hier einst sprudelnde **Offaquelle**. In dieser heute versandeten Quelle soll Offa, der junge, aber kranke König der Angeln, gebadet haben und danach genesen sein.

Empfehlenswert

Gerichte mit fangfrischem Fisch gibt es in jedem der vier Arniser Restaurants.

Das Original soll ein Gesundbrunnen gewesen sein – die Offaquelle

Wissenswert

Nach wie vor spielen die Werften in Arnis eine wichtige Rolle. Seit den 1960er Jahren ist die Traditionswerft Matthiessen & Paulsen Impulsgeber für den Bootsbau und Segelsport.

Die Schlei um Arnis ist ein beliebtes Segel- und Fischgewässer

Wandern & Baden

Eine kurze **Insel- und Stadtrunde** beginnt am Parkplatz von Arnis: über den Neuen Damm zur Langen Straße und dort rechts einbiegen; bis zur Schifferkirche und an der nächsten Gabelung auf den Strandweg in Richtung Nordost gehen; vorbei am Fähranleger und den Booten im Hafen bis zur Spitze der Insel. Der Rückweg geht über den nördlichen Teil der Langen Straße zum Neuen Damm. Hier sieht man die ursprüngliche Bebauung und Aufteilung der Grundstücke sehr gut. Dauer ca. 40 Min., Strecke: 2 km.

Die schöne Küstenlandschaft der Schlei kann man am besten in einer **Kajakwanderung** erleben. Gegenüber von Arnis – in Sundsacker – bietet der Biergarten Kajaks und Kanadier im Verleih sowie geführte Kajaktouren. Dauer und Strecken sind optional.

Arnis hat eine kleine und feine **Badestelle** im Süden des Ortes. Nach der Schifferkirche auf den Alten Damm einbiegen, nach wenigen Metern erreicht man die kleine Bucht. Die Schlei ist hier sehr ruhig und seicht, daher ist die Badestelle gut für die Kleineren geeignet.

Für wen sich ein Besuch ganz besonders lohnt

Für Segler – schöne Marina und sehr viele Regatten.
Für Urlaubsgäste, die es gerne etwas ruhiger und entschleunigt haben möchten.
Für Angler, weil die Schlei ein hervorragendes Revier ist.

Anreise

Mit dem Auto
Über die A7 bis Schleswig, Abfahrt Schuby, weiter auf der B201 östlich Richtung Kappeln, bei Rabenkirchen-Faulück abzweigen Richtung Arnis. Besucherparkplatz an der Stadteinfahrt benutzen!

Mit der Bahn
Der nächste Bahnhof befindet sich in Kappeln, ab dort verkehren Busse nach Arnis.

Mit dem Schiff
Bei Sundsacker setzt eine Fähre vom Südufer der Schlei über.

Links

www.arnis.de
www.schleiperle-arnis.de

Einst Halbinsel, dann Insel,
jetzt wieder Halbinsel

03 Badeinsel Steinhude

Die Scorpions steuerten mit »Moment of glory« den offiziellen Song zur Expo 2000 in Hannover bei. Steinhudes Beitrag dazu war das futuristische, mit einem Architekturpreis ausgezeichnete Service-Center auf der Steinhuder Badeinsel als eines von über 500 dezentralen Projekten der Expo. Der Pavillon beherbergt das Bistro Meereslauschen, einen Biergarten und eine Steganlage. Vom etwa 15 m hohen, frei zugänglichen Aussichtsturm aus genießt man einen herrlichen »Meeresblick«. Im und am Pavillon finden den ganzen Sommer über attraktive Veranstaltungen statt. Eine der bisher größten war ein Vortrag des Dalai-Lama vor 4000 Zuschauern.

Die 3,5 ha große Badeinsel entstand bereits 1974 durch Sandaufspülungen aus dem Steinhuder Meer. Dadurch wurde auch das zuvor in diesem Bereich nur knietiefe Wasser auf 1,5 m vertieft und somit badetauglich. Das Steinhuder Meer ist insgesamt etwa 30 km^2 groß und verfügt neben der Badeinsel über eine weitere künstliche Insel: den Wilhelmstein. Im 18. Jahrhundert als Festung errichtet, war die Insel zeitweilig sogar Staatsgefängnis und beherbergt heute ein Museum.

This side of heaven
belongs to the children
I will be there,
when the future arrives.

SCORPIONS,
MOMENT OF GLORY

BUNDESLAND Niedersachsen
SEE Steinhuder Meer

FLÄCHE 0,04 km²
LÄNGE 330 m
BREITE 220 m
EINWOHNER 0

52°27'45.9"N 9°21'38.2"O

Ein Fußgängersteg führt auf die künstlich angelegte Badeinsel

Das seichte Wasser hat Vor- und Nachteile

~

Freier Eintritt, großzügige Liegewiesen, zwei Spielplätze, Strandduschen und Toiletten sowie schattenspendende Bäume machen die Insel tatsächlich zu einem familienfreundlichen Badeparadies. Im Nordosten der Badeinsel befindet sich ein 100 m breiter Sandstrand mit rund 5000 m² Fläche. Sandige, flache Uferzonen bieten Kleinkindern beste Voraussetzungen zum sicheren Burgenbauen, Spielen und Plantschen. Badegäste und Schwimmer schätzen das moorhaltige weiche Wasser. Vom 1. April bis 15. Mai und vom 15. September bis 1. November kann die Badeinsel auch als Surfeinsatzstelle genutzt werden. Dies empfiehlt sich vor allem bei Nordwind und für Anfänger, da dieses Revier zumeist Stehtiefe und relativ konstante Windverhältnisse aufweist.

Das über weite Strecken seichte Wasser des Steinhuder Meeres bringt aber auch Nachteile mit sich. Speziell im Spätsommer und nach Heißwetterperioden kann es an der Badeinsel schon mal zu stärkeren Belastungen durch Blaualgen kommen. Die Wasserqualität wird ständig überprüft, bei bedenklichen Belastungen wird zeitnah auf entsprechenden Tafeln gewarnt und – wenn es sein muss – ein Badeverbot verkündet.

Empfehlenswert

Im Biergarten des Bistros Meereslauschen lassen sich die spektakulären Sonnenuntergänge am »Meer« besonders geschmackvoll genießen.

Geografie

Mit 3,5 ha ist die in Steinhude vor dem Südufer liegende Badeinsel rund dreimal so groß wie die andere künstliche Insel im Steinhuder Meer, die Festungsinsel Wilhelmstein.

Sehenswert

Die Ursprünge der **Kuranlage Romantik Bad Rehburg** reichen bis ins Jahr 1690 zurück. Schon damals wurde die heilende Wirkung der dort befindlichen Quellen erstmals urkundlich erwähnt. Dieses einzigartige Bau- und Kulturdenkmal des 18. Jahrhunderts liegt mitten im Naturpark Steinhuder Meer. Das aufwendig restaurierte Badehaus von 1786 und die Wandelhalle von 1841 sind die letzten Zeugen der während der Romantik entstandenen Kurbäder Deutschlands.

Wissenswert

Am Steinhuder Meer herrscht Surfscheinpflicht. Anfänger ohne Schein finden am Nordufer ein speziell ausgewiesenes Revier. Die Badeinsel ist ganzjährig geöffnet, über Nacht wird der Zugang an der Brücke abgeschlossen. Campieren, Grillen und das Mitführen von Hunden sind auf der gesamten Insel untersagt.

Vom Gastgarten aus genießt man einen wunderbaren Meeresblick

Wandern

Wandervögeln sei die **Meeresumrundung** empfohlen. Für die je nach Variante 30 bis 32 km lange Wanderung ist gute Kondition erforderlich. Dafür wird man mit den schönsten Moorlandschaften, historischen Dörfern und Küstenstreifen belohnt. Empfehlenswert ist ein Beginn in Steinhude oder Mardorf, da beide Orte gut mit der Fähre verbunden sind und mit der Fähre die Abkürzung der Wanderung möglich ist.

Ein Erlebnis ist die sachkundig geführte **Moorwanderung** mit Bootsfahrt ins Moor. Sie beginnt in Steinhude und dauert etwa 5 Std. mit Einkehr. Die Strecke der Moorwanderung ist auf 8 km ausgelegt. In den warmen Monaten ist unbedingt ein Mückenschutz mitzunehmen. Anmeldung und Termine sind über die Touristinformation möglich (steinhude@steinhuder-meer.de).

Wenn im Sommer der Tag am Meer zu Ende geht, treffen sich die Naturfreunde der Ökologischen Schutzstation Steinhuder Meer in Winzlar beim Stationsgebäude. Sie brechen von dort auf zur **Nachtwanderung**. Die geführte Wanderung dauert etwa 4 Std. und ist für alle geeignet, die älter als 5 Jahre sind. Termine unter www.oessm.org.

Für wen sich ein Besuch ganz besonders lohnt

Für Familien mit Kleinkindern.
Für Surfer außerhalb der Badesaison.
Für Konzert- und Veranstaltungsbesucher.
Für Naturliebhaber.

Anreise

Mit dem Auto
Ab A2 Hannover-Bielefeld über Ausfahrten Wunstorf/Luthe oder Wunstorf/Kolenfeld via B441 und B442 zum kostenpflichtigen Parkplatz am Übergang zur Badeinsel am Lindenhopsweg, ein großer kostenloser Parkplatz, etwa 10 Gehminuten von der Insel entfernt, im Hermann-Löns-Weg.

Mit der Bahn
Ab Hauptbahnhof Hannover mit S-Bahn, Regional-Express oder Westfalenbahn bis Bahnhof Wunstorf und den Buslinien 710/711 zur Haltestelle »Badeinsel«, von dort 5 Min. Gehweg zur Insel.

Links

www.steinhude-am-meer.de
www.steinhuder-meer.de/meer-erleben/meer-events

Einst Halbinsel, dann Insel,
jetzt wieder Halbinsel

04

Baltrum

Einen Tag vor Weihnachten 1866 verfehlt der Kadett der Seemannsschule, Tjark Evers, seine Heimatinsel. Nicht auf Baltrum haben ihn seine Fährleute abgesetzt, sondern auf einer vorgelagerten Sandbank. Eine, die bei auflaufendem Wasser immer kleiner wird. Eine, die alsbald in der Flut untergehen wird – mit ihm. Hier gibt es keine Hilfe, kein Weihnachtswunder – nur die gnadenlose See und den unerbittlichen Nebel. Und ihn. Noch. Seine letzten Gedanken, Abschiedsworte, Einsichten bringt er zu Papier und vertraut sie einer Zigarrenkiste an. Die wird irgendwann auf Baltrum ankommen.

Zigarrenkiste und Originaldokumente finden sich heute im sehenswerten Inselmuseum im alten Zollhaus. Durch die literarische Bearbeitung von Dehe und Engster wurde diese »existentielle Weihnachtsgeschichte« weit über den Inselhorizont hinaus bekannt.

Die Insel von Kräften aufgebaut, die der Mensch weder macht noch beherrscht, und alles vom großen Rhythmus bestimmt, dessen Takt die Schwerkraft schlägt, unter einem höheren Himmel.

ASTRID DEHE UND
ACHIM ENGSTLER,
AUFLAUFEND WASSER

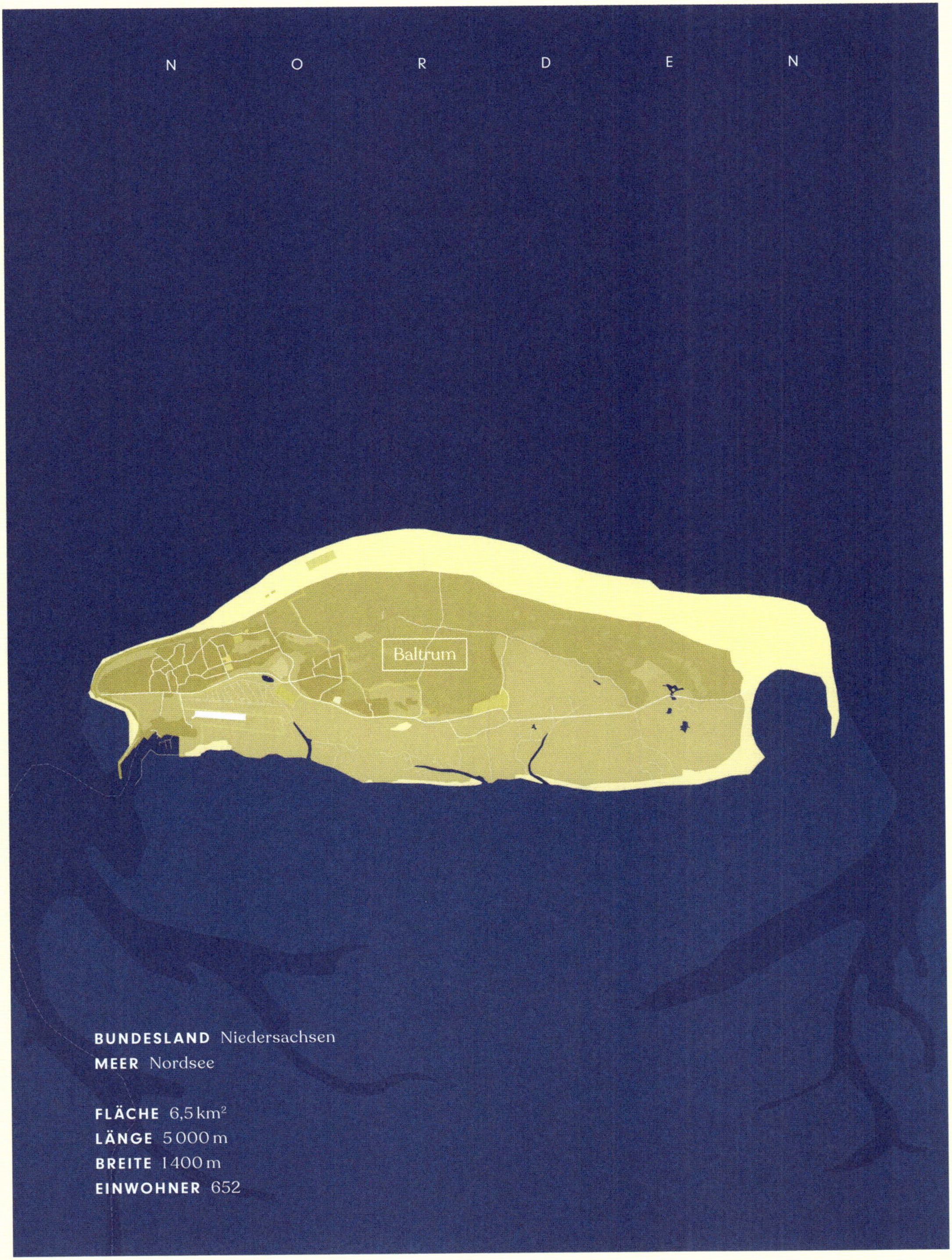

BUNDESLAND Niedersachsen
MEER Nordsee

FLÄCHE 6,5 km²
LÄNGE 5 000 m
BREITE 1 400 m
EINWOHNER 652

53°43'40.7"N 7°23'48.9"O

Nicht ob, sondern wie stark, das ist die Frage

~

Auf Baltrum weht eigentlich immer Wind. Das barg in der Vergangenheit für die Insel immer wieder die Gefahr von Sturmfluten, macht sie aber heute zu einem Paradies für Kitesurfer und Surfer. Im Laufe der Inselgeschichte, die bis ins 14. Jahrhundert zurückreicht, sind einige dramatische Sturmfluten dokumentiert. Eine besonders schlimme zerriss 1825 die Insel in zwei Teile und machte sie beinahe unbewohnbar. Nur fünf Häuser überstanden das Unglück. Das damalige Westdorf musste aufgegeben und weiter im Osten neu errichtet werden. Aber auch ohne dramatische Sturmfluten sorgen der vorherrschende Westwind und die damit einhergehenden Strömungen für einen ständigen Umbau der Insel. 1650 lag das Westende von Baltrum noch rund 4,5 km westlicher als jetzt. Der Landverlust im Westen zwang die Einheimischen schon mehrfach mit Sack und Pack, Wohn- und Gotteshäusern zum Umzug.

Ein Exportschlager ermöglicht Inselbefestigung und Wohlstand

~

Seit der ersten Besiedlung war das Leben auf der unbefestigten Insel vom Fischfang und der ständigen Land-unter-Gefahr geprägt.

Ende des 18. Jahrhunderts entwickelten sich die im Watt gesammelten Schalen der Herzmuscheln, das sogenannte Schill, zu einem wahren Exportschlager, für den Kalkbrennereien gutes Geld bezahlten. Jetzt konnte die Insel endlich besser geschützt werden, und aus den ärmlichen Fischersiedlungen wurden stattliche Unterkünfte für die aufstrebende Gilde der Seefahrer. Einige Kapitäne, von denen es auf Baltrum überdurchschnittlich viele gab, wurden wohlhabend und schmückten ihre Häuser mit heute noch vorhandenem Zierrat aus aller Herren Länder.

Strandspaziergänge an der Waterkant
sind immer wieder ein Erlebnis

Wellenspaß am überwachten Badestrand

Baltrum aus der Luft – im Vordergrund rechts die Hafeneinfahrt

Vom Seebad zum Nordseeheilbad

~

1876 wurde Baltrum Seebad und machte sich Hoffnung auf eine rasante touristische Entwicklung. Diese setzte jedoch nicht mit der gewünschten Dynamik ein, was sicherlich auch der kaum entwickelten Infrastruktur geschuldet war. Erst ab 1925 gab es auf der Insel Strom und erst ab 1935 fließendes Wasser. Die bessere Erreichbarkeit der Insel nach Inbetriebnahme des Fährschiffs Baltrum I ließ die Gästezahl bis 1936 auf etwa 5000 Gäste ansteigen. Nach dem Zweiten Weltkrieg wurde das touristische Angebot weiterentwickelt, seit 1966 ist Baltrum ein staatlich anerkanntes Nordseeheilbad. Dabei punkten die Baltrumer Kuren mit dem Reizklima der Nordsee und der Anwendung ortstypischer Heilmittel wie Schlick und Meerwasser.

Der Osten der Insel ist unbewohntes Nationalparkgebiet

Zwischen Nationalpark & Hotspot

~

Mit 6,5 km² und 500 Einwohnern ist das autofreie Baltrum die kleinste unter den 7 bewohnten Ostfriesischen Inseln. Touristische Infrastruktur befindet sich im Westteil der Insel, während der gesamte Osten als Nationalpark ausgewiesen ist. Hier dürfen zum Schutz von Pflanzen und Vogelbrutgebieten die Wanderwege nicht verlassen und aus Deichschutzgründen die imposanten Dünen nicht betreten werden. Aufgrund der kurzen Entfernungen und um eine Gefährdung der Fußgänger auf den teils recht schmalen Inselpfaden zu vermeiden, gibt es auf der Insel keinen Fahrradverleih, und es sollen auch keine privaten Fahrräder auf die Insel mitgebracht werden. Stattdessen dominiert eine Vielzahl von Bollerwagen das »Straßenbild«.

Strand vom Feinsten

~

Angeblich hat der vom Dorf bis zum Ostende reichende weitläufige Strand von allen Ostfriesischen Inseln den feinsten Sand. Gebadet werden sollte zur eigenen Sicherheit nur innerhalb des von der DLRG bewachten Badefeldes, zu den ausgewiesenen Badezeiten.

Für Windsurfer hat Baltrum ein ideales Flachwasser- und Wellenrevier in dem dank der vorgelagerten Sandbänke sowohl Speed- als auch Wellenfreaks auf ihre Kosten kommen.

Mit dem Aufkommen des Kitesurfens hat sich der Baltrumer Strand aufgrund seiner Wind- und Wellenbedingungen zum absoluten Hotspot dieser Trendsportart entwickelt.

Geografie

Baltrum liegt in der südlichen Nordsee, gehört zur Inselkette der Ostfriesischen Inseln und ist der Ostfriesischen Halbinsel vorgelagert.

Sehenswert

Das älteste Gebäude Baltrums ist die Alte Inselkirche von 1826. Kaum größer als ein heutiges Wohnzimmer und mit dem nebenan stehenden hölzernen Glockenturm, dem Wahrzeichen der Insel, wird die Kirche heute für Hochzeiten und gelegentliche Abendandachten genutzt.

Die alte Inselkirche hat viel erlebt und überlebt, auch Übersiedlungen

Empfehlenswert

Auf der Überfahrt nach Baltrum einen Deckplatz auf der Backbordseite (in Fahrtrichtung links) wählen und auf der letzten Seemeile ganz besonders die Augen offenhalten. Knapp vor der Einfahrt des Baltrumer Fähranlegers gibt es eine Sandbank, auf der sich oft Seehunde tummeln.

Knapp vor der Einfahrt des Inselhafens liegen die Seehundbänke

Wissenswert

Außergewöhnlich für eine so kleine Insel sind die Kulturaktivitäten der Baltrumer: Der Kultur- und Sportverein der Insel, der interessanterweise mehr Mitglieder als die Insel Einwohner zählt, hat im Laufe der Jahrzehnte verschiedenste Bühnen- und Musikgruppen hervorgebracht. Die größte und langjährigste darunter ist die Baltrumer Inselbühne, die seit 1965 jedes Jahr bis zu drei verschiedene Theaterstücke zur Aufführung bringt.

Wandern & Baden

Baltrum ist klein, und hier geht man fast alles zu Fuß, es sei denn man hat ein Fahrrad oder eine Pferdekutsche. Die große **Rundtour** über die Insel, 16 km mit etwa 4 Std. Dauer, beginnt am Nationalpark-Haus im Westdorf und führt entlang des Flugfelds in Richtung Osten zum alten Ostdorf und den Salzwiesen. Einen Abstecher zum Ostende von Baltrum sollte man auf dieser Rundtour ebenfalls machen; danach geht es auf der Nordseite der Insel durch die Dünen und am Strand zurück zum Ort.

Auch der Weg zum Festland kann zu Fuß bestritten werden. Die **geführten Wattwanderungen** nach Nessmersiel starten am Nordseehaus oder an der Uhr im Hafen. Die Strecke ist 6,5 km lang und dauert etwa 3 Std. Das Mindestalter für die Wattwanderung beträgt 8 Jahre. Ersatzbekleidung wird empfohlen, da manche Priele etwas tiefer sein können.

Das Nationalpark-Haus bietet geführte **Dünenwanderungen** und **Zugvogelbeobachtungstouren** an. Dauer und Strecken variieren je nach Jahreszeit und Wetter.

Gleich neben dem Westdorf beginnt der gesicherte **Badestrand**, der ab dem 15. Mai zum Baden einlädt.

Wenn die Nordsee zu kalt ist und die Sonne mal ausbleibt, bietet das **Hallenbad** SindBad mit beheiztem Nordseewasser eine gute Alternative.

Für wen sich ein Besuch ganz besonders lohnt

Für Windsurfer und Kitesurfer.
Für Theaterliebhaber.
Für heiratsinteressierte Paare.

Anreise

Mit dem Auto
Wer mit dem Auto anreist, muss dieses im Hafen Nessmersiel einem Parkplatz-Service überlassen.

Mit der Bahn
Im Sinne des Klimaschutzes empfiehlt sich die Anreise zur autofreien Insel Baltrum mit der Bahn bis zum Bahnhof Norden. Von dort fährt der Zubringerbus der Baltrum-Linie direkt zum Fähranleger.

Mit der Fähre
Die Fähre fährt tideabhängig nach einem täglich wechselnden Fahrplan ein- bis dreimal am Tag. Die Überfahrt dauert etwa 30 Min.

Mit dem Flugzeug
Die FLN FRISIA-Luftverkehrsgesellschaft bietet ab Norddeich oder Harle Inselflüge in kleinen Propellermaschinen an.

Links

www.baltrum.de
www.baltrum-linie.de
www.baltrum-online.de
baltrum-flug.de

Toter Heuler am Strand von Baltrum

05 Bierinsel

Die einen vermuten sie in Kanada oder Neuseeland, die anderen halten sie sogar überhaupt für einen Fake. In Wahrheit liegt die Krombacher Bierinsel in einem Vorstaubecken der Wiehltalsperre, nur ca. 20 km vom Brauereistandort entfernt.

Natürlich ist die Darstellung der Insel – und das ist in der Werbung ja auch durchaus statthaft – etwas geschönt. Im TV-Spot sorgt ein Zusammenschnitt von Hubschrauberaufnahmen des Insel-Originals und Kamerafahrten, die an Agger- und Obernautalsperre entstanden sind, dafür, dass diese »Perle der Natur« perfekt in Szene gesetzt wird. Auch wenn bei den Printanzeigen Photoshop durchaus zum Einsatz kam, fiel hier der Retuscheaufwand vermutlich weitaus geringer aus als bei manch anderem Model. Denn viel »Kosmetik« hat dieses Inselchen gar nicht nötig. Ist man zur richtigen Zeit am richtigen Ort – in diesem Fall an der Aussichtsplattform in Nespen – präsentiert sie sich tatsächlich ganz ähnlich dem aus der Werbung bekannten Ideal.

Eine Perle der Natur

WERBESPRUCH

50°56'41.5"N 7°43'14.7"O

Felsquellwasser? Trinkwasser jedenfalls!

~

Krombacher braut nach eigener – und markenrechtlich geschützter – Werbeaussage mit Felsquellwasser. Wie viel davon auch im Reservoir des Wiehltalspeichers ist, sei dahingestellt. Sicher ist jedoch, dass aus dem Stausee Trinkwasser für mehr als 200 000 Menschen »gezapft« und aufbereitet wird.

Die Talsperre wurde Anfang der 1970er Jahre errichtet. Für ihren Bau mussten 11 Dörfer geräumt und 450 Menschen umgesiedelt werden. Wegen der strikten Auflagen zum Schutze des Trinkwassers entstand hier ein Biotop, das vielen teils vom Aussterben bedrohten Tierarten ein ideales Rückzugsgebiet bietet.

Im streng geschützten Wasserschutzwald nisten über 40 Kranichpärchen, Grau- und Kanadagänse, Kormorane und Silberreiher. Über 160 Vogelarten, von denen viele auf der Roten Liste gefährdeter Tierarten stehen, finden hier ideale Lebensbedingungen vor.

Schöne Aussichten

~

Drei unterschiedliche Aussichtspunkte erlauben einen Blick auf die Bierinsel. Zwei davon befinden sich am Nordufer des östlichsten »Fjords« der Wiehltalsperre. Die Aussichtsplattform, auf der man am nächsten an die Insel herankommt, liegt am Südufer. Ausgangspunkt ist immer der Wanderparkplatz in Nespen. Auf dem Wanderweg »Wege durch die Zeiten« informieren Schautafeln über die im Stausee versunkenen Dörfer.

Die Aussichtsplattform der Bierinsel liegt am Bergischen Panoramasteig. Dieser ausgeschilderte Weitwanderweg hat eine Gesamtlänge von 246 km, wovon knapp 20 km durch das Ferienland Reichshof führen.

Geografie

Im östlichsten Zipfel der Wiehltalsperre nahe des Dorfes Nespen in der Gemeinde Reichshof.

Sehenswert

Die historische Mühle in Nespen befindet sich unweit des Wanderparkplatzes. Dort gibt es auch einen E-Bike-Verleih, eine E-Bike-Ladestation und die Traditionsgaststätte Mühlenwirt.

Empfehlenswert

Das Regionalforstamt Rhein-Sieg-Erft bietet regelmäßig geführte Wanderungen auf **»verbotenen Wegen«** an. Dabei erfährt man alles zu Flora und Fauna rund ums Gebiet der Talsperre. Auskünfte bei der Touristikinfo Reichshof.

Wissenswert

Pro Woche werden an die Krombacher Brauerei im Schnitt um die 100 Anfragen gerichtet, in denen es um Existenz und Lage der Bierinsel geht.

Die »Bierinsel« bei herbstlichem Niedrigwasser

Wandern & Baden

Der **Rundwanderweg A5** beginnt auf dem Wanderparkplatz Nespen. In gut 1,5 Std. geht man die Strecke von 6 km. Der 2011 errichtete Aussichtspunkt auf die Insel ist mit einem Abstecher vom Hauptweg bereits kurz nach dem Start zu erreichen. Der Rundwanderweg ist gut vom Sauerländischen Gebirgsverein ausgeschildert und führt von der Wiehltalsperre hinüber nach Odenspiel und von dort zurück nach Nespen und zum Wanderparkplatz.

Das **Baden** ist im Stausee nicht erlaubt. Die nächsten Naturbadestellen sind der Stauweiher Bieberstein und die Aggertalstausperre.

Für wen sich ein Besuch ganz besonders lohnt

Für Fans der Biermarke Krombacher.
Für wissensdurstige Wanderer und E-Bike-Fahrer.
Für Ghostbusters, die beweisen wollen, dass die Bierinsel kein Fake ist.

Anreise

Mit dem Auto
Von der A4 Abfahrt Eckenhagen über die L96 bis zur Kreuzung in Buchen, dort links abzweigen und der Buchenerstraße L324 folgen bis zum Wanderparkplatz Nespen.

Links

www.reichshof.org
www.muehlenfreunde-nespen.de
www.bergisches-wanderland.de

Der Wasserschutzwald ist ein Vogelparadies

06

Burgstall & Steinbrünning

Der Abtsdorfer See, von den Einheimischen zumeist Abtsee genannt, liegt im Rupertiwinkel nahe der österreichischen Grenze im bayerischen Alpenvorland. Im Sommer zieht es auch viele Salzburger aus der nur 15 km entfernten Mozartstadt an den wunderschön gelegenen Moor-Badesee.

In der Burgenkunde wird der Begriff »Burgstall« oftmals für eine abgegangene Burg bzw. Altburgstelle verwendet. Heute sind bei einem Burgstall meist nur noch Wälle oder Gräben erkennbar – oft nur auf Luftbildern. Dabei dürfte die längst abgegangene Burg im Abtsdorfer See mit ihrer Länge von 100 m und einer Breite von knapp 40 m zwar nicht allzu groß, aber durchaus wehrhaft gewesen sein.

Fast in der Mitte nur etwas westlich steiget eine buschdichte Insel von einer kleinen Viertelstunde im Umkreise aus diesem empor, welcher die Gemeinde wegen der noch erhaltenen Ruinen des alten Schlosses der Kuchler den Namen Burgstall gibt.

INTELLIGENZBLATT
VON SALZBURG, 1803

47°54'41.7"N 12°54'13.4"O

Mit List und Tücke erobert

~

1355 vom »edlen und festen Ritter« Konrad von Kuchl errichtet, bestand die Burg ihre erste Bewährungsprobe, als 9 Jahre später ein bayerisches Söldnerheer den Salzburger Vorposten angriff, mit Bravour. Im Laufe der Zeit dürften sich die Salzburger Burgherren auf ihrer vermeintlich uneinnehmbaren Inselburg ziemlich sicher gefühlt haben. Doch wahrscheinlich entsprachen ihre Sicherheitsstandards längst nicht mehr den aktuellen Erfordernissen, als eine bayerische Truppe 1385 erneut einen Angriff wagte und die Burg in einem Handstreich einnahm. Die Bayern brachten die Burg wieder in Schuss und glaubten nun ihrerseits an die Wehrhaftigkeit ihrer Burg. Drei Jahre später holte der Salzburger Erzbischof jedoch zum Gegenschlag aus und warb dafür den erfahrenen Burgenbrecher Ulrich von Felben an. Der erkannte rasch, dass hier weder mit Aushungern noch mit rein kriegerischen Mitteln etwas auszurichten war. Also beschloss er, die Inselburg mit ihren eigenen Waffen zu schlagen: Er errichtete am Seeabfluss einen Damm und staute den See so lange auf, bis dieser die Burg zu fluten drohte. Entnervt gab die bayerische Burgbesatzung auf, die Burg fiel wieder an das fürsterzbischöfliche Salzburg.

Ende des 15. Jahrhunderts brannte die Burg selbstverschuldet ab und wurde geräumt. Später bediente sich die Bevölkerung an den Resten der Inselburg, trug sie nach und nach ab und brachte das wertvolle Baumaterial, im Sommer über Lastenschiffe, im Winter mit Schlitten über den See, ans Festland.

Diese historische Aufnahme zeigt die Insel vor der einsetzenden Verlandung

Vom Grundriss der Burg ist auf der stark bewaldeten Insel heute nichts mehr zu sehen

Fritz Breimann in seinem sehenswerten Museum samt Antiquariat

Alte Karte mit Grundriss der Burg

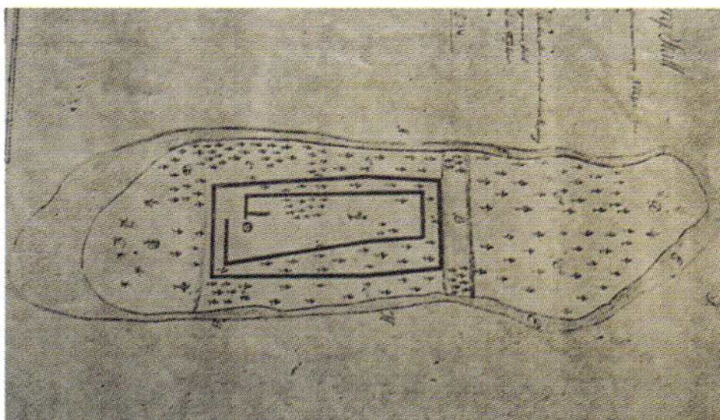

Die Wehrkirche von Steinbrünning steht auf einer aus Aushubmaterial errichteten kleinen Insel

Geografie

Die Insel Burgstall gehört wie der gesamte Abtsdorfer See zur Gemeinde Saaldorf-Surheim im Berchtesgadener Land. Sie liegt im Nordwesten des Sees und infolge von Verlandung heute nur 12 m vom Seeufer entfernt. Burgstall ist dicht bewachsen, 335 m lang, 90 m breit und ragt 6 m aus dem See.

Sehenswert

Auf der Insel Burgstall selbst gibt es nicht mehr allzu viel zu sehen, ein Betreten lohnt kaum. Ein wahres Insel-Kleinod befindet sich allerdings im nur 2 km entfernten Dorf Steinbrünning: inmitten eines Weihers steht die **Wehrkirche Johann Baptist** auf einem künstlichen Hügel über den Resten einer ehemaligen Inselburg.

Empfehlenswert

Der Abtsdorfer See gilt als einer der wärmsten Badeseen Bayerns. Vom lauschigen Abtsdorfer Seebad aus hat man einen sehr schönen Blick auf die Insel und in die Berchtesgadener Alpen. Im dazugehörigen Biergarten kann man sehr gut essen und die terrassierte Anlage genießen.

In Steinbrünning lohnt ein Besuch (Do – So) im jahrhundertealten Wirtshaus direkt neben der Inselkirche.

Wissenswert

Aus dem Abtsdorfer See wurden noch bis 1770 jährlich bis 12 Zentner Fisch und 1500 Krebse zum Hoffischhaus nach Salzburg geliefert.

Wandern & Baden

Um den See führt ein schöner Wanderweg, der in Seethal beginnt. Im Winter sind Seelandschaft und die Berge am Horizont auf der Wanderung von etwa 5 km bei Sonnenschein ein Augenschmaus. Im Sommer sollten bei der Umrundung auch die drei Vogelbeobachtungsstationen aufgesucht werden. Der Weg ist einfach und befestigt und eignet sich als Familientour. Auf dem Stand-up-Paddel lohnt sich zu Wasser ebenfalls die **Seerunde**. Die schönen Uferzonen, vor allem das Haarmoos und die Insel Burgstall, können sehr gut entdeckt werden. Dauer ca. 1 Std., im Hochsommer Wasser und Sonnenschutz mitnehmen.

Vom Seebad aus kann man leicht zur Insel hinüberschwimmen oder auf einer vorgelagerten künstlichen schwimmenden Insel in der Sonne liegen. Einheimische erzählen von einem großen Steinbrocken vor der Insel, der damals, als die Burg abgetragen wurde, versunken ist. Im sonst tiefen Wasser des Moorsees soll man sich auf den Stein stellen können und damit die Badegäste als »Wunder von Burgstall« erschrecken können.

Für wen sich ein Besuch ganz besonders lohnt

Für Inseljäger.
Für historisch interessierte Burgkundler.
Für Inselromantiker (Steinbrünning).

Anreise

Mit dem Auto
A8 München-Salzburg, Abfahrt Berchtesgaden/Freilassing, über die B20 durch Freilassing Richtung Laufen, vor Laufen links ab Wegweisung Abtsdorfer See, Parken beim Strandbad.

Mit der Bahn
Vom Bahnhof Laufen aus mit den Bus-Linien 825, 852, 853 bis zur Bushaltestelle Thannberg.

Mit dem Fahrrad
Von Freilassing zum Freibad Freilassing, durch Saaldorf und bis zum See.

Links

www.saaldorf-surheim.de
www.berchtesgaden.de/abtsdorfer-see
www.gasthaus-steinbrünning.de

Blick vom Seebad zur Insel Burgstall

07 Burgwallinsel

Obwohl der Fährmann zur Überfahrt auf die Burgwallinsel im Teterower See längst nicht mehr mit diesem traditionellen Ruf angefordert werden muss, ist die Überfahrt mit der Seilfähre nach wie vor ein ganz besonderes Erlebnis. Seit 1929 versieht diese zuverlässig ihren Dienst und wurde die längste Zeit ihres Bestehens als Kettenfähre manuell per Drehkurbel angetrieben. Von Ostern bis Ende September kann man mit ihr vom Naturschutzgebiet Binsenbrink zur Insel übersetzen.

Auch die zweite Möglichkeit, ohne eigenes Boot trockenen Fußes zur Insel zu gelangen, hat eine bemerkenswerte Geschichte. Die Motorbarkasse »Regulus« wurde 1910 in Hamburg gebaut und bis 1930 auf der Müritz, dann bis 1945 auf dem Teterower See eingesetzt. Im Zweiten Weltkrieg wurde das Schiff versenkt, erst 1999 konnte es wieder geortet, geborgen, restauriert und seit 2001 in Betrieb genommen werden.

Fährmann,
haaal oewer.

MECKLENBURGER RUF

BUNDESLAND Mecklenburg-Vorpommern
SEE Teterower See

FLÄCHE 0,02 km²
LÄNGE 950 m
BREITE 210 m
EINWOHNER 0

53°47'26.2"N 12°35'57.1"O

Eine ingenieurtechnische Meisterleistung

~

Schon im 7. Jahrhundert besiedelte der elbslawische Stamm der Zirzipanen die Insel und errichtete dort eine für die damalige Zeit imposante Burg. Allein deren Wall dürfte um die 10 m hoch gewesen sein und zusätzlich eine hölzerne Palisadenwand von 5 m Höhe getragen haben. Noch beeindruckender erscheint allerdings aus heutiger Sicht die Brücke, welche die Burgherren zur Insel schlagen ließen: 750 m lang und so breit, dass zwei beladene Fuhrwerke nebeneinander Platz hatten. Burg und Brücke sind heute leider nicht mehr erhalten, die inzwischen stark zugewachsenen Wälle aber immer noch gut auszumachen.

Zerstörung – Dornröschenschlaf – Wiederentdeckung

~

Vom 9. bis 12. Jahrhundert erfreute sich die Burgwallinsel auch als Marktort großer Beliebtheit, wurde dann aber von ihren Siedlern verlassen. Über viele Jahrhunderte blieb die Insel unbesiedelt. Nach dem Ersten Weltkrieg wurde sie für den Fremdenverkehr wiederentdeckt und erschlossen. Es entstand das Inselwirtshaus Wendenkrug, und eine Kurbelfähre nahm den Betrieb auf. 1995 brannte die Gaststätte Wendenkrug bei Sanierungen ab, wurde aber umgehend wieder aufgebaut und um einige Hotelzimmer im Dachgeschoss erweitert.
Auf der Insel gibt es auch eine schöne Naturbadestelle.

Im Wendenkrug kann man auch übernachten und sich vom Vogelkonzert wecken lassen

Geografie

Die Burgwallinsel liegt in der Mecklenburgischen Schweiz, die als eine der Perlen der Mecklenburgischen Seenplatte gilt. Die Insel liegt nahe zum Westufer des Teterower Sees und zum Naturschutzgebiet Binsenbrink. Sie gehört zum Gemeindegebiet Teterow, ist ca. 1 km lang und an ihrer breitesten Stelle etwa 200 m breit.

Empfehlenswert

Bei einer Inselübernachtung im Wendenkrug in einem der 6 Doppelzimmer kommt man in den Genuss eines ganz besonderen Weckers, wenn die Vögel in den Morgenstunden ihr vielstimmiges Konzert anstimmen.

Wissenswert

Die große Holzskulptur auf der Terrasse des Wendenkrugs zeigt den slawischen Gott Svantovit. Der Kriegsgott ist vierköpfig, wobei jeder Kopf in eine Himmelsrichtung schaut.

Sehenswert

Die bebilderten Infotafeln des Inselrundwegs leiten zu den Resten der **Burganlage**, zu einem Teilnachbau der **Brücke**, zum **Aussichtsturm** und zur riesigen **Holzskulptur**.

Wandern & Baden

Der **Inselrundgang** auf der Burgwallinsel sollte entlang des einzigen Weges mit gut bebilderten Informationstafeln unternommen werden. Die Strecke ist kaum länger als 1,5 km und wird durch das Verweilen an den Exponaten oder dem Aussichtsturm im Osten der Insel zu einem abwechslungsreichen Ausflug.

Eine **Inselumrundung** mit dem Kajak, Kanadier, Tretboot oder Ruderboot ist eine Alternative, um das Ausflugsziel zu erkunden. Die Wanderung auf dem Wasser erlaubt außerdem das Aussteigen an den **Badestellen**, die schön, aber landseitig schwer zu erreichen sind. Neben der offiziellen Badestelle im Naturbad Teterower See hat auch Teschow eine kleine Bucht mit Sandstrand.

Für wen sich ein Besuch ganz besonders lohnt

Für Angelfreunde.
Für Fans von Naturbadestellen.
Für Leute, die immer schon einmal auf einer deutschen »Urwaldinsel« übernachten wollten.

Anreise

Mit dem Auto
Über die A19 Abfahrt B104 und die B104 nach Teterow zum Parkplatz »Burgwallinsel«, von dort in wenigen Gehminuten zum Anleger der Seilfähre. Oder zum Parkplatz »An der Badeanstalt« zur Überfahrt mit der Barkasse Regulus.

Mit der Bahn
Tagsüber im Stundentakt Richtung Güstrow/Rostock/Hamburg sowie in Richtung Neubrandenburg/Berlin.

Links

www.teterow.de
www.burgwall-teterow.de

Burgwallinsel mit Anleger der Seilfähre

08 Christlieger

Die an der nördlichen Bucht des Königssees gelegene Insel in einer schönen Lage ist mit Bäumen und Gesträuch bewachsen, und es befindet sich auf derselben ein Sommerhäuschen ..., ein Schutzdach auf vier Säulen, ein Stein als Kochherd ..., die hübsche Marmorstatue mit Piedestal des Heiligen Johann, drei steinerne Pyramiden, eine kleine Brücke, eine Anfahrstelle, eine Sitzbank, mehrere Geländer; die Plätze und Wege sind bekiest.

INVENTARLISTE DES BAYERISCHEN KÖNIGSHAUSES 1853

Bis auf das inzwischen abgetragene Sommerhäuschen entspricht diese Inventarliste auch heute noch den tatsächlichen Gegebenheiten. Ob es nun der oder die Christlieger heißt, ist selbst bei den Einheimischen umstritten. Auch über die Herkunft des auf den ersten Blick seltsam anmutenden Namens lässt sich trefflich diskutieren. Die funktionalistische Fraktion leitet ihn her von »Chris«, das im Bayerischen für Tannenreisig steht, und »Lieger« für Lager. Demnach hätte also das Inselchen seinen Namen, weil es früher als Lager für Tannenreisig gedient hat.

Dem hält die historische Fraktion entgegen, mit »Christ« seien tatsächlich Christenmenschen gemeint, die hier ein »Lager« im Sinne von Rettung gefunden haben.

Tatsächlich hat sich im 18. Jahrhundert am Christlieger ein Schiffsunglück ereignet, bei dem die vier Schiffsinsassen erst in letzter Minute gerettet werden konnten.

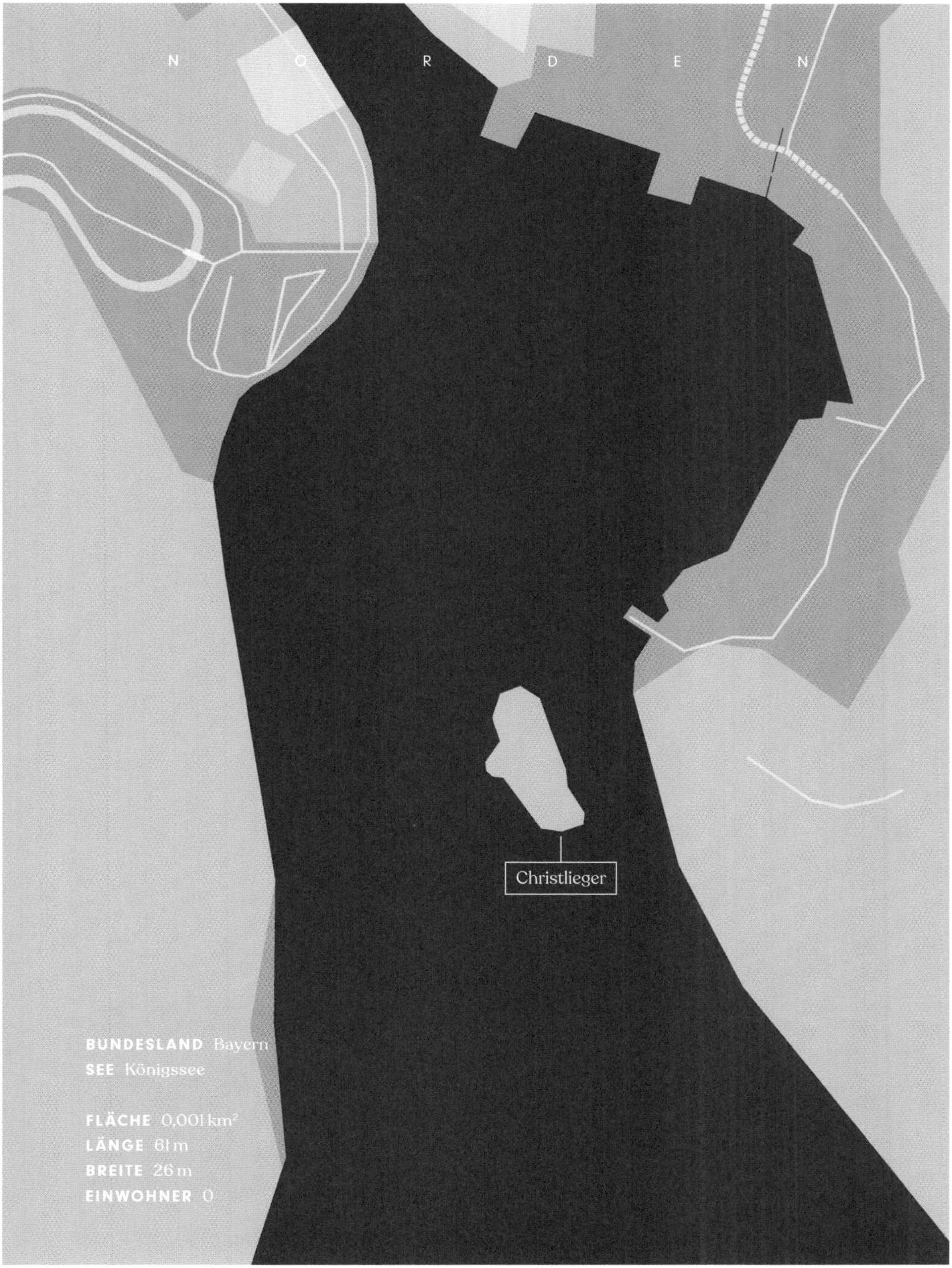

47°35'08.5"N 12°59'17.3"O

Dann eben Johannesinsel

~

Als Dank für die Rettung der Schiffbrüchigen stiftete 1771 Johann Anton Zeitlmayer, seines Zeichens Landrichter der Fürstpropstei Berchtesgaden, der Insel eine Johannes-Statue. Der Heilige Johannes Nepomuk gilt nämlich als Schutzpatron der Schiffsleute und als Bewahrer vor Wassergefahren. Seitdem wird die Insel vor allem von den Königssee-Schiffern als Johannesinsel bezeichnet.

Auf ihrem Weg nach St. Bartholomä und ans andere Ende des Königssees fahren die Elektroboote der Königsseeschifffahrt knapp an der Insel vorbei. Die Insel selbst erreichen sie freilich nicht. Dies bleibt Personen mit eigenem – oder geliehenem – nicht motorisierten Wasserfahrzeug, Stand-up-Paddel bzw. kältefesten Schwimmern vom Ostufer aus vorbehalten.

CHRIS LIEGER

Wegen des Schiffsverkehrs: schwimmend zur Insel nur vom Ostufer aus!

Geografie

Die einzige Insel im Königssee liegt etwa 250 m südlich der Schiffsanlegestellen am Nordufer und rund 35 m vom Ost- sowie 90 m vom Westufer entfernt im seichteren Teil des Sees. Die Johannesinsel/Christlieger ist rund 60 m lang und etwa 26 m breit, sie gehört wie der gesamte Königssee zur Gemeinde Schönau am Königssee, befindet sich aber noch knapp außerhalb des Nationalparks Berchtesgaden.

Sehenswert

Auf einer von Balustraden eingefassten Plattform, zu der seitlich Treppen hochführen, steht die etwa 1,80 m große **Marmorstatue** des Heiligen Johannes Nepomuk. Unter der Plattform liegt eine durch ein Gittertor gesicherte **Grotte** mit einem Wandbrunnen aus rotem Marmor an der Rückwand. Davor befinden sich zwei kleine **steinerne Pyramiden** und die Bootsanlegestelle. Am Südende der kleinen Insel wurde 1810 im Zuge der Erneuerungsarbeiten eine dritte Steinpyramide errichtet.

Empfehlenswert

Ganz in der Nähe der Schifffahrtstation gibt es einen Ruderbootverleih. Die Insel und der Malerwinkel sind von dort mühelos zu erreichen. Achtung – nicht die Schifffahrtsrouten kreuzen.

Wissenswert

Von der Insel hat man einen schönen Blick auf die Schiffsanlegestelle, die historische Schiffswerft und die Bobbahn, nicht jedoch auf den gesamten Königssee. Den schönsten Ausblick auf den See genießt man vom sogenannten Malerwinkel aus. Der Fußweg dorthin führt am Ostufer hinter der Schiffswerft vorbei. Ab dem Parkplatz benötigt man dafür ungefähr 20 Min.

Blick von der Insel in die Berchtesgadener Alpen

Wandern & Baden

Die Johannesinsel liegt mitten in einem der schönsten Bergwandergebiete Deutschlands. Wer Zeit und Kondition hat, kann mehrere alpine Wandertouren vom Königssee aus starten. Besonders zu empfehlen ist die Wanderung zur Gotzenalm, einem Plateau oberhalb des Sees. Die anspruchsvollere Wanderung auf Wegen und Steigen, mit einer Strecke von 16,5 km und 1000 Höhenmetern dauert etwa 7 Std. Sie beginnt an der Schiffsbedarfshaltestelle Kessel, verläuft durch den Wald und über den Reitersteig zur Feuerpalfen und Gotzenalm. Der teilweise sehr anstrengende Rundweg belohnt mit atemberaubenden Ausblicken auf den Königssee und das Gebirge.

Mehr ein **Spaziergang** ist dagegen der Rundweg von fast 4 km im Malerwinkel. Tatsächlich wird man auf diesem Weg mit malerischen Perspektiven verwöhnt. An Sommertagen mit vielen Besuchern sollte man diesen Weg, der etwa 2 Std. dauert, eher zu den Randzeiten gehen.

Ein Bad im Königssee ist vor allem an heißen Sommertagen eine schöne **Erfrischung**. Das Wasser wird kaum wärmer als 20 Grad. Wer den kurzen Weg zur Johannesinsel schwimmen möchte, sollte also wenig kälteempfindlich sein. Den Einstieg in den See für diesen Badespaß findet man unterhalb der Villa Beust, wo Trampelpfade zum Seeufer führen. Weitere leichte Einstiege in den Königssee gibt es unterhalb der Bobbahn in Schönau und einen sehr schönen am Malerwinkel.

Für wen sich ein Besuch ganz besonders lohnt

Für Inseljäger.
Für Geschichtsinteressierte.

Anreise

Mit dem Auto

Aus Norden, Westen oder Osten über A8 München-Salzburg, Ausfahrt Bad Reichenhall via B20 bis zum Königssee.
Von Süden über A10, Ausfahrt Salzburg Süd, B305 nach Berchtesgaden und B20 zum Königssee.

Mit der Bahn

Aus dem Norden: Mit dem ICE über München nach Berchtesgaden und den Buslinien 842, 842 nach Königssee.
Aus dem Süden: Mit der Berchtesgadener Land Bahn von Salzburg nach Berchtesgaden und den Buslinien 842, 842 nach Königssee.

Links

www.koenigssee.de
www.seenschifffahrt.de/koenigssee
www.rvo-bus.de
www.heimatkundeverein-berchtesgaden.de

09
Dominsel

Erste slawische Siedlungen lassen sich auf der heutigen Dominsel im Zentrum Brandenburgs an der Havel bereits um das Jahr 600 nachweisen. Damit ist die Dominsel eine der ältesten Siedlungen im Land Brandenburg. Gut 100 Jahre später wurde hier eine Burg mit Befestigungsanlagen errichtet. Der ostfränkische König Heinrich I. nutzte den strengen Winter 928/929, um diese Burg über den vereisten Burggraben anzugreifen und zu erobern. 948 entstand in der Vorburg das Zentrum des neu gegründeten Bistums Brandenburg. Im Zuge des rund 40 Jahre später erfolgten Slawenaufstands fielen die Gebiete um die Insel wieder in heidnische Hände. Erst 1157 konnte ein deutsches Heer unter der Führung von Albrecht dem Bären die Burg zurückerobern und das Bistum erneuern. Mit der Grundsteinlegung 1165 begann der Bau des heutigen Doms über den alten, zugeschütteten Wallanlagen. Da diese unzureichend verdichtet wurden, weist der Dom eine statische Instabilität auf. Um die Mitte des 15. Jahrhunderts war der gotische Umbau des Doms abgeschlossen.

Bis heute ist der in roten Backsteinen ausgeführte Kirchenbau vollständig erhalten geblieben und birgt Kunstwerke, die vom Mittelalter bis ins 20. Jahrhundert reichen.

Es ist der Reiz des Lebens, dass man nicht alles für selbstverständlich hält, sondern noch bereit ist, sich zu wundern.

LORIOT,
EIN GEBÜRTIGER
BRANDENBURGER

52°24'55.8"N 12°34'02.1"O

Die Mutter aller märkischen Kirchen, der Dom Sankt Peter und Paul

Spazieren & »Türmen«

~

Den Stadtspaziergang zur Dominsel startet man am besten am Neustädter Markt in der Brandenburger Neustadt. Von hier geht's Richtung Nordost bis zum Brandenburger Stadtkanal. Zur Linken zeigt sich jetzt der stattliche Mühlentortum, der mit seinen fünf Geschossen eine Höhe von fast 30 m erreicht. Der achteckige Turm schützte den Zugang zur einst nicht zur Stadt gehörenden Dominsel. Der Turm ist einer von vier erhaltenen Tortürmen der Stadtbefestigung. Er kann, wie die anderen auch, jedes Jahr im September am »Brandenburger Türmetag« besichtigt und ge(s)türmt werden. Dem Mühlendamm folgend erreicht man nach Überquerung eines Havelarms die Dominsel mit dem imposanten Gotteshaus. Im nördlich anschließenden Gebäude der ehemaligen Klosteranlage befindet sich heute das sehenswerte Dommuseum mit Kirchenschätzen und Dokumenten aus zehn Jahrhunderten.

Ein Ort der Besinnung und der Begegnung

~

Der Dom Sankt Peter und Paul, oftmals auch als »Mutter aller märkischen Kirchen« bezeichnet, lädt nicht nur zu Andacht und Gebet. In dem malerisch auf einer Insel zwischen dem Beetzsee und der Havel gelegenen Ensemble aus Dom, Klausur, Kurien und Nebengebäuden gibt es jährlich wechselnde Ausstellungen, Sonderführungen und eine Fülle von Veranstaltungen.

Kulturelle Höhepunkte sind etwa am Jahresanfang die Abendmusiken in der Aula der Ritterakademie und ab Mai die auf dem ganzen Areal dargebotenen Sommermusiken oder die Brandenburgischen Sommerkonzerte.

Mit der »Remise« steht auf der Dominsel auch ein ausgezeichnetes Restaurant mit einzigartigem Ambiente zur Verfügung. Die schmucken alten Häuser, die malerische Umrahmung durch die Havel und der schöne Baumbestand machen diese Stadtinsel zu einem Erholungsort mit ganz eigenem Flair. Und wenn dann auch noch die Sonne fast schon kitschig hinter der eindrucksvollen Skyline der Altstadt untergeht, erlebt so mancher Besucher der Dominsel ein mitunter ausuferndes »Havellujah«.

Geografie

Die Stadt Brandenburg weist eine Fläche von insgesamt 228,8 km^2 aus und liegt etwa 70 km von Berlin entfernt, im Westen des Landes Brandenburg. Das Stadtzentrum untergliedert sich in die Stadtteile Alt- und Neustadt sowie Dominsel. Brandenburg an der Havel wird umrahmt von Flussarmen, Seen und Kanälen, weshalb das Stadtbild auch von 75 Brücken geprägt wird.

Sehenswert

Im Dom gibt es eine Fülle von Kunstwerken aus unterschiedlichen Epochen, z. B. den **Böhmischen Altar** mit Szenen aus dem Leben Petri, den **Kreuzaltar**, die Glasrosette oder die berühmte Wagnerorgel.

Besonders beeindruckend ist im **Dommuseum** die Fülle von Exponaten mittelalterlicher liturgischer Textilien, darunter das **Brandenburger Hungertuch**, das die Lebensgeschichte Christi erzählt.

Nicht nur der Eintritt in Dom und Dommuseum, sondern auch die Teilnahme an den in der Hochsaison etwa alle 20 Min. stattfindenden Führungen ist gratis. Spenden, die der Erhaltung der Kirchenschätze zugutekommen, sind willkommen. Gruppen- und Sonderführungen können gegen Voranmeldung und Bezahlung extra gebucht werden.

Empfehlenswert

Orgelkonzerte im Dom sind nicht nur für Liebhaber barocker Kirchenmusik ein ganz besonderes Erlebnis. Garant dafür sind die ebenso berühmte wie klangstarke Wagnerorgel aus dem Jahre 1723 und die einmalige Akustik des Kirchenbaus.

Wissenswert

In den Räumlichkeiten des Dommuseums befindet sich eine eigene Werkstatt für Textilkonservierung und -restaurierung. Diese kümmert sich nicht nur um die Erhaltung, Pflege und Restaurierung der Brandenburger Textilschätze, sondern stellt ihr Know-how und ihre Kunstfertigkeit auch anderen Museen und Sammlungen zur Verfügung.

Für wen sich ein Besuch ganz besonders lohnt

Für Musik-, speziell Orgelmusikliebhaber.
Für kunst- und kirchengeschichtlich Interessierte.
Für Mittelalterfans.

Anreise

Mit dem Auto

Von Norden: A10 bis Ausfahrt Groß Kreutz, B1 Richtung Brandenburg an der Havel.
Von Westen: A2 bis Ausfahrt Brandenburg an der Havel, B102 in Richtung Brandenburg an der Havel.
Von Süden: A9 bis zum Berliner Ring, am Dreieck Potsdam wechseln auf A10, am Dreieck Werder auf A2 Richtung Magdeburg bis zur Ausfahrt Brandenburg an der Havel.
Von Osten: A2 bis zur Ausfahrt Brandenburg an der Havel, B102 in Richtung Brandenburg an der Havel.

Mit der Bahn

Ab Regionalbahnhof Berlin Zoologischer Garten und vom Berliner Hauptbahnhof fahren stündlich Regional-Express-Züge nach Brandenburg an der Havel.
Vom Hauptbahnhof Magdeburg fahren stündlich Regional-Express-Züge nach Brandenburg an der Havel.

Links

www.erlebnis-brandenburg.de
www.dom-brandenburg.de

Die Skyline der Dominsel

10 Eibseeinseln

Das muss einen ordentlichen »Rumpler« gegeben haben, als vor etwa 4000 Jahren die ganze Nordflanke des Zugspitzmassivs wegbrach und in den damals noch größeren »Ur-Eibsee« stürzte. Mit mehr als 300 Millionen m^3 handelt es sich um den massivsten Bergsturz im gesamten bayerischen Alpenraum, wenn nicht der Alpen überhaupt.

»Eibsee 1.0« war in einer vom Isar-Loisach-Gletscher herausgeschürften Senke nach dessen Abschmelzung entstanden. Der Eibsee-Bergsturz schuf eine einzigartige Naturlandschaft mit vielen Inseln und Untiefen, die dem »Eibsee 2.0« seine charakteristische Farbe geben und ihn zur »bayerischen Karibik« werden ließ.

Tief in den Bergen hart unter der Zugspitze in einem Kessel liegend, umgeben von den Riffelwänden, den Törlesswänden und dem Steppenberg, liegt ein tiefer, grüner wunderbarer Bergsee.

EMMA BODENMÜLLER,
AUS MEINER SICHT, 1998

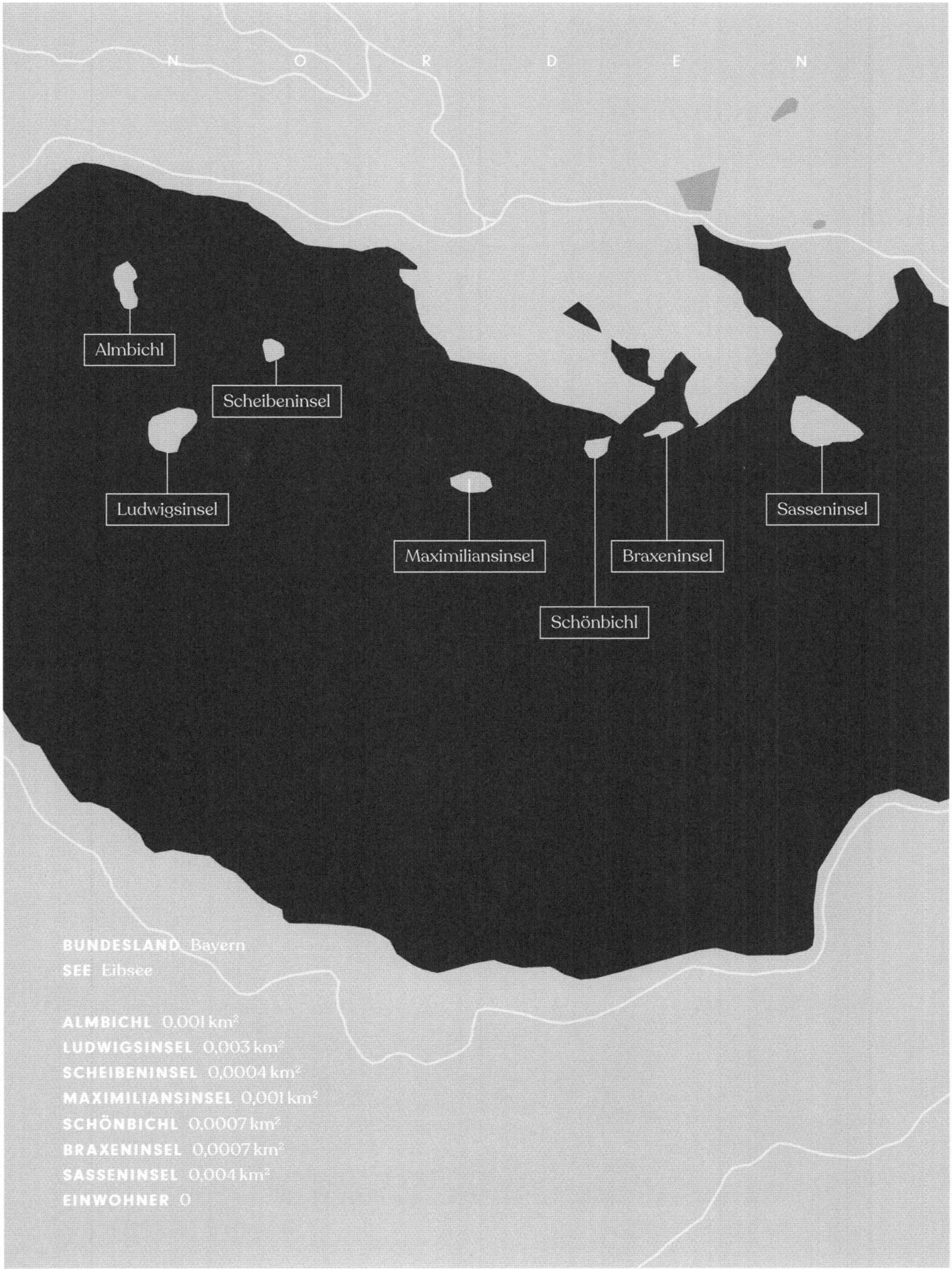

47°27'32.8"N 10°58'00.7"O

Sieben auf einen Streich

~

Sasseninsel, Ludwigsinsel, Almbichl, Maximiliansinsel, Schönbichl, Braxeninsel und Scheibeninsel heißen die sieben im Eibsee verstreuten, hier der Größe nach aufgezählten Inseln. Dazu gibt es noch die zwei Steinbichln, die allerdings nur etwas größere Steinhaufen sind. Alle Inseln sind unbewohnt, auf der Maximiliansinsel steht eine kleine Blockhütte, in der gelegentlich Trauungen abgehalten werden.

Zu den Inseln kommt man entweder schwimmend, dann am besten mit Schwimmboje ausgestattet, vom Nordufer aus, oder mit dem eigenen Boot – etwa dem Packraft, das man gut tragen kann – bzw. einem gemieteten Wasserfahrzeug. Diese gibt es in fast allen Ausprägungen zum Entleihen am Strandkiosk. Seerundfahrten, bei denen man ganz nah an die Inseln rankommt, werden mit dem Motorboot »Reserl« angeboten.

Wegen seiner einmaligen Lage am Fuße der Zugspitze und seines klaren, meist grün-, um die Inseln auch »türkisblau-karibisch« schimmernden Wassers zählt der Eibsee zu den schönsten Seen in Deutschland. Speziell in den Sommermonaten lockt er ganze Heerscharen von Touristen und Erholungsuchenden an.

Blick über den See Richtung Zugspitze

Geografie

Direkt unterhalb der Zugspitze im Wettersteingebirge, ungefähr 10 km südwestlich von Garmisch-Partenkirchen in der Gemeinde Grainau gelegen, erstreckt sich der Eibsee bei einer Länge von 2450 m und einer Breite von 850 m über eine Fläche von knapp 177 ha. Der See liegt auf etwa 1000 m, ist maximal 36 m tief und befindet sich im Privatbesitz der Familie Rieppel, die auch das Eibsee-Hotel betreibt.

Sehenswert

Wenn man mit der Zugspitzbahn zu Deutschlands höchstem Berg auffährt, genießt man einen einzigartigen Panoramablick über den See und ins Gebirge.

Ein See wie aus dem Bilderbuch

Empfehlenswert

Der Seerundweg ist etwa 7,2 km lang und führt an schönen Aussichtspunkten, malerischen Buchten und einladenden Naturbadeplätzen vorbei.

Der Eibsee ist der inselreichste See Deutschlands

Wissenswert

Beim Eibsee fließt das Wasser unterirdisch zu und ab, er ist ein sogenannter Blindsee mit starken Schwankungen im Wasserspiegel. Normalerweise hat er seinen Tiefstwasserstand im März und seinen Höchstwasserstand im August.

Für wen sich ein Besuch ganz besonders lohnt

Für Inseljäger.
Für (Berg-)Wanderer und Mountainbiker.
Für Familien mit Kindern jeden Alters.
Für Wassersportbegeisterte.

Anreise

Mit dem Auto
Über A95 und B2 oder via Kochel/Walchensee über B23 nach Garmisch-Partenkirchen, dann weiter Richtung Grainau zum Parkplatz der Zugspitz-Seilbahn-Talstation.

Mit der Bahn
Zielbahnhof Garmisch-Partenkirchen. Von dort aus mit der Zugspitzbahn bis zu Haltestelle der Zugspitz-Seilbahn.

Links

www.eibsee.de
www.eibsee-hotel.de
www.zugspitze.com

Die Zugspitze wacht über die Eibseeinseln

11

Fehmarn

Mehr als 2200 Sonnenstunden pro Jahr machen die nach dem slawischen »fe more« (im Meer gelegen) benannte einzige schleswig-holsteinische Ostseeinsel zu einem echten »Island in the sun« und zu einer der sonnenreichsten Regionen Deutschlands. Während sich die Nordküste der Insel als Dünenküste mit eingebetteten Strandseen und Nehrungshaken präsentiert, ist die Ostküste eine eher steinige Kliffküste. An der West- und Südküste sind die Küstenstreifen flach und man findet am Südstrand beim Wulfener Hals und bei Burgtiefe die schönsten Sandstrände der Insel.

Da die Insel kaum nennenswerte Erhebungen bis auf den Hinrichsberg mit ganzen 27,2 m aufweist, ist das Fahrrad ein sehr probates und speziell von Urlaubern gerne genutztes Fortbewegungsmittel. Sie fahren zumeist mit dem weiten Blick zum Horizont unter einem grandiosen Wolkenhimmel auf Feldwegen und verkehrsarmen Nebenstraßen. Der stetige Wind, der manchem Radfahrer und mancher Radfahrerin die Freude vergällt, sorgt wiederum dafür, dass sich die Insel auch bei Kite- und Windsurfern sowie Seglern großer Beliebtheit erfreut.

This is my island in the sun
Where my people have toiled
since time begun
I may sail on many a sea
Her shores will always be
home to me.

HARRY BELAFONTE

54°28'10.8"N 11°08'07.2"O

Vom Meer umspielt – von Tourismus und Landwirtschaft geprägt

~

»Im Meer mittendrin« lautet der touristische Slogan der Insel. Die Sundbrücke verbindet Fehmarn mit der Oldenburgischen Halbinsel und ermöglicht etwa 2,5 Millionen Besucherinnen und Besuchern jährlich eine unkomplizierte Anreise zur Insel.

Viele Gehöfte sichern sich mit »Urlaub auf dem Bauernhof« ein zweites Standbein, nutzen aber weiterhin die außerordentich hohe Bodengüte der Fehmarner Schwarzerden. Heute werden neben allen Getreide- und Gemüsesorten auch Gras- und Gemüsesamen sowie Blumenzwiebeln und Raps angebaut. Auch die »schwarzbunte« Viehzucht zählt mit zu den erfolgreichsten in Deutschland. Ein schönes Fotomotiv sind die so gar nicht wasserscheuen Kühe – oft sind es die zotteligen Galloways – in den salzigen Sumpfwiesen.

Geografie

Deutschlands mit 185 km^2 drittgrößte Insel liegt zwischen Mecklenburger und Kieler Bucht in der Ostsee vor der Halbinsel Wagrien, mit der sie über die Fehmarnsundbrücke verbunden ist. Sämtliche Orte der Insel wurden zur Stadt Fehmarn zusammengefasst, wodurch flächenmäßig die zweitgrößte Stadt Schleswig-Holsteins entstand. Hauptort der Insel ist Burg auf Fehmarn, weitere touristische Hotspots befinden sich in Burgstaaken, Burgtiefe und Puttgarden, von wo auch die Autofähre nach Dänemark übersetzt.

Radtouristen lieben Fehmarn,
wenn da bloß der Wind nicht wär' ...

Sehenswert

In Burg auf Fehmarn ist die um 1230 erbaute **Kirche St. Nikolai** von einem alten Friedhof umgeben und befindet sich unweit des kopfsteingepflasterten Marktplatzes mit den schönen Bürgerhäusern. Für Familien besonders interessant: das **Meereszentrum Fehmarn** mit den riesigen Aquarien.

Die Skyline von Burgtiefe wird dominiert von den Strandhochhäusern, die Teil eines von der dänischen Architekturikone **Arne Jacobsen** entworfenen Gesamtensembles sind, zu dem auch die Bade- und Wellneswelt FehMare, das »Haus des Gastes« und die Feriensiedlung im Westen von Burgtiefe gehören.

Jimmi-Hendrix-Gedenkstein

Empfehlenswert

Im Fischereihafen von Burgstaake bieten Restaurants, Fischverkaufslokale und Räuchereien fangfrischen Fisch. Äußerst beliebt sind die Verkaufsstellen der Fischereigenossenschaft und der Imbiss in der Räucherei »Aal Björn«.

Wissenswert

Jimi Hendrix hatte 1970 beim chaotisch verlaufenden Love-and-Peace-Festival am Leuchtturm Flügge seinen letzten Festivalauftritt. Heute erinnert dort ein Gedenkstein an den kurz darauf verstorbenen Musiker.

Im Vordergrund der Strand Burgtiefe mit den Jacobsen-Hochhäusern

Wandern & Baden

Für eine komplette Inselumrundung muss man etwa 65 km veranschlagen. Mit dem Rad ist das bei halbwegs ambitionierter Fahrweise gut an einem Tag, zu Fuß nur in mehreren Tagen machbar. Diese in Burgstaaken beginnende und entgegen dem Uhrzeigersinn führende Unternehmung belohnt mit unvergesslichen Eindrücken. Mit von der Partie sollten jedenfalls winddichte Kleidung, gutes Schuhwerk, Proviant und eine Inselkarte sein. Will man die Etappen von seiner Unterkunft aus gehen, kann man für An- und Rückfahrt den Bürgerbus Fehmarns einplanen.

Längst kein Geheimtipp mehr, aber dennoch ein schöner Rückzugsort ist der Strand in Presen. Wer hier badet, liegt auf dem teilweise steinigen Naturstrand oder sitzt etwas oberhalb in den Strandkörben an der meist ruhigen See. Der Strand ist mit dem Fahrrad gut erreichbar, für Pkws steht ein kostenloser Parkplatz zur Verfügung.

Für wen sich ein Besuch ganz besonders lohnt

Für Sonnenanbeter.
Für Radurlauber.
Für Kitesurfer und Angler.

Anreise

Mit dem Auto
Über die A1 Richtung Norden, ab Heiligenhafen über die B207 und die Fehmarnsundbrücke auf die Insel.

Mit der Bahn
Zielbahnhöfe sind entweder Burg auf Fehmarn oder Puttgarden. In Puttgarden halten auch EC- und IC-Züge, nach Burg auf Fehmarn per Regionalzügen von Hamburg Hauptbahnhof über Lübeck.

Links

www.fehmarn.de
www.mega-meereswelten.de

Strand Katharinenhof

Für Radfahrer oft mühsam, für Kite-Surfer ein Kick – die »Windsbraut« auf Fehmarn

12

Föhr

Föhr wird »die grüne Insel« genannt, da sie durch ihre Lage im Windschatten von Amrum und Sylt vor den stürmischen Einflüssen der Nordsee relativ geschützt ist und sich die Vegetation gut entwickeln kann. Auch die relativ hohe Anzahl von durchschnittlich 10 Regentagen pro Monat trägt das ihre dazu bei.

Die verheerende Sturmflut »Grote Mandrenke« tötete 1362 im Nordseegebiet nicht nur an die 200 000 Menschen, sondern löste auch die spätere Insel Föhr vom Festland ab.

Im 17. und 18. Jahrhundert bescherte der Walfang der Insel goldene Zeiten. Holländische und englische Walfangschiffe, die zwischen Spitzbergen und Grönland den großen Meeressäugern nachsetzten, rekrutierten ihre Besatzungen bevorzugt mit Männern von der Insel. Wegen der großen Nachfrage nach ausgebildeten Seeleuten entstanden auf Föhr sogar private Seefahrerschulen. Gegen Ende des 18. Jahrhunderts lebten auf Föhr um die 1000 Seefahrer, von denen 150 ausgebildete Schiffsführer waren.

Ebbe und Flut,
weit ist das Land,
fliegende Wolken,
rau ist die See,
endlos der Himmel,
weiß liegt der Sand,
grün ist die Geest,
auf der ich hier steh.

WOLFGANG SEEKAMP,
DIE INSEL FÖHR

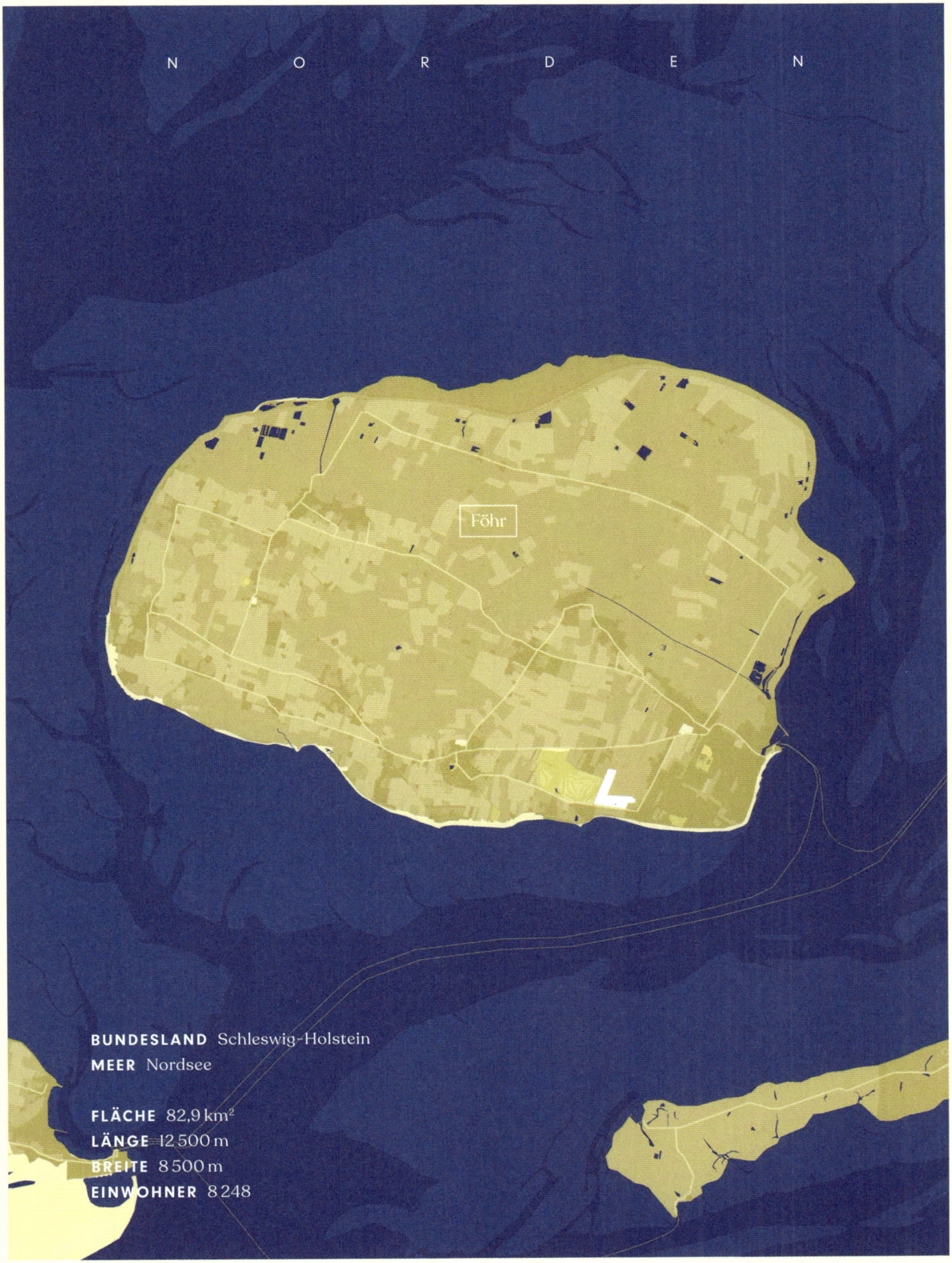

54° 43' 06.1" N 8° 30' 15.0" O

Hier strandet man gern

~

Wyk, die Inselhauptstadt, lockt mit kilometerlanger Strandpromenade, Hunde-, Drachen-, FKK- und Sportstrand, einer Vielzahl von nahegelegenen Cafés und Restaurants sowie Wassersportzentren mit Schulen und Ausrüstungsverleih.

Über die Strandstraße, an deren Ende es einen großen Fahrradparkplatz gibt und wo ein schöner Bohlenweg beginnt, gelangt man zum Nieblumer Badestrand. Immer am Wasser lang Richtung Westen kommt man zum Gotinger Strand mit dem bis zu 9 m hohen Goting-Kliff. Ein beliebter Platz zum Steinesammeln und Ausschau halten.

Einen Strand, an dem man auch bei Ebbe baden kann, findet man an der Nordsee eher selten. In Utersum aber wird man diesbezüglich fündig. Wo der 15 km lange Sandstrand endet und der Nord-Deich beginnt, kann man in einem Priel selbst bei Ebbe baden, die herrliche Aussicht zur Nachbarinsel Amrum genießen und den angeblich schönsten Nordsee-Sonnenuntergang noch dazu.

»Strandläufer« am Nieblumer Strand

Geografie

Die zweitgrößte deutsche Nordseeinsel liegt südöstlich von Sylt, östlich von Amrum und nördlich der Halligen. Föhr ist unter den deutschen Inseln, die keine Straßen- oder Bahnverbindung zum Festland haben, die flächenmäßig größte und bevölkerungsreichste. Bei einer Nord-Süd-Ausdehnung von 8,5 km und einer Ost-West-Ausdehnung von 12,5 km belegt sie eine Fläche von 82,82 km^2.

Walfangharpune

Inselkirche mit sprechenden Grabsteinen

Sehenswert

Jede der drei **mittelalterlichen Kirchen in Wyk, Nieblum und Süderende** hat ihre eigene Charakteristik. An allen jedoch liegen kleine Friedhöfe, deren sprechende Grabsteine die Lebensgeschichten der hier beerdigten Insulaner erzählen.

Während sich das in der Inselhauptstadt befindliche **Dr.-Carl-Häberlin-Museum** der Wahrung und Vermittlung friesischer Kulturgeschichte widmet, zeigt das **Museum der Westküste** internationale klassische und zeitgenössische Kunst zum Thema »Meer und Küste«.

»Fischers Fritz fischt frische ...«

Empfehlenswert

Die bäuerlichen Hofläden der Insel bieten eine große Auswahl an Fleisch, Käse, Gemüse, Obst, Marmeladen und anderen Genüssen.

Wissenswert

Auf Einladung des dänischen Königs Christian VIII., der mehrere Sommer auf Föhr verbrachte, besuchte 1844 Hans Christian Andersen die damals als Kurort in Mode gekommene Insel. Heute ist Wyk ein staatlich anerkanntes Nordseeheilbad.

An der Strandpromenade von Wyk herrscht reges Leben und Treiben

Wandern & Baden

Gute Nordseeluft und eine ordentliche Brise begleiten jede Wanderung auf Föhr. Die etwas anspruchsvollere Nordroute führt auf wenig mehr als 22 km in etwa 5 Std. von Wyk nach Utersum. Start- und Endpunkt ist mit öffentlichen Verkehrsmitteln zu erreichen. Von Wyk zur Föhrer Marsch; nach der Inselspitze Nashörn zur Boldixumer Vogelkoje; durch Salzwiesen und entlang des Deiches bis nach Utersum gehen. Bitte Brutgebiete und Tiere respektieren.

Das Watt um Föhr ist an den meisten Stellen eher sandig und kann durchaus begangen werden. Für ausgeweitete Wattwanderungen nach Amrum (s. Amrum) oder zum Festland sind Führer unverzichtbar, unter anderem wegen des Schlickwatts.

Wer die Nacht im Schlafstrandkorb verbringt, nach einem wundervollen Sonnenuntergang – am besten in Utersum –, wird gebeten, nachts nicht ins Watt oder schwimmen zu gehen. Überhaupt ist unbewachtes Baden oder Schwimmen nicht so gerne auf der Insel gesehen, auch wenn die 15 km langen Strände einige einsame Stellen aufweisen. Fast an allen Stränden der Insel gilt, dass Baden nur bei Hochwasser möglich ist – bis auf Utersum.

Für wen sich ein Besuch ganz besonders lohnt

Für Menschen, die lange Sandstrände mögen.
Für Familien mit Kleinkindern, die einen Urlaub auf dem Bauernhof bevorzugen.
Für Golfer, die neben dem 27-Loch-Platz auf Föhr das Spezialangebot »Golf-Hopping« mit zusätzlichen drei Golfplätzen auf Sylt haben.

Anreise

Mit dem Auto
Will man sein Auto mit auf die Insel nehmen, so empfiehlt sich eine frühzeitige Reservierung der Fähre. Ansonsten stellt man es am Inselparkplatz in Dagebüll ab. Ein kostenloser Shuttlebus bringt einen dann jeweils 10 Min. vor Abfahrt zum 700 m entfernten Fähranleger.

Mit der Bahn
Entweder mit den Zügen der regionalen Norddeutschen Eisenbahngesellschaft oder den Kurswagen der Deutschen Bahn zur Haltestelle Dagebüll-Mole direkt am Fähranleger. Von dort per Schiff nach Wyk auf Föhr.

Mit dem Schiff
Linienverkehr ab Fähranleger Dagebüll, per Ausflugsschiffen auch von den benachbarten Inseln aus.

Mit dem Flugzeug
Westküstenflug bietet nicht nur Foto- und Besichtigungsflüge, sondern auch Linienflüge nach Husum, Flensburg und Sylt.

Links

www.foehr.de
www.faehre.de
www.westkuestenflug.de

WATERKANT 1km

13
Fraueninsel & Schalch

Manche erklären es mit sogenannten Ley lines, die sich hier kreuzen, andere mit der großen umgebenden Wasserfläche und der intensiven Sonneneinstrahlung. Wie auch immer, seit Jahrtausenden gilt die Fraueninsel im Chiemsee als Kraftort. Kirchenhistoriker sind sich einig, dass die Auswahl von Klosterstandorten nie dem Zufall überlassen wurde, sondern dass dafür zumeist besonders kraftreiche Orte ausgesucht wurden. Deshalb fußen viele christliche Bauten und Wallfahrtsorte auf alten heidnischen Kultstätten und Kraftplätzen.
Als Ort mit der meisten Energie gilt auf der Fraueninsel der Lindenhain mit den beiden mehr als 1000 Jahre alten »Baum-Methusalems«: Tassilo- und Marienlinde.

Gar mancher hat hier sein
Herz verloren,
die Welt vergessen,
wollt nie wieder fort.
Insel im Meer,
Paradies auf Erden,
einmalig schön,
wie kein anderer Ort.

UNBEKANNTER VERFASSER

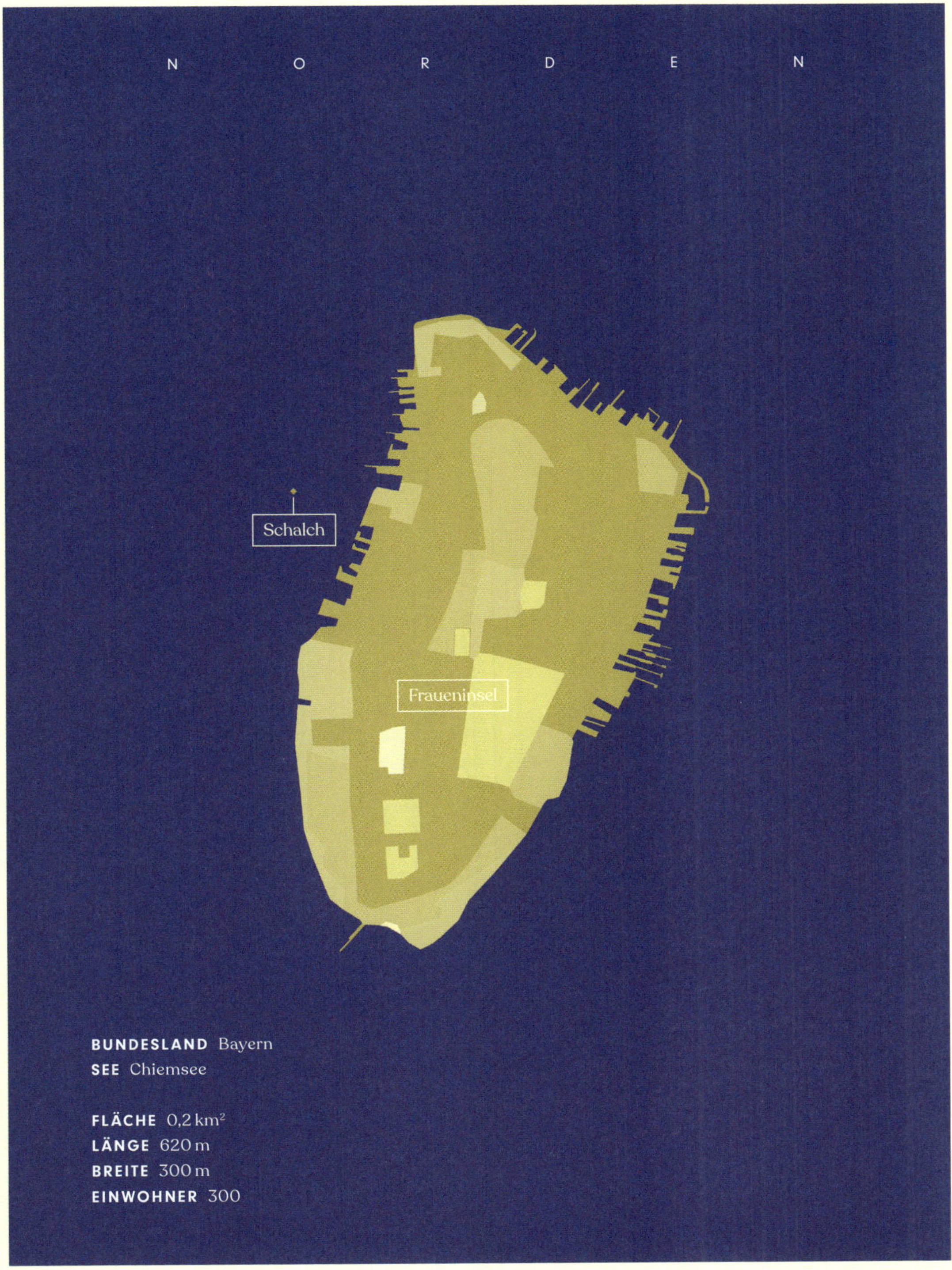

BUNDESLAND Bayern
SEE Chiemsee

FLÄCHE 0,2 km²
LÄNGE 620 m
BREITE 300 m
EINWOHNER 300

47°52'25.7"N 12°25'34.6"E

Ein Refugium im »bayerischen Meer«

Kraftort – Wallfahrtsort – Touristenattraktion

~

772 gründete Bayernherzog Tassilo III. das Kloster Frauenwörth, das zusammen mit dem in Salzburg zu den ältesten Nonnenklöstern im Alpenraum gehört. Eine Äbtissin, die das Klosterleben ganz besonders geprägt hat und die als erste Äbtissin namentlich überliefert wurde, war die 866 verstorbene Irmengard. Nachdem sie 1928 selig gesprochen worden war, setzte ein bis heute anhaltender Pilgerzustrom auf die Insel ein. Besonders Paare mit Kinderwunsch wenden sich hilfesuchend an die Selige Irmengard, die Schutzpatronin des Chiemgaus.

Nicht zuletzt aufgrund der begeisterten Schilderungen dieser Wallfahrer, der idyllischen Lage im Alpenvorland und der verbesserten Erreichbarkeit mittels Bahn und Dampfschiffen wurde die Fraueninsel im 20. Jahrhundert zu einer vielbesuchten Touristenattraktion.

Refugium und Dorfleben trotz Massentourismus

~

Mitten im »bayerischen Meer« gelegen, von einem malerischen Bergpanorama umgeben und mit einem im Sommer fast südländischen Klima gesegnet, hat Frauenchiemsee schon früh (Lebens-) Künstler angezogen und hier eine der ältesten Künstlerkolonien Europas entstehen lassen. Die Schriftsteller Ludwig Ganghofer und Ludwig Thoma fanden hier ebenso ein Refugium wie etliche Maler, z. B. Max Haushofer.

Viele von ihnen flüchteten allerdings vor dem aufkommenden Tourismus, der schon damals hauptsächlich als Tagestourismus auftrat.

Anders als etwa auf der benachbarten Insel Herrenchiemsee hat man hier nie den Eindruck einer reinen Museumsinsel. Vielmehr gibt es einen lebendigen Mix aus Kultur, Religion und Tradition. Dieses Nebeneinander und Miteinander sakraler Bauten, traditioneller Fischereibetriebe, malerischer Häuser, gepflegter Gärten, Biergärten und Gasthäuser macht den ganz besonderen Reiz von Frauenchiemsee aus.

In gewisser Weise ist die Fraueninsel heute ein Refugium auf Zeit, und das sogar während der Sommermonate. Nach Abfahrt des letzten Ausflugsdampfers wird es auf der Insel deutlich ruhiger. Das ist dann die beste Zeit für sowohl religiöse als auch weltliche Einkehr. Nach all der Betriebsamkeit – die geschäftstüchtigen Nonnen betreiben tagsüber einen florierenden Klosterladen – finden im Kloster die Abendandachten statt, Nächtigungsgäste genießen in der jetzt entspannteren Atmosphäre frischen Chiemseefisch oder die Abendsonne. Bis heute wohnen auf der auto- und fahrradfreien Insel um die 250 Einwohner in etwa 50 Häusern.

Seebad mit Alpenblick

Die karolingische Torhalle ist eines der ältesten Baudenkmäler der Insel

Geografie

Die **Fraueninsel** ist nach der Herreninsel die zweitgrößte der drei Chiemsee-inseln. Alle drei Inseln gehören zur Gemeinde Chiemsee.

Sehenswert

Die karolingische auf das Jahr 850 datierte **Torhalle** mit ihren beeindruckenden Engelsdarstellungen und der tonnengewölbten Durchfahrt.

Nordwestlich der Klosterkirche vorgelagert zählt der **Campanile** zu den Wahrzeichen des Chiemgaus. Der frei stehende Glockenturm stammt aus dem 11. Jahrhundert und bekam seine barocke Zwiebelhaube erst sehr viel später aufgesetzt.

Campanile und Klostergarten

Empfehlenswert

Eine Übernachtung auf der Fraueninsel hat einen ganz besonderen Reiz. Berühmt sind die spektakulären Sonnenuntergänge am bayerischen Meer, die man auf der Insel besonders gut genießen kann.

Wissenswert

Obwohl der See damals noch deutlich größer und damit das Übersetzen zur Insel entsprechend beschwerlich gewesen sein muss, lassen sich Besiedlungsspuren bis in die jüngere Steinzeit nachweisen. Zudem lassen zahlreiche Funde aus der Kelten- und Römerzeit auf eine große Beliebtheit der Insel auch in diesen Epochen schließen.

Am Inselrundweg

Skulpturenausstellung im Inselmuseum

Wandern & Baden

Der rollstuhl- und kinderwagengeeignete Rundweg um die Fraueninsel ist 1,5 km lang, weist keine nennenswerten Steigungen auf und bietet faszinierende Einblicke ins Inselleben und ebensolche Ausblicke in das Bergpanorama ringsum. Die Route streift fast alle Sehenswürdigkeiten, führt an den schmucken kleinen Häusern der Insulaner mit ihren gepflegten Gärten vorbei und lässt einen den bestens gepflegten Klostergarten bewundern. An der Westseite der Fraueninsel liegt, knapp 70 m vor dem Ufer, der Schalch. Mit einer Seitenlänge von gerade einmal 4,7 m, einem quadratischen Grundriss und den nach den vier Haupthimmelsrichtungen ausgerichteten Ecken ist er unter den Chiemseeinseln ein ganz besonderes Kuriosum. Den Schalch im Nacken hatte wohl die auf der Fraueninsel ansässige Künstlergemeinde, als sie das kleine Eiland in »Sahara« umtaufte. Zudem wurde die »Wüsteninsel« mit einer Weide bepflanzt, um sie weithin für Segler sichtbar zu machen. Die ursprüngliche Aufgabe der künstlichen Insel dürfte es wohl auch gewesen sein, mit ihrer markanten Erscheinung vor den sie umgebenden, für Schiffe gefährlichen Untiefen zu warnen.

Im Südwesten der Insel gibt es, abseits der Schifffahrtsrouten, eine schöne Liegewiese mit Wasserzugang und Panoramablick in die Berge.

Für wen sich ein Besuch ganz besonders lohnt

Für Rollstuhlfahrer und Spaziergänger.
Für Pilger.
Für Architektur- und Kulturinteressierte.
Für Inselromantiker und Fischgourmets

Anreise

Mit dem Auto
Ab A8 München-Salzburg über die Ausfahrten Prien oder Traunstein zur Schifffahrtstation in Gstadt und von hier in etwa 10 Min. per Schiff auf die autofreie Insel.

Mit der Bahn
Über die Bahnstrecke München-Salzburg zu den Zielbahnhöfen Bad Endorf, Prien oder Traunstein. Ab Prien oder Traunstein per Bus, von Bad Endorf aus mit dem Taxi nach Gstadt.

Andere Schiffszubringer
Ab Prien mit einer Fahrzeit von etwa 30 Min. mit einer Unterbrechungsmöglichkeit auf der Herreninsel.

Links

www.frauenwoerth.de
www.chiemsee-schifffahrt.de
www.chiemsee-inseln.de

Der Schalch –
die kleinste Insel im Chiemsee

14 Gerichtsinsel

»Über die Wupper gehen« – diese Redewendung kennt wohl jeder. Je nach Kontext bedeutet sie sterben, kaputtgehen oder in die Pleite schlittern. Trefflich streiten lässt sich darüber, woher diese Redewendung ursprünglich stammt. Ein Deutungsversuch besagt, »über die Wupper gehen« wäre die eingedeutschte, regionalisierte Version von »über den Jordan gehen«. Nach dem Tod Moses' wollten die Israeliten den Jordan überschreiten, um ins Gelobte Land zu gelangen. Die Analogie »über einen Fluss gehen = sterben« ist schon aus der Antike bekannt, beispielsweise aus der griechischen Mythologie und dem Totenfluss Styx.

Eher gruselig ist ein Erklärungsversuch, der sich auf die Tatsache bezieht, dass in Wuppertal gegenüber der Gerichtsinsel lange Zeit eine Justizvollzugsanstalt lag, in der auch Hinrichtungen durchgeführt wurden. Im Landgericht verurteilte Delinquenten mussten damals »über die Wupper« zur Hinrichtungsstätte gehen.

Naheliegend klingt aber auch folgende Herleitung: Im 19. Jahrhundert befand sich auf der Insel das Konkursgericht. Hatte ein pleitegegangener Unternehmer dieses aufzusuchen, musste er auf einer Brücke »über die Wupper gehen«.

Wenn dieses Lager kein Fett abkriegt – dann geht das ganz schnell über die Wupper.

EIN AUTOMECHANIKER
IM BERGISCHEN LAND

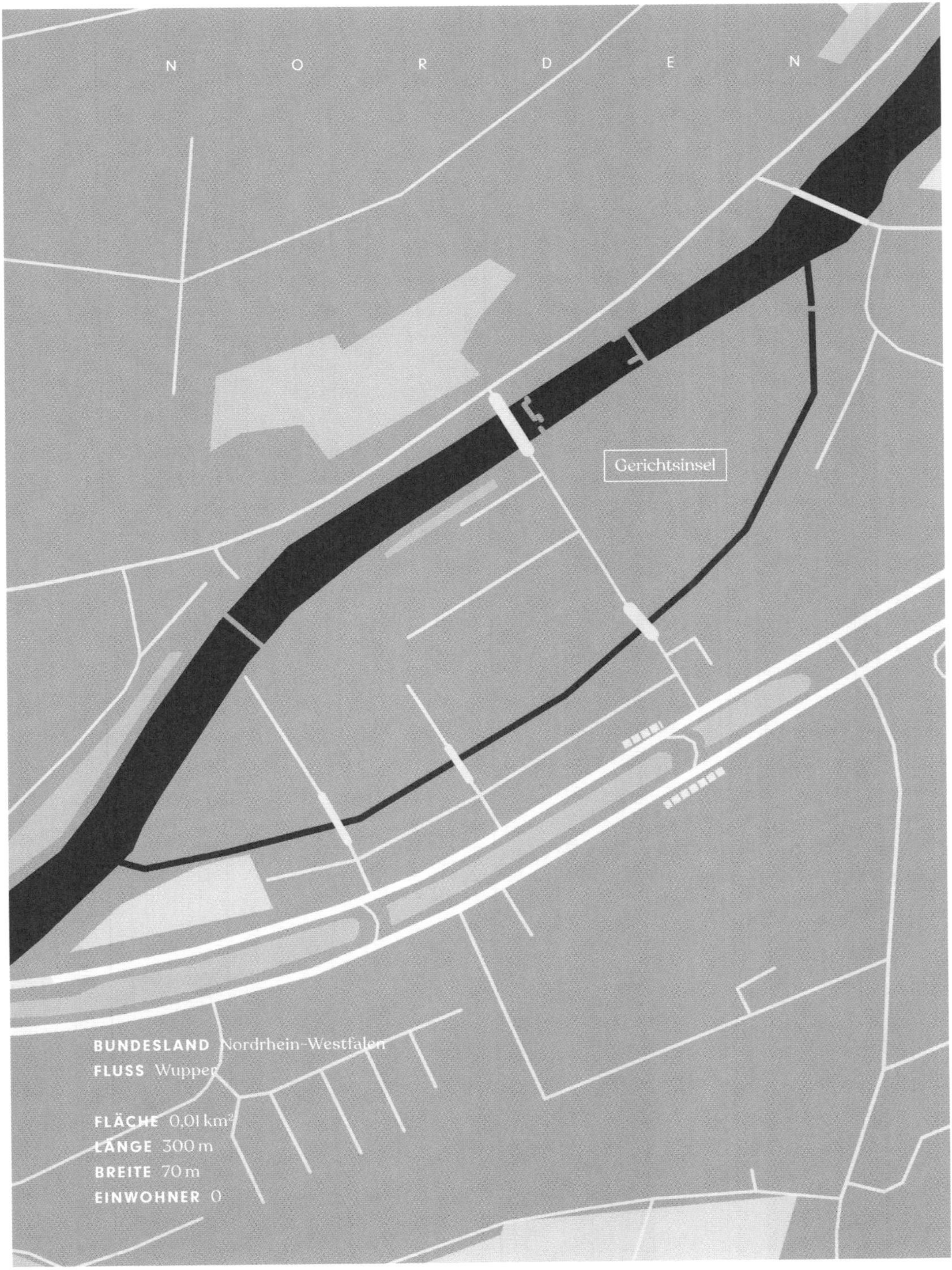

BUNDESLAND Nordrhein-Westfalen
FLUSS Wupper

FLÄCHE 0,01 km²
LÄNGE 300 m
BREITE 70 m
EINWOHNER 0

51°15'27.2"N 7°09'44.6"O

Das Eiland in der Wupper

~

Im 19. Jahrhundert wuchs Wuppertal zur größten Industriestadt Nordrhein-Westfalens heran. Viele Einwohner lebten in Armut, die Kriminalitätsrate war hoch, die Anzahl der Strafprozesse stieg – der Neubau eines Gerichtskomplexes wurde notwendig.

Eine unbebaute Wupperinsel in Elberfeld, Eiland genannt, wurde als Standort dafür auserkoren. 1852 begann die Errichtung von Amts- und Landgericht, und ab diesem Zeitpunkt setzte sich in der Bevölkerung, nicht aber bei den Kartografen, der Name »Gerichtsinsel« durch. Auf den meisten Karten wird das Inselchen unter dem Namen »Eiland« geführt und so heißt denn auch die Straße, die quer über die Insel führt. Trotz diverser Renovierungsarbeiten, Neubauten und Erweiterungen machen die besondere Lage und der interessante Architekturmix die Gerichtsinsel städtebaulich betrachtet zu einem ganz besonderen Kleinod.

So lässt sich's schweben

~

Neben den Gerichtsgebäuden und der Wupper mit ihren Brücken wird das Erscheinungsbild der Gerichtsinsel durch die sie unmittelbar tangierende Wuppertaler Schwebebahn geprägt. Die verkehrsrechtlich gesehene »Straßenbahn besonderer Bauart« durchquert die Stadt von Nordost nach Südwest. In die internationalen Schlagzeilen schaffte es die Hochbahn durch das Elefantenbaby Tuffi. Es sollte als PR-Aktion für den Zirkus Althoff-Jacobi eine Bahnfahrt absolvieren, drückte jedoch genervt die Tür auf und stürzte in die Wupper. Glücklicherweise blieb Tuffi dabei unverletzt, nachdem entsetzte Augenzeugen schon befürchtet hatten, das Jungtier würde dabei wohl über die Wupper gehen ...

Heute hat das »Über-die-Wupper-Gehen« seinen Schrecken verloren

Sehenswert

Den gelungenen Architekturmix historischer und neuzeitlicher Elemente bei den **Gerichtsgebäuden** kann man am besten bei einem Inselspaziergang begutachten.

Die **Station Landgericht** ist eine von nur drei Stationen der Wuppertaler Schwebebahn, die originalgetreu im Jugendstil renoviert wurden.

Geografie

Die unbewohnte Insel hat eine Länge von etwa 300 m und eine Breite von 70 m. Die auf dem ca. 1,4 ha großen Areal gelegenen Gebäude werden derzeit von Amts-, Land- und Arbeitsgericht Wuppertal sowie von einem Kindergarten genutzt. Das Justizhochaus aus den 1970er Jahren musste wegen Brandschutzmängeln abgerissen werden. Ein »Wupper-Balkon« genannter kleiner Park befindet sich an der Ostspitze der Insel.

Empfehlenswert

Bei einer Sightseeingtour mit der Schwebebahn kommt man an vielen Sehenswürdigkeiten der Stadt vorbei und kann sich einen guten Überblick verschaffen.

Wissenswert

Eine Teilstrecke am westlichen Ende der Schwebebahn wird augenzwinkernd als »Gardinenstangenstrecke« bezeichnet. Weil hier die auf Stelzen errichtete Trasse sehr nahe an die Wohnhäuser heranführt, wurden den Bewohnern von den Bahnbetreibern Gardinenstangen und Gardinen für die Wahrung ihrer Intimsphäre zur Verfügung gestellt.

Für wen sich ein Besuch ganz besonders lohnt

Für Inseljäger.
Für Architekturinteressierte.
Für Technikbegeisterte (Schwebebahn).

Anreise

Mit dem Auto
Parken an einer der beiden Schwebebahn-Endstationen (Vohwinkel oder Oberbarmen) und mit einem der futuristischen Züge bis zur Station Landgericht.

Mit der Bahn
Zum Hauptbahnhof Wuppertal und von der nahegelegenen Station Hauptbahnhof-Döppersberg mit der Schwebebahn bis zur Station Landgericht.

Links

www.schwebebahn.de
https://dirk.lotze.de/Gerichtsinsel

Das Schweben – ein Traum

15

Großer Werder

Der Große Werder ist jene der drei Stadtinseln von Fürstenberg an der Havel, die zuerst besiedelt wurde. Für viele ist sie die Havelinsel par excellence, wird sie doch fast allseitig von Havelläufen unterschiedlichsten Charakters umschlossen: im Nordosten bildet bzw. durchfließt die Havel den Schwedt- und etwas weiter südlich den Baalensee, der westlich davon gelegene Havelarm und Schifffahrtskanal wird als Schleusenhavel bezeichnet; gegen Norden zu machen Gänsehavel, Priesterhavel und der Schulhavel genannte Havellauf die Inselumrundung perfekt. Mit dem südwestlich gelegenen Röblinsee begrenzt eine weitere große Wasserfläche Fürstenberg, das deshalb durchaus zurecht den Beinamen »Wasserstadt« trägt, zumal fast die Hälfte der Stadtfläche aus Wasser besteht.

Ja, sagen Sie einmal, wie viele Haveln gibt's denn da noch?

EIN ERSTAUNTER URLAUBSGAST

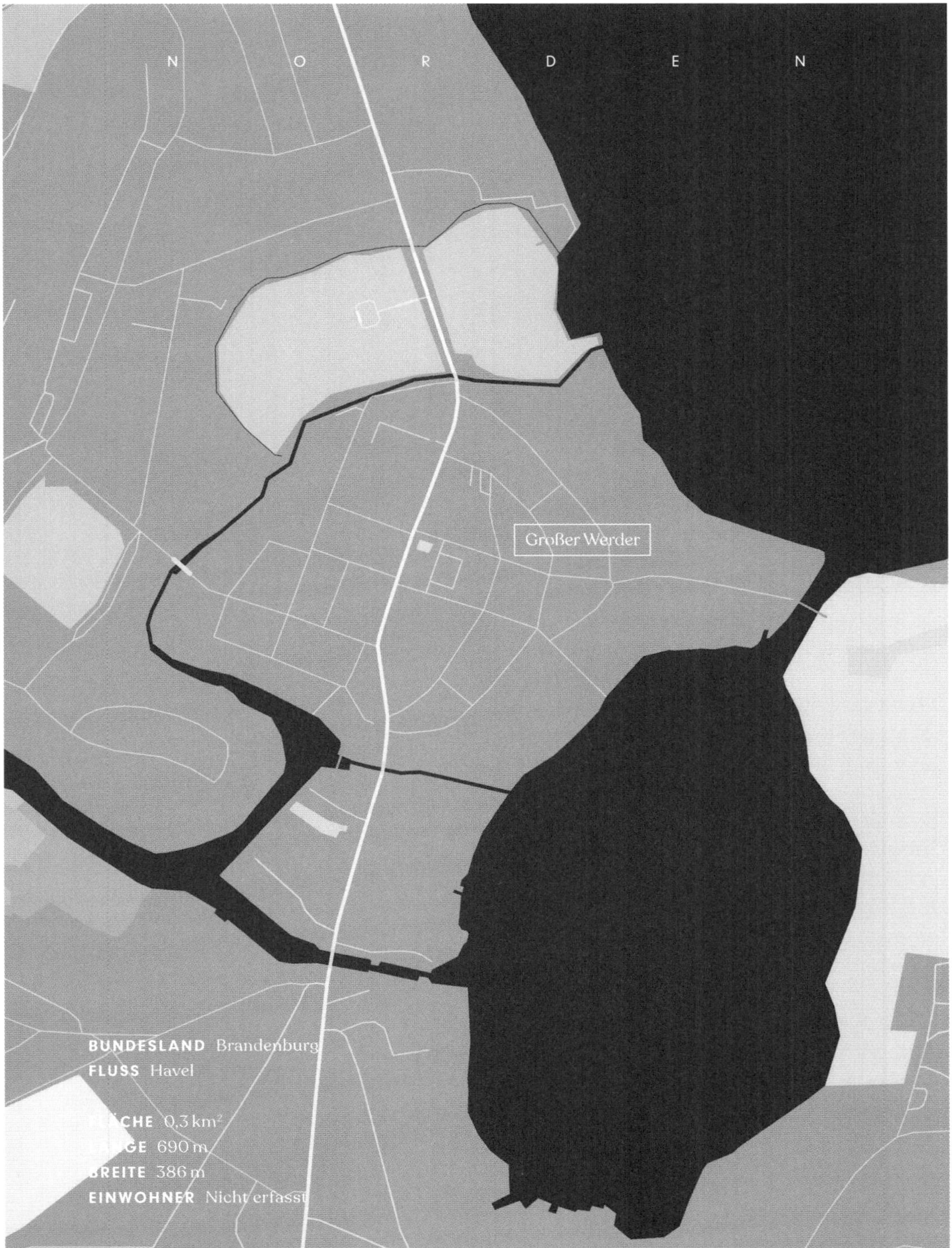

53°11'10.1"N 13°08'43.4"O

Der Übergang zwischen den Stadtinseln ist fließend …

~

… und das in jeder Hinsicht. Durch die dichte Bebauung ist es oft nicht einmal den Einheimischen bewusst, dass sie eigentlich in einer »Drei-Insel-Stadt« leben. Begründeten Stolz empfindet man aber darüber, dass Fürstenberg innerhalb Deutschlands als eine der Städte mit den besten Umweltwerten und den saubersten Klarwasserseen gilt. Ein Umstand, der – zusammen mit der guten Erreichbarkeit durch die um 1870 errichtete Nordbahn – die Wasserstadt auch als Sommerfrische für das etwa 80 km entfernte Berlin sehr attraktiv macht(e).

Die Altstadt Fürstenbergs lässt sich mit Kanu oder Kajak auf den Nebenarmen der Havel umrunden. Als besondere Attraktion gilt dabei der Fisch-Kanu-Pass. Diese Rutsche unter einem historischen Gebäude hindurch ermöglicht Fischen und Paddlern einen barrierefreien Übergang von der Gänse- in die Priesterhavel. Ganz nahe am Stadtkern gibt es außerdem einen gut ausgestatteten Wasserwanderrastplatz, von dem aus man sich den Sehenswürdigkeiten der Stadt auf kurzen Wegen zu Fuß annähern kann.

(Noch) nicht öffentlich zugänglich: Barockschloss Fürstenberg

Geografie

Die »Wasserstad Fürstenberg/Havel« liegt an der Oberhavel im Norden Brandenburgs und gehört größtenteils zum Naturraum des Neustrelitzer Kleinseenlandes, im Südosten auch zur Granseer Platte. Fürstenberg wird von Westen nach Südosten von der Havel durchflossen und ist rundum von Seen umgeben.

Das Industriedenkmal der selbstfahrenden Eisenbahnfähre im Havelpark

Sehenswert

Der zentral gelegene Marktplatz wird von der im byzantinischen Rundbogenstil errichteten evangelischen **Stadtkirche** überragt. In den angrenzenden Gassen finden sich bemerkenswert gut erhaltene, bunte Fachwerkbauten und **Fischerhäuser**. In weniger gutem baulichen Zustand befinden sich das älteste Bauwerk der Stadt, die **Wasserburg**, und das auf einer Insel nördlich des Altstadtkerns gelegene, teilsanierte barocke **Schloss Fürstenberg**.

Über eine der unzähligen Havelbrücken erreicht man den naturbelassenen Havelpark. Hier kann man die ehemals einzige selbstfahrende **Eisenbahnfähre** Deutschlands besichtigen.

Das ehemalige **Zisterzienserkloster Himmelpfort** mit Klosterkirche und Brauhaus ist nur noch als Ruine erhalten und als Baudenkmal geschützt.

Empfehlenswert

Im Havelpark kann man wunderbar laufen, spazieren und angeln oder sich an einer der schönen, stadtnahen Naturbadestellen abkühlen.

Wissenswert

Ein dunkles Kapitel der deutschen Geschichte wird am Gelände des ehemaligen Konzentrationslagers Ravensbrück beleuchtet.

Gegen das Vergessen –
KZ-Gedenkstätte Ravensbrück

Für wen sich ein Besuch ganz besonders lohnt

Für kultur- und geschichtsinteressierte Touristen.
Für Abenteurer und Entdecker.
Für Aktivurlauber.

Anreise

Mit dem Auto
Fürstenberg an der Havel liegt verkehrsgünstig direkt an der B96 und ist von Berlin in etwa einer Stunde errreichbar.

Mit der Bahn
Zielbahnhof Fürstenberg/Havel, stündliche Anbindung mit Regional-Express 5 Elsterwerder – Berlin – Fürstenberg/Havel – Rostock/Stralsund.

Mit dem Bus
Station im Fernbusnetz der Flixbus-Strecke Leipzig – Stralsund.

Links

www.fuerstenberg-havel.de
www.fuerstenberger-seenland.de

Naturbadestelle im Havelpark

Marktplatz mit Stadtkirche

16

Hamburger Hallig

Kritische Geister könnten an dieser Stelle anmerken, dass die Hamburger Hallig im engsten Wortsinne ja gar keine Hallig oder Insel mehr sei. Tatsache ist, dass sie 1860 durch einen Damm mit dem Festland verbunden wurde. Tatsache ist aber auch, dass definitionsgemäß eine Landverbindung über einen Damm aus einer Insel noch keine Halbinsel macht. Auch wenn zum bloßen Damm hier noch vorgelagerte Salzwiesen dazukommen, sind die Nordfriesen diesbezüglich nicht päpstlicher als der Papst und zählen dieses schöne Fleckchen Land nach wie vor zu den Halligen.

Tja, und das haste ja auch nicht allzu oft, dass du direkt mit 'nem Rad auf eine Hallig kommst.

EIN BEEINDRUCKTER HALLIGBESUCHER

54°35'57.6"N 8°49'03.6"O

Gastwirtschaft Hallig Krog

Gott sei Dank kein Drive-in

~

Der Name der Hallig leitet sich nicht von Junk-Food, sondern von einem Hamburger Brüderpaar her. Rudolf und Arnold Amsinck erwarben 1624 die Deichrechte an der Nordostecke der Insel Strand und schufen durch mühsamen Deichbau den Amsinck-Koog, der 1634 durch die Burchardiflut zerstört wurde. Nur die Warft, auf der sich das »Hamburger Haus« befand, blieb erhalten und wurde für viele Strander Einwohner zur Rettungsinsel. Mit viel Einsatz wurden nach 1634 die Deiche wieder so weit hergestellt, dass sich Überlebende der Flut dort ansiedeln konnten. Aber bereits um 1700 waren die Deiche wieder so in Mitleidenschaft gezogen, dass der Amsinck-Koog abermals zur Hallig wurde. Erst um 1875 gelang es, einen dauerhaft befestigten Damm zu errichten.

Weil damit die durchlaufenden Tidenströme unterbrochen wurden, kam es an beiden Seiten des Dammes sehr schnell zu Aufschlickung und Landgewinnung. Maß die Hallig noch um 1908 nur 96 ha, waren es ab 1930 mitsamt dem Deichvorland bereits 216 ha. Zusammen mit dem Deichvorland des Sönke-Nissen-Koogs und den Salzwiesen sind es heute rund 1000 ha, die vom Naturschutzbund NABU betreut werden.

Drei Warften für Mensch und Tier

~

Die Hauptwarft der Hamburger Hallig liegt 4 km westlich des Seedeichs des Sönke-Nissen-Koogs. Sie ist über den Damm nur zu Fuß oder per Fahrrad (kann im Ansinck-Haus am Hallig-Parkplatz gemietet werden) erreichbar. Auf ihr befinden sich die von Ostern bis 31. Oktober bewirtschaftete Gaststätte »Hallig Krog« sowie ein Stützpunkt des Nationalparks samt der informativen »Watt-Werkstatt«.

Während sich die Schafe bei Land unter auf den 300 m südlich der Hauptwarft gelegenen Kuhberg retten können, wird das »Claus-Jürgen Reitmann-Haus« am Schafberg zeitweise von ehrenamtlichen Naturschutzwarten bewohnt.

Von der Hauptwarft aus genießt man einen beeindruckenden Blick über das UNESCO-Weltnaturerbe Wattenmeer auf fast alle darin liegenden Halligen.

Sehenswert

Der Sturmflutpfahl der Hallig befindet sich zwischen dem Strand und der Warft. Die darauf befindlichen Marken lassen ungefähr erahnen, welche verheerenden Naturkräften hier zu Sturmflutzeiten am Werk gewesen sind.

Geografie

Strenggenommen ist die Hamburger Hallig keine Insel mehr, denn sie ist seit 1860 durch einen Damm mit dem Festland verbunden. Sie ist nicht eingedeicht, liegt im Deichvorland des Sönke-Nissen-Koogs und gehört zusammen mit ihren drei Warften zur Gemeinde Reußenköge.

Empfehlenswert

Im Sommer wird auf der Hallig jeden Freitag um 19 Uhr Nordfrieslamm gegrillt. Eine frühzeitige Anmeldung ist unbedingt ratsam!

Landgewinnung am Hallig-Damm

Wissenswert

In den Salzwiesen findet bis einschließlich 2022 ein Forschungsprojekt statt, bei dem unter eigens entwickelten Kunststoffkuppeln getestet wird, welche Auswirkungen die Klimaerwärmung auf deren Bestand haben könnte.

Wandern & Baden

Start ist beim Parkplatz am Amsinck-Haus hinter dem Deich. Von der Deichkrone aus schaut man in die Salzwiesen und auf die schnurgerade Straße bis zur ersten Warft. Ab hier weiter auf dem parallel verlaufenden Naturlehrpfad bis zur Hauptwarft. Wem dieser Weg zu feucht ist, der kann sich auch entlang der Fahrstraße bewegen.

Der weitläufige und naturbelassene Strand in den Salzwiesen ist täglich nur etwa 3 Std. vor und nach der Tide zum Schwimmen geeignet.

Für wen sich ein Besuch ganz besonders lohnt

Für Radfahrer und Wanderer.
Für Badegäste (Gezeiten beachten).
Für Naturfreunde, die mehr übers Wattenmeer erfahren wollen.

Anreise

Mit dem Auto
Über die A23 bis Heide und weiter über die B5 in Richtung Bredstedt, ab da der Wegweisung Hamburger Hallig folgen. Am besten am Amsinck-Haus parken und per Fahrrad oder zu Fuß über den Damm zur Hallig.

Mit der Bahn
Zielbahnhof Bredstedt, mit Fernzügen bis Hamburg-Altona, Husum oder Niebüll. Von dort per Regionalexpress 6 zum Bahnhof Bredstedt und per Bus oder Taxi zum etwa 10 km entfernten Amsinck-Haus.

Links

www.halligen.de
www.hallig-krog.de
www.amsinck-haus.de

17 Harriersand

Statt Stethoskop oder Skalpell schwingt Claus Hartmann heute Motorsäge oder Stemmeisen. Dabei wollte der in Elsfleth geborene Sprössling einer Kapitänsfamilie eigentlich Arzt werden und mit kunsthandwerklichen Arbeiten nur sein Studium finanzieren. Doch dann wurde das Hobby zum Beruf, einem Beruf, der erheblicher erblicher Vorbelastung entsprungen ist. Denn der Urgroßvater Claus Hartmanns sammelte Galionsfiguren. Zumeist kamen die von Schiffswracks und waren dementsprechend ramponiert. Später restaurierte der Vater diese Figuren und vervollständigte die Sammlung.

Sohn Claus begann mit 17 Jahren Galionsfiguren zu schnitzen und zeigte darin so viel Kunstfertigkeit, dass ihm seine Lehrer zum Kunsthandwerk rieten, bei dem er nach einigen Umwegen auch landete.

1994 lernte Hartmann seine Frau Birgit kennen, die seitdem mit ihm zusammenarbeitet, und gründete eine Werkstatt für Schiffsbildhauerei in einem ehemaligen Bauernhof am Schwemmland der Weserinsel Harriersand.

Wo ich arbeite,
machen andere Urlaub.
Ich aber auch,
wenn mir danach ist.

CLAUS HARTMANN

53°19'12.2"N 8°30'13.5"O

Von Harriersand in alle Welt

~

Berühmte Schiffe wie die Lili Marleen, Großherzogin Elisabeth, Fridtjof Nansen und Gorch Fock werden von den seemänischen »Glücksbringern« aus der Inselwerkstatt beschützt. Mehr als 80 Galionsfiguren für große und kleine Schiffe hat das Künstlerehepaar inzwischen gestaltet. Auch wenn sie und ihre Kreationen längst weltweit unterwegs sind, kehren die Hartmanns immer wieder gern in ihr kleines, unlängst durch zusätzliche Dämme besser geschütztes Refugium auf Harriersand zurück. Hier genießen sie Ruhe, die ländliche Idylle und die Nähe zum Wasser.

Weite Teile der Insel bestehen aus zur Viehzucht genutztem Grünland. An der nördlichen Inselspitze, wo der schmale östliche Weserarm wieder mit der eigentlichen Weser zusammentrifft, liegt ein kleines, nur zu Fuß erreichbares Wattgebiet.

Bei Hartmanns

Geografie

Die Insel, die wegen der besseren Erreichbarkeit vom Ostufer aus zur niedersächsischen Gemeinde Schwanewede gehört, gilt mit 11 km Länge als eine der längsten Flussinseln Europas. Sie liegt im Bereich der unteren Weser zwischen Bremerhaven und Bremen gegenüber der Industriehafenstadt Brake.

Sehenswert

Weil die Überschwemmungen der Weser das Grünland ständig befeuchten und mit Nährstoffen anreichern, bietet das Vogelschutzgebiet Harriersand für Schwärme von Wild- und Blessgänsen hervorragende Bedingungen, um hier zu überwintern. Wenn sich dann im Frühjahr die Vögel in riesigen Schwärmen zum Aufbruch ins 4000 km entfernte Sibirien sammeln, ist das ein tolles Naturschauspiel.

Empfehlenswert

»Strandhalle« nennt sich das einzige am schönen Sandstrand gelegene Lokal der Insel. Hier werden einem während der Sommermonate mittwochs bis sonntags gute Küche, eine chillige Atmosphäre und ein herrlicher Blick auf die Weser und die vorbeiziehenden Schiffe geboten.

Wissenswert

Die Inselbezeichnung Harriersand bezieht sich auf einen Ortsteil der Hafenstadt Brake namens Harrien.

Der Weserstrand ist im oberen Bereich sandig, in Wassernähe schlickig

Der gegenüberliegende Industriehafen Brake

Wandern & Baden

Wegen der Größe der Insel ist eine Radwanderung zu empfehlen. Unter Nutzung der beiden Elbfähren in Sandstedt und Guntsiet lässt sich eine flach verlaufende 30-km-Rundtour mit einer kurzen »Festland-Etappe« gestalten.

In der Inselmitte, in unmittelbarer Nähe zur »Strandhalle« befindet sich gegenüber der Hafenstadt Brake ein feiner und je nach Tide mehr oder weniger breiter Sandstrand. Vorsicht auf den Schiffsverkehr!

Für wen sich ein Besuch ganz besonders lohnt

Für Ornithologen.
Für Pferdesportfreunde.
Für Zelt-Campierer.
Für Radfahrer.
Für Wanderer.

Anreise

Mit dem Auto
Über Rade: A27 Bremen-Bremerhaven, Abfahrt Uthlede, Richtung Rade, über die Straßenbrücke auf die einzige, einspurige Inselstraße am Westufer. Diese Zufahrt ist im Sommer wegen Staus und Parkplatzproblemen nicht zu empfehlen.
Über Brake: B227 nach Brake und mit der Personenfähre Guntsiet übersetzen zur Insel (Fahrradmitnahme möglich). Die Fähre verkehrt nur von Anfang März bis Ende Oktober!

Mit der Bahn
Der Hauptbahnhof Brake ist ca. 10 Gehminuten vom Fähranleger Guntsiet entfernt. Die Fähre verkehrt nur von Anfang März bis Ende Oktober!

Links

www.brake-touristinfo.de
www.guntsiet.de
www.strandhalle-harriersand.de
www.zeltplatz-harriersand.de
www.hartmann-designs.de

SAND

18

Herreninsel

Neueste historische und archäologische Forschungen deuten auf eine hier schon 640 erfolgte – und damit Bayerns älteste – Klostergründung hin. Historisch belegt ist ab 1130 die Existenz eines Benediktinerklosters, das zum Stift der Augustiner Chorherren gehörte. Insgesamt blieb die Insel also vermutlich über zwölf Jahrhunderte in kirchlichem Besitz.

Im Jahr 1873 erwarb König Ludwig II. die Herreninsel für 350 000 Gulden von württembergischen Holzspekulanten, die vorhatten, die gesamte Insel abzuholzen. Damit hatte der Märchenkönig endlich einen geeigneten Platz gefunden, um seine Pläne von einem Prunkschloss nach dem Vorbild Versailles zu verwirklichen. Bis dahin war eigentlich das bei Linderhof liegende Graswangtal als Standort vorgesehen, und es hatte schon unzählige Planungsphasen gegeben.

Schließen Sie den Kauf sofort ab, das Gelände scheint entsprechend zu sein. Ludwig.

TELEGRAMM LUDWIGS II. ZUM KAUF DER HERRENINSEL

BUNDESLAND Bayern
SEE Chiemsee

FLÄCHE 2,3 km²
LÄNGE 2 550 m
BREITE 2 100 m
EINWOHNER 18

47°51'38.8"N 12°23'51.7"O

Keine Kopie, sondern architektonisches Zitat

~

Als der Bau 1878 begonnen wurde, sahen die Pläne Georg von Dollmanns keine einfache Kopie des Palasts von Ludwig XIV. vor, sondern es sollten nur dessen prägende Elemente wie die Staatsgemächer, die Hauptfassade und die Gesandtentreppe zitiert werden. Dadurch dass im Laufe der Zeit verschiedene Architekten den Bau beeinflussten und begleiteten, erhielt das Schloss einen eigenen Stil, der sich mitunter recht deutlich von den einstigen Vorgaben entfernte.

Das Unvollendete

~

Weil er sich vom Fortgang der Bauarbeiten selbst ein Bild machen wollte, ließ sich der König im Alten Schloss Herrenchiemsee eine kleine Wohnung einrichten. 1881 wurde das Prunkschlafzimmer von ihm persönlich abgenommen, von da an verbrachte er bis 1885 immer einige Tage im Jahr auf Herrenchiemsee. Insgesamt bewohnte Ludwig II. sein letztes großes Bauprojekt nur wenige Tage. Mit dem Tod des Königs im Juni 1886 wurden die Bauarbeiten sofort eingestellt, das Gebäude blieb also in weiten Teilen unvollendet.

Die Rückseite des Schlosses und das prunkvolle Schlafzimmer

Ein egozentrisches Privatissimum

~

Herrenchiemsee war nie als Regierungssitz oder für die Aufnahme eines Hofstaats gedacht. Trotz seiner opulenten Größe sollte es nur eine private Residenz des sich immer mehr von der Außenwelt abschottenden Königs sein. Dieses teure Privatvergnügen – statt der anfänglich veranschlagten 6 Millionen Mark flossen bis zur Einstellung der Bauarbeiten um die 17 Millionen Mark in die Anlage – führte zusammen mit der Verweigerung des Königs, an Regierungsgeschäften teilzunehmen, schließlich 1886 zu seiner Absetzung.

Schloss Herrenchiemsee sollte nach dem Willen seines Erbauers nie der Öffentlichkeit zugänglich gemacht, sondern – wie seine anderen Schlösser auch – nach seinem Ableben zerstört werden. Durch die vorzeitige Entmündigung des Königs blieb den Prunkbauten dieses Schicksal jedoch erspart und dem Staat Bayern eine touristische Einnahmequelle unvorstellbaren Ausmaßes erhalten.

Nach Versailler Vorbild – der Fortunabrunnen

Das Alte Schloss und der Bootssteg

Geografie

Mit einer Gesamtfläche von fast 240 ha ist die Herreninsel die mit Abstand größte der drei Chiemseeinseln. Herren- und Frauenchiemsee sowie die dazwischenliegende Krautinsel bilden gemeinsam die Gemeinde Chiemsee, die zweitkleinste Gemeinde Bayerns, und nur per Schiff erreichbar. Während der Sommermonate verkehren zwischen dem Schiffsanleger und dem Schloss Pferdekutschen.

Sehenswert

Den Weg von der Anlegestelle zum **Königsschloss** kann man entweder mit einem 15-Min.-Spaziergang oder mit der Kutsche zurücklegen. Im Schloss finden laufend Führungen durch die etwa 20 prunkvollen Räume statt.

Mit der »Gesamtkarte Insel« können neben dem Königsschloss auch das **Alte Schloss** sowie das ehemalige Kloster Herrenchiemsee, in dem sich jetzt auch ein Museum zur bayerischen Geschichte befindet, besichtigt werden.

Empfehlenswert

Wer mit kleinen Kindern oder nicht so gut zu Fuß unterwegs ist, der kann für die gemütliche Fortbewegung auf der Insel auch eine der am Fähranleger bereitstehenden Pferdekutschen benutzen.

Die Insel wird auch heute noch landwirtschaftlich genutzt

Wissenswert

1948 tagte in den ehemaligen Klostergebäuden der **Herrenchiemseer Verfassungskonvent** zur Formulierung der deutschen Bundesverfassung und des Grundgesetzes.

Wandern & Baden

Der gut 7 km lange Wanderweg ermöglicht eine abwechslungsreiche Inselumrundung durch Wälder und Parkanlagen, vorbei an Obstwiesen und Viehweiden. Es gibt viele schöne Aussichtspunkte und mit Sitzbänken ausgestattete Rastplätze.

In der kleinen Bucht »Pauls Ruh« im Südosten der Insel oder in der Nähe der Schiffsanlegstelle sind die einzigen Bademöglichkeiten. Die anderen Uferbereiche sind durch den breiten Schilfgürtel nicht zugänglich.

Für wen sich ein Besuch ganz besonders lohnt

Für Architektur- und Kulturinteressierte.
Für Romantiker und Schlossliebhaber.

Anreise

Mit dem Auto
Von Richtung München aus über die A8, Ausfahrt Bernau bis zum Hafen in Prien/Stock.
Von Richtung Salzburg aus über die A8, Abfahrt Grabenstätt Richtung Chieming zum Landesteg (nur während des Sommerfahrplans).

Mit der Bahn
Mit Lokalzug Meridian oder DB über die Bahnstrecke München-Salzburg nach Prien.

Mit dem Bus
Regionalverkehr Oberbayern Chiemsee-Ringlinie.

Links

www.herrenchiemsee.de
www. chiemsee-schifffahrt.de

19 Hiddensee

»Das süße Ländchen«, wie die Insel Hiddensee von ihren Bewohnern liebevoll genannt wird, ist nicht nur ein Touristenmagnet, sondern seit jeher auch eine Künstlerinsel. Carl Zuckmayer und Gottfried Benn genossen das Strandleben, Hans Fallada vollendete hier seinen Roman »Kleiner Mann – was nun?«. Joachim Ringelnatz war oftmals im eigenwilligen Sommerhaus »Karusel« von Stummfilmikone Asta Nielsen zu Gast. In der »Blauen Scheune« kämpften engagierte Malerinnen des Hiddenseer Künstlerinnenbundes gegen ihre Verunglimpfung als »Malerweiber« und für Emanzipation im Kulturbetrieb. Der Schriftsteller Gerhart Hauptmann kam im Juli 1885 das erste Mal auf die Insel und verbrachte dann bis 1943 fast jeden Sommer auf Hiddensee. Hier entstand auch ein Großteil seines Alterswerks, und hier wurde er auch am 28. Juli 1946 beigesetzt.

Kühe weiden
bis zum Rande
Großer Tümpel,
wo im Röhricht
Kiebitz ostert. –
Nackt im Sande
Purzeln Menschen
selig töricht

JOACHIM RINGELNATZ,
INSEL HIDDENSEE

54°32'55.4"N 13°06'22.5"O

Inseltaxi mit 2 Pferdestärken

Ein sonniges und intellektuelles Klima

~

Mit einer durchschnittlichen Sonnenscheindauer von 1850 Stunden pro Jahr nimmt Hiddensee in Deutschland eine Spitzenstellung ein. 2008 war Hiddensee-Dornbusch mit 2168 Sonnenstunden überhaupt der sonnenreichste Ort in Deutschland.

Zu DDR-Zeiten herrschte auf Hiddensee auch in anderer Hinsicht ein »relativ mildes Klima«. Die Insel war so etwas wie ein Refugium für Aussteiger und Oppositionelle, die hier gerne den Sommer über jobbten. Trotz Stasi-Präsenz wurden so manche Vorfälle und »Provokationen« geduldet. Viele Künstler, Schriftsteller, Schauspieler, Musiker und Wissenschafter nutzte diesen Freiraum und ließen sich vom hier herrschenden intellektuellen Klima inspirieren.

Zum traditionellen Freiheitssinn dieser Insel passt die Autofreiheit perfekt dazu. Es ist wahrlich eine Wohltat, von Autolärm und Autoabgasen weitestgehend verschont zu bleiben und die eigene Mobilität neu zu definieren. Wahlweise bieten sich dafür Schusters Rappen, Drahtessel oder Pferdekutschen an. Und natürlich alle Fortbewegungsmittel auf dem Wasser. Das können durchaus auch Packrafts sein, durch deren Portabilität man die unterschiedlichsten Fortbewegungsarten mühelos kombinieren und die so unterschiedlichen Landschaften Hiddensees bestens erfahren kann.

Mit dem Packraft kann man so manche Abkürzung nehmen

Geografie

Die Ostseeinsel Hiddensee liegt westlich von Rügen und ist die größte Insel im Nationalpark Vorpommersche Boddenlandschaft. Hiddensee ist etwa 17 km lang, die größte Breite beträgt etwa 3,7 km.

Schier endlose Sandstrände an der Westküste

Sehenswert

Das Wahrzeichen der Insel, der **Dornbuscher Leuchtturm**, befindet sich im nördlichen Teil der Insel, im sogenannten Hochland von Hiddensee. 102 Stufen führen hinauf zur Aussichtsplattform, die allerdings ab Windstärke 6 aus Sicherheitsgründen gesperrt wird.

Im heutigen **Gerhart-Hauptmann-Museum**, dem früheren Sommerwohnsitz des Literatur-Nobelpreisträgers, finden nicht nur Führungen statt, es werden auch Lesungen und Konzerte veranstaltet.
Eine Dauerausstellung über den Nationalpark Vorpommersche Boddenlandschaft ist im **Nationalparkhaus** in Vitte zu sehen.

Empfehlenswert

In den Sommermonaten finden jeden Mittwoch in der Alten Kirche Orgelkonzerte statt.

Hiddensee ist unter anderem für seine Sanddornprodukte wie Marmelade, Tee, Kuchen und Schnaps berühmt. Diese Delikatessen werden auch gerne als Souvenir von der Insel mitgebracht.

Wissenswert

Der zum Teil autobiografische Roman »Kruso« von Lutz Seiler bietet eine interessante Milieustudie der Saisoniers, Dissertanten und Ferialarbeiter, die im liberalen Klima von Hiddensee ihren Träumen von einem lebenswerten Ur-Kommunismus nachhingen.

Landmark und Aussichtspunkt – der Dornbuscher Leuchtturm

Wandern & Baden

Ob als Wanderung oder als Radwanderung, die »Drei Orte Tour« begeistert durch abwechslungsreiche Landschaft und fantastische Ausblicke. Vom Hafen in **Neuendorf** geht's 6 km nach Vitte und weitere 4 km nach Kloster; etwas bergan kommt man zum nördlichen Leuchtturm und bis an die Nordspitze der Insel mit ihrer interessanten Felsküste. Besonders schön ist dieser Ausflug zur Heideblüte im Spätsommer.

Auf Hiddensee kann man nicht nur sein Fähnlein nach dem Wind richten, sondern auch seine Strandauswahl. Je nach Lust und Laune wird man sich mal für den endlosen belebteren Sandstrand (an der Westküste) und mal für die einsamere Steilküste (im Inselnorden) entscheiden.

Für wen sich ein Besuch ganz besonders lohnt

Für Literatur- und Kunstfreunde.
Für Naturliebhaber.
Für Badegäste, die Abwechslung lieben.

Anreise

Mit dem Auto
Mit dem Auto fahren Urlauber zunächst über den Rügendamm oder die Rügenbrücke auf der B96 bis Samtens auf Rügen und von dort über Gingst nach Schaprode. Dort kann man sein Auto auf einem bewachten Parkplatz abstellen.

Mit der Bahn
Am besten per Kurswagen nach Stralsund und von dort mit der Fähre zur Insel.

Mit dem Schiff
Fähren verkehren von Rügen (Schaprode, Wiek, Dranske, Breege) oder von Zingst, Wassertaxis ab Schaprode und Stralsund.

Mit Boller- oder Pferdewagen
Die Gastgeber auf Hiddensee bieten Nächtigungsgästen zumeist einen Gepäcktransport an oder stellen dafür Bollerwagen an den Fähranlegern zur Verfügung, von dort kann man aber auch eines der Kutschen-Taxis nehmen.

Links

www.seebad-hiddensee.de
www.hiddensee.m-vp.de

Schwerer erreichbar und einsamer –
die Steilküste im Inselnorden

20 Höglwörth

Peter und Paul werden im ländlichen Raum oft als »Wetterherren« bezeichnet, auf die sich viele Bauernregeln beziehen. Die Verehrung von Petrus und Paulus erreichte im frühen Mittelalter um die Zeit, als die Klosterkirche St. Peter und Paul sowie das Chorherrenstift auf der »Högl-Insel« entstanden, ihren Höhepunkt. Trotz seiner »urbayerischen« Lage im Chiemgau war für das Kloster der »entferntere Wein-Bezug« anfänglich viel stärker als jener zum heimischen Gerstensaft, besaß doch das Kloster viele Weingärten und Winzereien wie etwa in Krems in Niederösterreich. Da wundert es nicht, dass der in unmittelbarer Nähe der verlandenden Insel gelegene traditionsreiche Klosterwirt einst eine Weinschänke war.

Regnet es zu
St. Peter und Paul,
wird dem Winzer
die Ernte faul.

BAYERISCHE
BAUERNREGEL

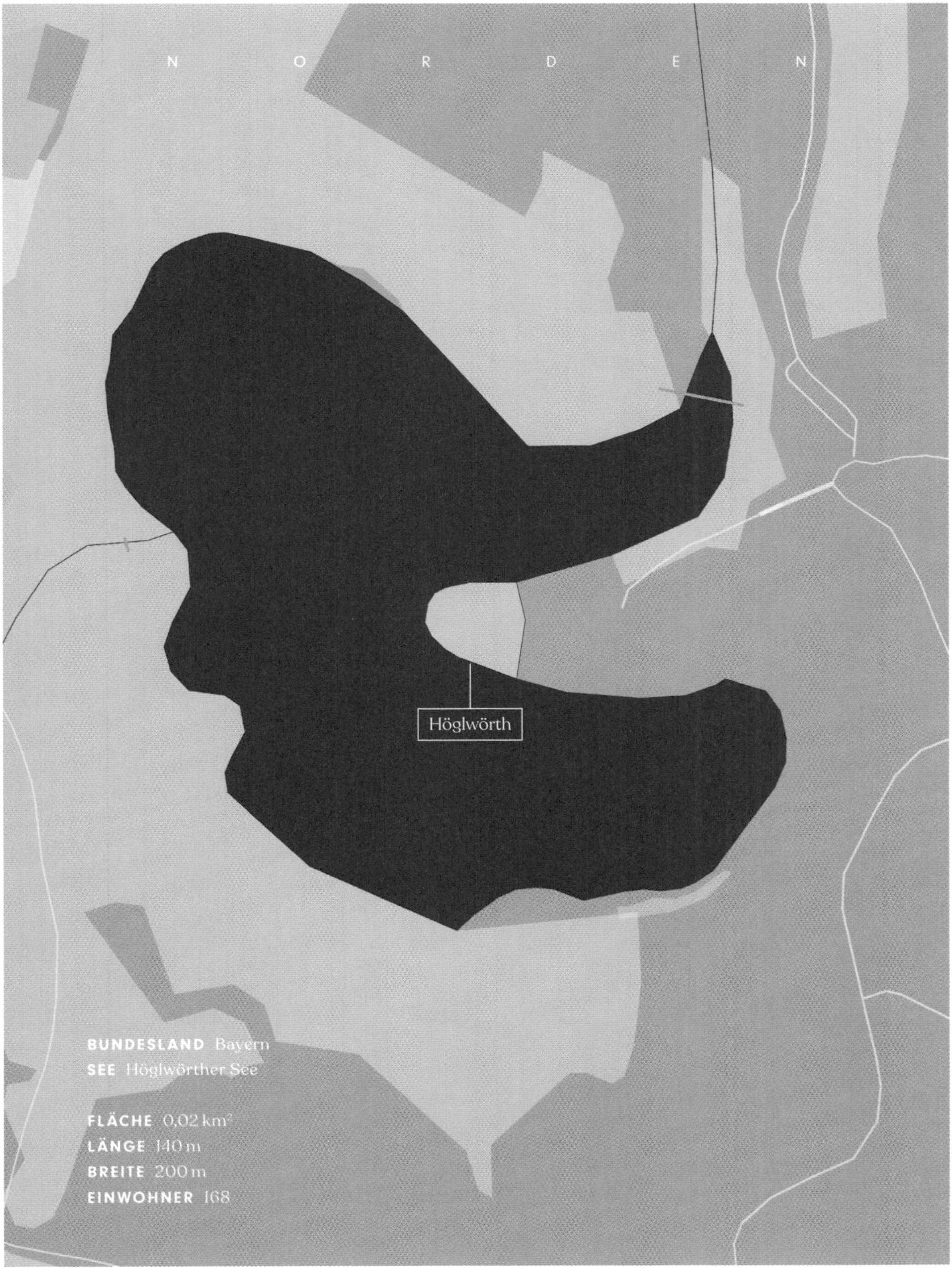

47°48'55.2"N 12°50'43.0"E

Hügel und Insel waren schon früh besiedelt

~

Das Gebiet um den Bergrücken Högl war nachweislich schon zur jüngeren Steinzeit besiedelt. Eine Reihe von Funden wie Äxte, Urnen, Bronzeschwerter und die Reste römischer Bauten weisen auf eine ebenso frühe wie rege Siedlungsaktivität hin.

Als der Saalachgletscher vor etwa 10 000 Jahren abschmolz, entstand der Höglwörther See und in ihm die kleine Insel. Wörth ist eine alte Bezeichnung für Insel, und als solche ist das Areal um das Kloster auch in den alten Flurkarten noch eindeutig ausgewiesen.

Die Gründung des Klosters wird zwischen 1122 und 1129 angenommen. Bis es 1816 an das Königreich Bayern fiel, unterstand es dem Fürstentum Salzburg. Auf Betreiben des damaligen Probstes wurde 1817 das Kloster aufgelöst und der Klosterbesitz veräußert. Der Klosterwald wurde vom Freistaat Bayern erworben und wird heute von der Saline Bad Reichenhall bewirtschaftet. Das Kloster ging an die Brauerei Wieninger, in deren Besitz es sich nach wie vor befindet.

Höglwörth gehört zur Gemeinde Anger, die aufgrund ihres prächtigen Dorfplatzes von König Ludwig I. als »schönstes Dorf Bayerns« bezeichnet wurde. Auf einer Seite wird der Dorfplatz von der ältesten spätgotischen Landkirche der Region, der Pfarrkirche Maria Himmelfahrt, begrenzt.

Blick auf die Klosterkirche von der Seeseite aus

Geografie

Höglwörth liegt als Ortsteil der Gemeinde Anger im Rupertiwinkel im oberbayerischen Landkreis Berchtesgadener Land. Dem etwa 170 Einwohner zählenden Kirchdorf vorgelagert befindet sich das ehemalige Kloster Höglwörth mitsamt der Klosterkirche St. Peter und Paul auf einer ehemaligen Insel, die inzwischen schon fast komplett zu einer Halbinsel verlandet ist.

Empfehlenswert

Im Advent erleuchten etwa 700 Kerzen die Ufer des Höglworther Sees und zaubern in der Dunkelheit eine einmalige Stimmung rund um das Kloster. Einzelne Stationen auf dem Laternenweg erzählen die Geschichte Marias und Josefs.

Wissenswert

Alle drei Jahre wird während der Karwoche in der Klosterkirche das »Herrengrab« oder **»Heilige Grab«** aufgebaut.

Der Klosterhof mit seinem groben Kopfsteinpflaster

Sehenswert

Die jetzt bestehende Rokoko-**Klosterkirche St. Peter und Paul** wurde um 1675 errichtet. Im Ostteil der Kirche besteht noch ein rechteckiger Chor mit Kreuzgewölbe aus der ursprünglichen, der romanischen Stilepoche. Sehr schön ist auch der mit faustgroßen Kieseln gepflasterte **Klosterhof** mit dem anliegenden Klostergarten.

Stilmix in der Klosterkiche

Wandern & Baden

Sehr zu empfehlen ist der etwa 45-minütige Rundweg um den See mit Besuch des Kaskadenwasserfalls und finalem Besuch im Klosterwirt. Der lockt mit frisch gezapftem Bier, bayerischen Schmankerln und einem schattenspendenden Gastgarten.

Der Höglwörther See erwärmt sich sehr schnell und ist ein sehr idyllischer kleiner Badesee mit einer ebensolchen »Badstatt«. Die Badeanstalt samt Kiosk ist nur wenige Gehminuten vom Parkplatz entfernt, der Eintritt ist gratis.

Für wen sich ein Besuch ganz besonders lohnt

Für Kunst- und Kulturinteressierte.
Für Liebhaber guter bayerischer Küche.
Für Gläubige.

Anreise

Mit dem Auto
Über die A8 München-Salzburg nach Anger und von dort weiter nach Höglwörth zum Parkplatz beim Klosterwirt.

Mit der Bahn
Zielbahnhof Bad Reichenhall, von dort – nur wochentags – mit Buslinie 829 Richtung Teisendorf, Haltestelle Höglwörth – ca. 800 m zu Fuß zur »Insel«.

Links

www.anger.de
www.klosterwirt-hoeglwoerth.de
www.rvo-bus.de

Nur noch ein schmaler Kanal macht
Höglwörth tatsächlich zur Insel

21

Hooge

Hooge wird mitunter als »Königin der Halligen« bezeichnet. Tatsächlich hat das kleine Eiland durch die vielen Wasserflächen auch im Inneren der Hallig einen ganz besonderen Reiz. Fast alle der zehn Hooger Warften liegen an einem wasserführenden Priel. »Hooge« dürfte sich von »hohe« (Hallig) herleiten. Im Vergleich zu den anderen Halligen liegt Hooge tatsächlich etwas höher und ist von einem etwa 1,20 m hohen Steindeich umgeben. Obwohl es dadurch vor Überflutung durch leichtere Sturmfluten besser geschützt ist, kommt es jährlich bis zu sechsmal zu Land unter.

Die nächste Flut verwischt
den Weg im Watt,
und alles wird
auf allen Seiten gleich;
die kleine Insel
aber draußen hat
die Augen zu; verwirrend
kreist der Deich
um ihre Wohner,
die in einen Schlaf
geboren werden,
drin sie viele Welten
verwechseln, schweigend;
denn sie reden selten
und jeder Satz
ist wie ein Epitaph

RAINER MARIA RILKE,
DIE INSEL NORDSEE

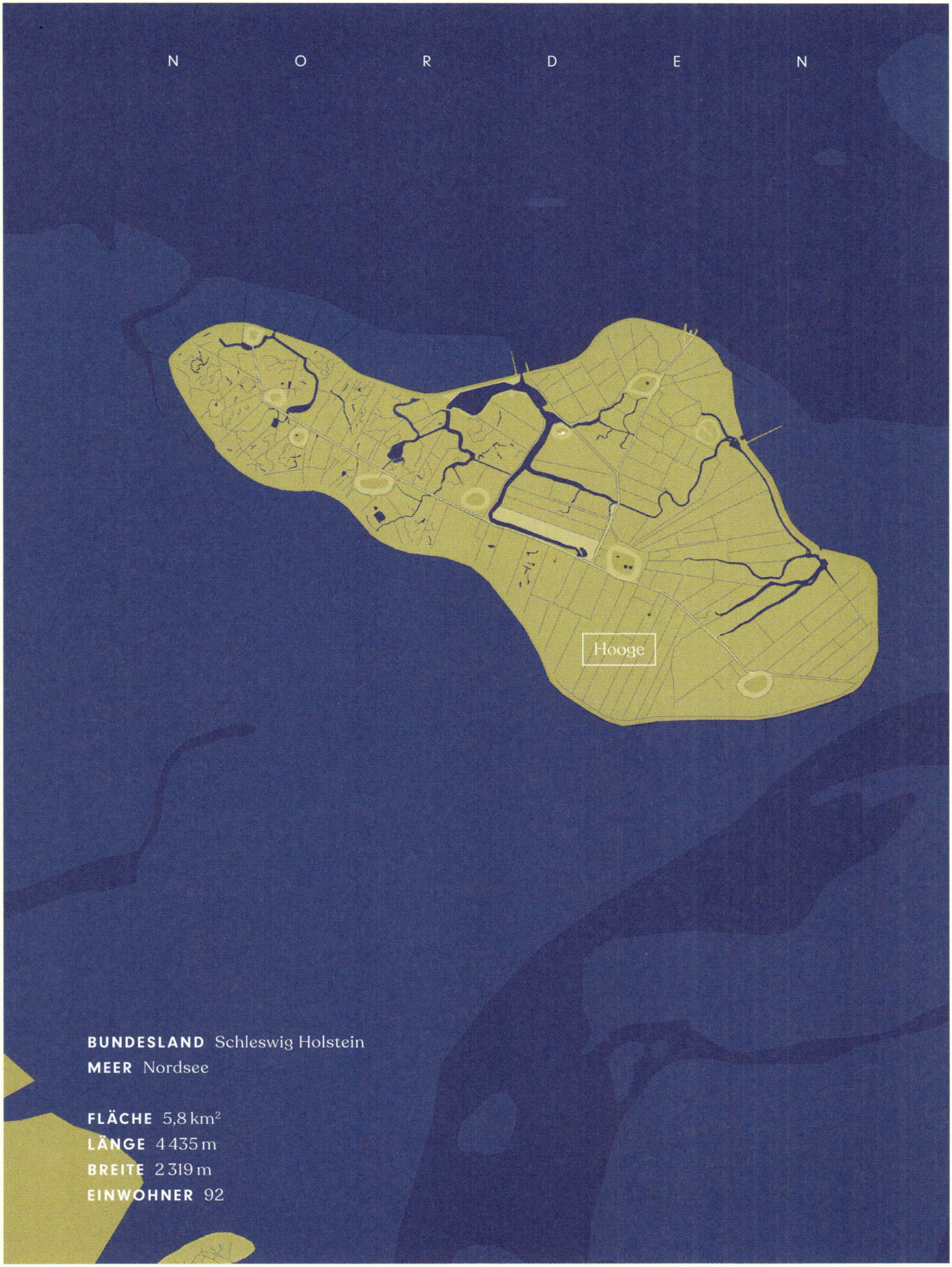

54°33'56.8"N 8°33'10.4"O

Salzsieder, Seefahrer, Bauern, Tourismusunternehmer

~

Lange Zeit war die Salzsiederei ein wichtiger Erwerbszweig der Anwohner auf Hooge. Doch Sturmfluten und Regen vernichteten so manche Salzernte und damit oftmals die Arbeit vieler Monate. Weitere Erwerbsquellen bildeten die Seefahrt und die Fischerei sowie die Landwirtschaft, hier die Viehzucht. Heute gibt es nur noch eine Haupterwerbslandwirt auf Hooge. Weil aber sein Viehbestand nicht für eine flächendeckende Beweidung ausreicht, nehmen viele Grundbesitzer über den Sommer Rinder und Schafe vom Festland als sogenanntes Pensionsvieh auf. Schließlich dient eine intensive Beweidung auch dem Landschaftsschutz.

Auch touristisch gesehen ist Hooge durchaus die »Königin der Halligen«. Mit etwa 90 000 Tagesbesuchern pro Jahr hat Hooge die höchste Tagesfrequenz aller Halligen. Neben vielen Ferienwohnungen gibt's auf der Hallig auch einige Selbstversorgerhäuser und Jugendheime. Eine kleine, aber feine Marina, Wattwanderungen zur Hallig Norderoog und der Sandbank Japsand, Kutschenfahrten, Fahrradverleih, sieben Gaststätten und ein Halligmuseum runden das touristische Angebot ab.

Neben dem Tourismus bietet der Landesbetrieb für Küstenschutz, Nationalpark und Meeresschutz vielen Hoogern Arbeit und Einkommen.

Dokumentation katastrophaler Ereignisse – der Sturmflutenpfahl

Liebevolle Details wie Schnitzereien, Bleiglasfenster und Votivschiffe schmücken die kleine Inselkirche

Die »Importkirche« auf der Kirchwarft

~

Die große Sturmflut von 1634 zerriss die Insel Strand und zerstörte dabei auch das darauf befindliche Dorf Osterwohld samt seiner Kirche. Große Teile dieser Kirche wie Backsteine, Kanzel, Taufbecken und Gestühl wurden nach Hooge transferiert und bildeten dort die Basis für eine neue Kirche. So ist es auch zu erklären, dass man in der Hooger Kirche, die erst 1637 geweiht wurde, eine Bank findet, welche die Jahreszahl 1624 – das Weihedatum der Osterwohlder Kirche – trägt.

Auf dem Friedhof, der die St. Johannis-Kirche umgibt, befindet sich rund um ein schlichtes Holzkreuz, die »Heimat für Heimatlose«, wo nicht identifizierte, angespülte Strandleichen begraben wurden. Wie viele andere Halligkirchen auch weist St. Johannis keinen Glockenturm, sondern einen freistehenden hölzernen Glockenstapel auf. Neben wirtschaftlichen Gründen hatte das oftmals seine Ursache darin, dass die teils morastigen, immer wieder durchfeuchteten Böden keinen schweren steinernen Turm getragen hätten.

Hooge – vom Wattenmeer umgeben,
von Buhnen und Teichen geschützt

Geografie

Hooge gehört zum Kreis Nordfriesland und ist die zweitgrößte von zehn Halligen im schleswig-holsteinischen Wattenmeer. Der Gemeinde Hallig Hooge gehört neben Hooge selbst noch die unbewohnte Hallig Norderoog an.

Sehenswert

Der **Königspesel** befindet sich in einem 1776 errichteten Traufenhaus. Als der Dänische König Friedrich VI. bei seinem Halligbesuch von einer Sturmflut zu einer Übernachtung gezwungen wurde, wählte er diese prächtig ausgestattete Friesenstube für sein Nachtlager.

Das Hooger **Wattenmeerhaus** beherbergt ein naturkundliches Informationszentrum mit vielen Anschauungsobjekten und Aquarien.

Empfehlenswert

Hooge ist bekannt für seine »Mehlbeutel-Variationen«. Diese uralte, für die norddeutschen und dänischen Küstenregionen so typische Speise ähnelt dem besser bekannten »Serviettenknödel« und wird sowohl salzig als auch süß genossen. Auch die Kombination salziger Mehlbeutel zu deftigem Fleisch und süßer Kirschsoße ist beliebt. Diese Geschmacksrichtung wird als »broken sööt« (gebrochene Süße) bezeichnet.

Wissenswert

Noch bis in die 1950er Jahre hatte die Hallig keinerlei Müllentsorgungsprobleme, da durch die starke landwirtschaftliche Ausrichtung der ehemaligen Halligwirtschaft so gut wie alles verwertet wurde. Heute wird der Müll in Containern zum Festland verschifft und dort entsorgt.

Wer hier schwimmen will,
muss auf die Gezeiten achten

Wandern & Baden

Die etwa 15 km lange Umrundung der Hallig ist fast gänzlich auf der Dammkrone des stark befestigten Sommerdeichs möglich. Man kann aber auch kreuz und quer über die Hallig zu den einzelnen Warften bzw. von Warft zu Warft wandern. Die westlich vorgelagerte unbewohnte Sandbank Japsand kann im Rahmen geführter Wattwanderungen erkundet werden.

Auf der Hallig gibt es viele, von allen Warften gut zugängliche unbewachte Badeplätze. Diese sind auf den Halligkarten entlang der Gehwege ausgewiesen und teilweise mit Duschen, Bänken, Spielgeräten und Toilettenwagen ausgestattet. Gezeiten beachten!

Für wen sich ein Besuch ganz besonders lohnt

Für Fotofreunde.
Für Fahrradfahrer und Kutschenliebhaber.
Für (Watt-)Wanderer.

Anreise

Mit dem Auto
Über die A23 bis Heide, B5 Richtung Bredstedt weiter über Bordelum und Ockholm nach Schüttsiel zum Fähranleger. Bei Voranmeldung Automitnahme möglich, aber nicht ratsam.

Mit der Bahn
Zielbahnhof Bredstedt, weiter mit Bus nach Schlüttsiel zum Fähranleger.

Links

www.hooge.de
www.nordseetourismus.de

Manche Weidetiere
sind Gäste vom Festland

22
Hoy

Wer ähnlich wie der britische Romancier denkt, der wird an der winzigen Insel Hoy sicherlich seine Freude haben.

Entgegen der traditionellen Cartoon-Darstellung derart winziger Inseln wird Hoy allerdings nicht von einer einzigen Palme überragt, sondern von einer Weide. »Wurde«, müsste man korrekterweise sagen. Denn seit einem heftigen Gewittersturm im Sommer 2019 wird die dortige Trauerweide ihrer Bezeichnung mehr als gerecht: Durch Windbruch verlor sie ihren Hauptast und bietet nun einen eher traurigen Anblick – nur noch der hohle Baumstumpf blieb bestehen. Da dieser nach wie vor gut verwurzelt ist, besteht Hoffnung, dass dieses beliebte Lindauer Fotomotiv in absehbarer Zeit wieder in der gewohnten Silhouette erscheint. Und tatsächlich schießen aus dem alten Stamm wieder neue Triebe hervor. Außerdem hat die Stadtgemeinde vorsorglich eine zweite Weide auf der Insel angepflanzt.

Eine Insel taugt nicht viel mehr als das Festland, wenn sie zu groß ist. Ganz klein muss sie sein, damit man sie als Insel empfindet.

D.H. LAWRENCE,
DER MANN, DER INSELN LIEBTE

BUNDESLAND Bayern
SEE Bodensee

FLÄCHE 0,00005 km²
LÄNGE 9 m
BREITE 6 m
EINWOHNER 0

47°32'57.3"N 9°41'48.2"O

Die Insel vor der Insel

~

Hoy liegt ungefähr 400 m östlich vor der Insel Lindau. Noch näher als die große Insel liegt das Festland. Vom Park in der Reutiner Bucht, in dem sich auch das Stadtamt befindet und wo die die Oberreitnauer Ach in den Bodensee mündet, sind es nur gut 100 m bis zur Insel. Von hier aus kann Hoy nicht nur gut fotografiert, sondern auch angeschwommen werden. Bei Niedrigwasser, wie etwa im außergewöhnlich heißen Sommer 2018, kann man sich das Inselchen sogar trockenen Fußes erwandern.

Fälschlicherweise wird Hoy oftmals auch als Galgeninsel bezeichnet. Doch diese befand sich gut 500 m weiter östlich und war ursprünglich die Insel, auf der sich der reichsstädtische Galgen von Lindau befand. De facto ist Hoy eine kleine künstliche Badeinsel, errichtet vom ehemaligen Eigentümer der Villa Seeheim. Eingeweiht wurde die Insel samt darauf befindlicher Badehütte 1934 im Rahmen eines Festaktes. Die Badehütte wurde 1945, nachdem spielende Kinder auf der Insel gezündelt hatten, ein Raub der Flammen. Heute sind die Ufer der Insel mit einer Mauer befestigt und ragen bei Normalwasserstand etwa 2 m über den Wasserspiegel. Zusammen mit der umliegenden Reutiner Bucht ist Hoy als Naturschutzgebiet ausgewiesen.

Die Trauerweide von Hoy

Empfehlenswert

Speziell an heißen Sommertagen, wenn überall sonst am See die Freibäder überquellen, ist ruhesuchenden und nostalgischen Badegästen ein Badeaufenthalt im Aeschacher Bad anzuraten.

In der Ferne schimmern die Alpen

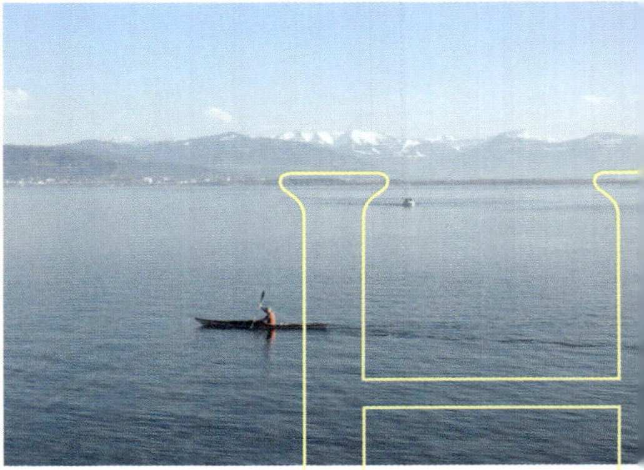

Geografie

Hoy hat einen rechteckigen Grundriss und weist bei einer Länge von 9 m und einer Breite von 6 m eine Fläche von ca. 53 m^2 auf. Hoy gehört zum Stadtteil Reutin der Stadt Lindau, die am östlichen Bodenseeufer im Dreiländereck Deutschland-Österreich-Schweiz liegt.

Sehenswert

In der Nähe des Bahndamms, der zur Insel Lindau führt, befindet sich das 1911 erbaute Aeschacher Bad. Es ist eins der drei noch im Bodensee erhaltenen Bäder, die auf Pfählen errichtet wurden. Wie es damals Sitte war, wendet der klassizistische Pfahlbau dem Ufer den »Rücken« zu, damit nur ja niemand einen Blick auf die ohnehin – für heutige Maßstäbe – total verhüllten Badenden werfen konnte.

Wissenswert

Noch weit kleiner als die Miniaturinsel Hoy und zumeist unter Wasser liegend, gibt es auf der »Hinteren Insel« bei Lindau noch einen mit einem Seezeichen markierten Felsen, den Hexenstein. Dieser soll früher noch einen kleineren Bruder gehabt haben und einer Bodenseesage zufolge einer Hexe dienlich gewesen sein. Die setzte bei ihrer Flucht aus der Schweiz den ersten Schritt auf den kleinen (heute verschwundenen), dann auf den großen Hexenstein, und erreichte mit dem dritten Schritt das rettende Festlandufer.

Für wen sich ein Besuch ganz besonders lohnt

Für Inseljäger und Fans von Robinsonaden.
Für Fans von Kleininseln.
Für alle, die immer schon gerne einmal mit einer schwimmerischen Inselumrundung angeben wollten ...

Anreise

Mit dem Auto
Über die A96 München-Lindau und die B31 Breisach-Lindau. Die A14 ist ab Grenzübergang Lindau-Hörbranz bis Hohenems nicht mehr mautpflichtig, somit ist die Fahrt durch den Pfändertunnel ohne Vignette möglich.
In Lindau/Neustadt knapp vor der Brücke zur Insel links halten und hier parken (kostenpflichtig).

Mit der Bahn
Zielbahnhof Lindau Hauptbahnhof. Der auf der Insel liegende Bahnhof wird sowohl von Eurocity als auch Regional-Express-Zügen angefahren.

Link

www.lindau.de

Blick auf die wesentlich größere Inselschwester Lindau

Von der Reutliner Bucht aus kann man
leicht zur Badeinsel hinüberschwimmen

23
Hünensteg

2005 landeten Joe Carpenter und Marc Spiess mit »Südsee« einen echten Sommerhit. In den Restaurants und Bars der Havelstadt Brandenburg und auch sonst im Landkreis wurde das Lied rauf und runter gespielt. Dabei war es nicht nur dichterische Freiheit, wenn sie behaupteten, Acapulco läge im Beetzsee. Wenn man damit das korrekt als »Hünensteg« bezeichnete, aber von den meisten Einheimischen nur Acapulco benannte Inselchen meint, ist diese Aussage durchaus haltbar.

Wozu brauchen wir die Südsee, Zuckerhut und Muschelgeld? Acapulco liegt im Beetzsee – Brandenburg ist unsere Welt!

JOE CARPENTER UND MARC SPIESS, SÜDSEE

BUNDESLAND Brandenburg
SEE Beetzsee

FLÄCHE 0,006 km²
LÄNGE 120 m
BREITE 70 m
EINWOHNER 0

52°26'25.6"N 12°33'57.1"O

Die verrückte Insel

~

Auf Initiative des Deutschen Rudersportverbandes der DDR wurde 1967 mit dem Bau einer 2000 m langen Regattastrecke begonnen. Dabei wurde die in den Beetzsee ragende Halbinsel durchstochen und das Inselchen Hünensteg geschaffen. Recht schnell entdeckte die Bevölkerung den Reiz derselben als Badeinsel und taufte die Insel kurzerhand in Acapulco um.

Für die Bewerbung um die Ruderweltmeisterschaft 2013 musste die bestehende 6- zu einer modernen 8-bahnigen Regattastrecke »aufgebohrt« werden. Dazu war es nötig, die Wettkampfstrecke zu verbreitern und Acapulco zu »verrücken«. Mittels Schwimmbagger wurden 7000 m^3 Erdreich von der westlichen auf die südöstliche Inselseite umgeschichtet und neu bepflanzt. Auch wenn die WM-Ausrichtungspläne aufgrund des hohen finanziellen Risikos letztlich nicht weiterverfolgt wurden, verfügt Brandenburg jetzt über eine äußerst attraktive Wettkampfstätte, die sich nicht nur für die Austragung von Ruderregatten eignet. »Acapulco 2.0« stieß und stößt nicht bei allen Einheimischen auf große Gegenliebe. Nicht nur dass die Insel drei Jahre komplett für den Badebetrieb gesperrt war, auch die in den Augen vieler lieblos durchgeführten Renaturierungsmaßnahmen gaben Anlass zur Kritik.

So sollen vor 2009 die Sandstrände viel schöner und mit kleinen weißen Muscheln übersät gewesen sein. Auch um den alten Baumbestand tut es so manchen leid. Erst im Laufe der letzten Jahre hat sich die Natur hier wieder erholt, und es liegt jetzt an den Badegästen selbst, dies nicht durch verantwortungsloses Handeln zu gefährden. Müllvermeidung, der Verzicht auf offenes Feuer und wildes Campieren sollten mit dazu beitragen, das Südsee-Feeling auf Acapulco zu erhalten oder künftig sogar – behutsam und nachhaltig – zu intensivieren.

Acapulco liegt im Beetzsee

Geografie

Die etwa 120m lange und 70m breite Insel Hünensteg alias Acapulco liegt im Landschaftsschutzgebiet Westhavelland nahe zum westlichen Seeufer der Stadt Brandenburg an der Havel. Zwischen Insel und Westufer befindet sich die Regattastrecke Beetzsee.

Sehenswert

Die **Naturregattastrecke** auf dem Beetzsee ist die bedeutendste Sportanlage der Stadt und war schon wiederholt Austragungsort großer nationaler und internationaler Titelkämpfe.

Die **Bollmann-Statue** erinnert an den legendären, zu Lebzeiten verspotteten, doch heute geschätzten Barbier Fritze Bollmann.

Empfehlenswert

Am besten »erfährt« man Acapulco mit dem eigenen Leichtboot – z. B. einem Packraft – oder einem geliehenen Boot. In Brandenburg gibt es bei vielen Bootsverleihern ein großes Angebot. Hier kann man auch Hausboote mieten und damit an der Insel anlegen.

Wissenswert

Immer wieder wurde der betrunkene Fritze Bollmann, dem so manche Ausrutscher passierten, von Kindern mit einem Spottlied gehänselt. Dieses wurde von einem schlauen Kaufmann auf eine Postkarte gedruckt und mit großem Erfolg vertrieben. 2008 sicherte sich die Tourismusorganisation der Stadt die Markenrechte am inzwischen zur Kultfigur avancierten »Fritze Bollmann«.

Für wen sich ein Besuch ganz besonders lohnt

Für Rudersportinteressierte.
Für Freizeitkapitäne.
Für alle, denen das echte Acapulco zu weit weg ist.

Anreise

Mit dem Auto
Von Berlin oder Magdeburg auf der A2, aus Richtung Belzig auf der B102, aus Richtung Potsdam und Werder auf der B1 bis zum Stadtring und dort den Hinweisschildern zur Regattastrecke folgen oder einen der Bootsverleiher anfahren.

Mit der Bahn
Der Zielbahnhof Brandenburg an der Havel ist an das IC-/EC-Netz angeschlossen. Weiter mit Tram Linie1 bis Haltestelle Fontanestraße und Buslinie C/523 Haltestelle Regattastrecke.

Link

www.erlebnis-brandenburg.de

Die 1000-m-Marke der Regattastrecke

24

Jochenstein

In einer anderen Version der Sage wird das »Mädchenwunder« vom Jochenstein dem schamlosen Raubritter Othmar Oberhaymer angedichtet. Bis Ernst von Bayern ihm das Handwerk legte, überfiel der von seiner Burg Marsbach aus immer wieder durchziehende Kaufleute. Letztlich kostete ihn das buchstäblich den Kopf. Noch vor seiner Enthauptung soll er seiner geheimnisvollen Frau einmal beim Baden nachspioniert haben. Als diese bemerkte, dass ihr Mann ihre wahre Herkunft entdeckt hatte, verschwand sie für immer in den Fluten.

Am Fuße des Jochensteins, einem aus den Donauwassern hochaufragenden Felsblock, stand einst ein prächtiges Märchenschloss. Die liebliche, goldhaarige Nixe Isa, eine Schwester der Loreley am Rhein, herrschte in diesem feenhaften Schloss. In flimmernden Kleidern, in den Haaren einen grünen Schilfkranz oder ein Gewinde von bunten Blumen erschien sie in hellen Mondnächten den Fischern.
Auch wenn dichter Nebel die Stromfahrt am ›Stein‹ gefährlich machte, zeigte sie sich dem Schiffer zur Warnung. Wehe aber dem Unseligen, der ihren verführerischen Lockungen oder ihrem wunderbaren Gesang folgte, er war ihr verfallen auf ewig.

VERFASSER UNBEKANNT

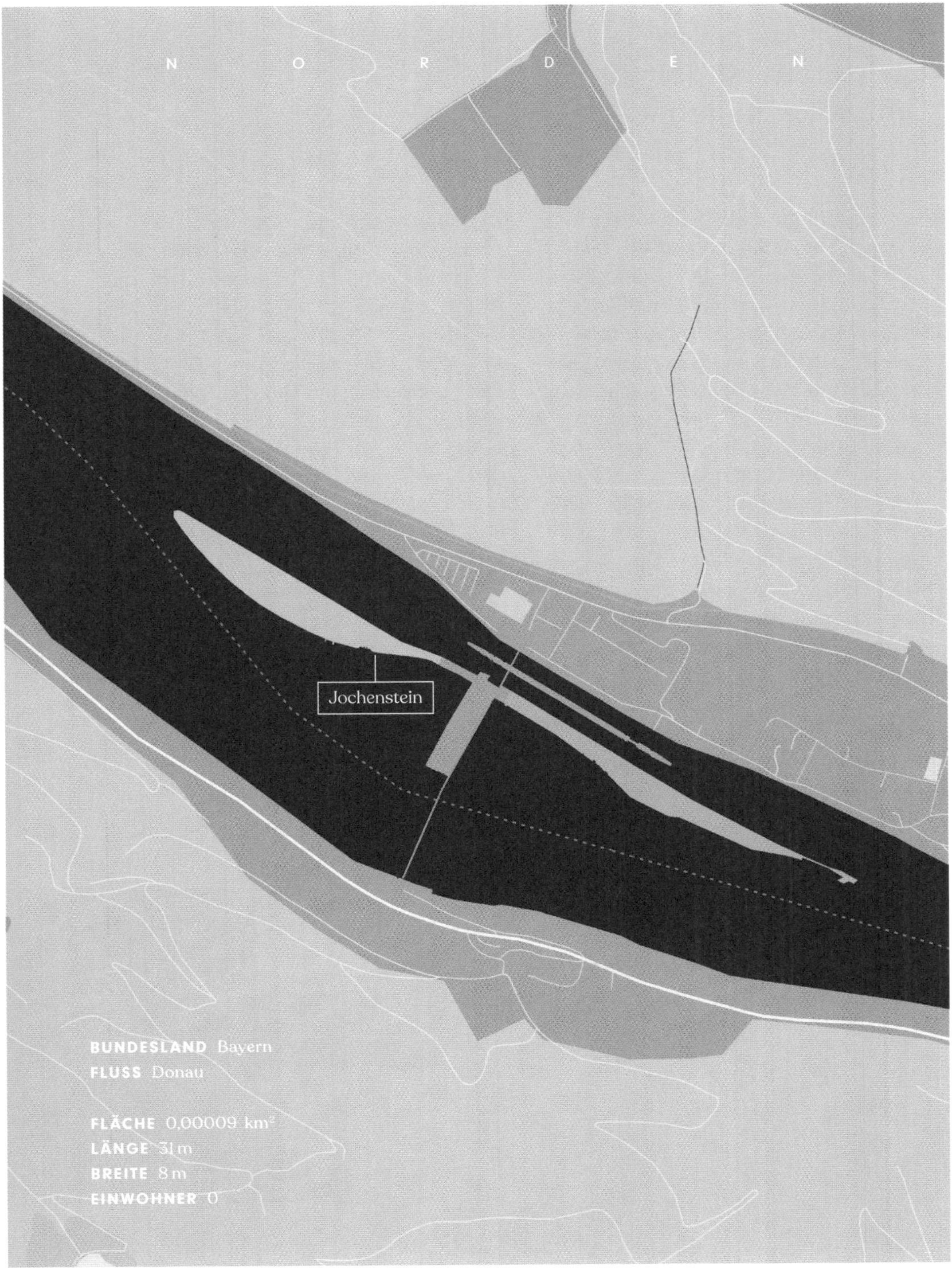

48°31'07.8"N 13°42'28.4"O

Die Gefahr ist gebannt – die Nixe ist geblieben

~

Heute besteht für die Schifffahrt am Jochenstein – zumindest was die Strömungsverhältnisse angeht – keine Gefahr mehr. Die kleine Insel befindet sich jetzt nämlich im Staubereich des Kraftwerks Jochenstein und somit im Zahmwasser. Dass sich an dieser Stelle nun eine Staumauer befindet, ist insofern amüsant, als einer weiteren Sage zufolge der »Belzebub himself« hier in der Donau mit Felsen eine große Mauer errichten wollte, um den in seinen Augen zu frommen Ort Engelhartszell zu überfluten. Damals verhinderte ein starker Sturm, der bis auf den einen in der Donau gelandeten Felsen alle anderen verwehte, dieses teuflische Unterfangen.

Das Kraftwerk Jochenstein ist also keineswegs Teufelswerk, sondern ein gutes Beispiel deutscher Ingenieurskunst und funktionierender deutsch-österreichischer Zusammenarbeit. Nach dem Abschluss eines Regierungsabkommens zwischen beiden Staaten wurde 1952 der Bau begonnen und 1956 finalisiert. Strombezieher sind je zur Hälfte die Rhein-Main-Donau AG und die österreichische Verbund AG.

Das Stauwehr liegt näher am österreichischen Ufer, das Turbinenhaus in Flussmitte beim Felsen Jochenstein, die Schiffsschleuse auf der bayerischen Seite. Von 6 bis 22 Uhr können Fußgänger und Radfahrer über das Kraftwerk die Donau überqueren. Um die Schleusenanlage zu queren, gilt es, 81 Stufen zu bewältigen. Für Fahrräder gibt es neben der Treppe eine Aluminiumschiene zum leichteren Schieben.

Nixe Isa wacht am linksseitigen Donauufer über die Schifffahrt

Kraftwerk und Schleusenanlage Jochenstein

Geografie

Die kleine Felseninsel liegt auf deutschem Staatsgebiet nahe der deutsch-österreichischen Grenze. Der Fels ist Teil eines Quarzfelsenzugs, der sich entlang des Donaurandbruchs zieht, er ragt bei Flusskilometer 2202,72 ca. 9 m aus dem Wasser und ist ungefähr 80 m vom linken und 190 m vom rechten Flussufer entfernt.

Sehenswert

Auf der Insel befinden sich ein Bildstock aus dem 18. Jahrhundert und eine gleichaltrige Steinfigur des heiligen Johannes Nepomuk, dem Patron der Schiffsleute.

Empfehlenswert

Auf dem österreichischen Ufer befindet sich am ehemaligen Gelände des Schleusenwärters das »Haus am Strom«. Hier ist ein Informationszentrum des Kraftwerks und der Schleuse Jochenstein beheimatet, man kann Führungen buchen und im Bistro Wissensdurst und Informationshunger stillen.

Der Bildstock des Heiligen Johannes am Jochenstein

Wissenswert

Der Name Jochenstein lässt sich auf den heidnischen Brauch der Johannesminne zurückführen. Dabei wurden jeweils zur Winter- und Sommersonnenwende Trankopfer abgehalten. Im Verlauf der Christianisierung wurde dies zum Johannessegen, und es war lange Zeit üblich, am Jochenstein neue Schiffsleute zu taufen.

Für wen sich ein Besuch ganz besonders lohnt

Für Inseljäger.
Für Technikbegeisterte.
Für Fans der Nixe Isa.

Anreise

Mit dem Auto
Von Passau oder der österreichischen Seite kommend am Donauufer entlang über die B130 nach Engelhartszell.

Mit der Bahn
Zielbahnhof Passau Hauptbahnhof, weiter mit Buslinien 12, 209, 670 bis Haltestelle Engelhartszell Kraftwerk Jochenstein.

Links

www.engelhartszell.at
www.hausamstrom.de

25 Klosterinsel Seeon

Ein langer Holzsteg führt über den See vom Schloss zum Ufer herüber, und hier erschließt sich ein Landschaftsbild von schwer beschreibbarem Reiz. Weit hinter Zwiebeltürmen, Haubendächern und Waldkämmen steigen jetzt Berge auf so blau, als ströme der See unablässig seine Wellen über sie hin.

CARRY BRACHVOGEL,
IM WEISS-BLAUEN LAND

Pfalzgraf Aribo I. und seine Gattin Adala gründeten um 994 das Kloster Seeon und die Klosterkirche St. Lambert. Anfänglich gab es nur karge Mönchsunterkünfte und ein kleines Gotteshaus. Ende des 11. Jahrhunderts wurde das Kloster in romanischem Stil neu errichtet, bestand in dieser Form aber nur etwa 100 Jahre. Um 1180 entstand die in den Grundzügen bis heute bestehende Kirche, die Anfang des 15. Jahrhunderts erst umgebaut und um 1579 mit Renaissancefresken ausgestattet wurde.

Das Benediktinerkloster Seeon war Zeit seines Bestehens nicht nur ein Ort der Andacht, sondern auch einer der Gelehrsamkeit und der Kultur. Der Komponist Franz Joseph Haydn war ebenso Gast wie der junge Mozart, der 15-jährig für das Benedictus-Fest das Offertorium »Scande coeli limina« und später sein »Inter natos molierum« komponierte. Noch heute gibt es eine nach ihm benannte Orgel, die er gerne bespielte, sowie eine Eiche, in deren Schatten er sich oft aufgehalten haben soll.

In der Schreibschule der Benediktiner wurden Handschriften sowohl für den eigenen Bedarf als auch für andere Klöster angefertigt.

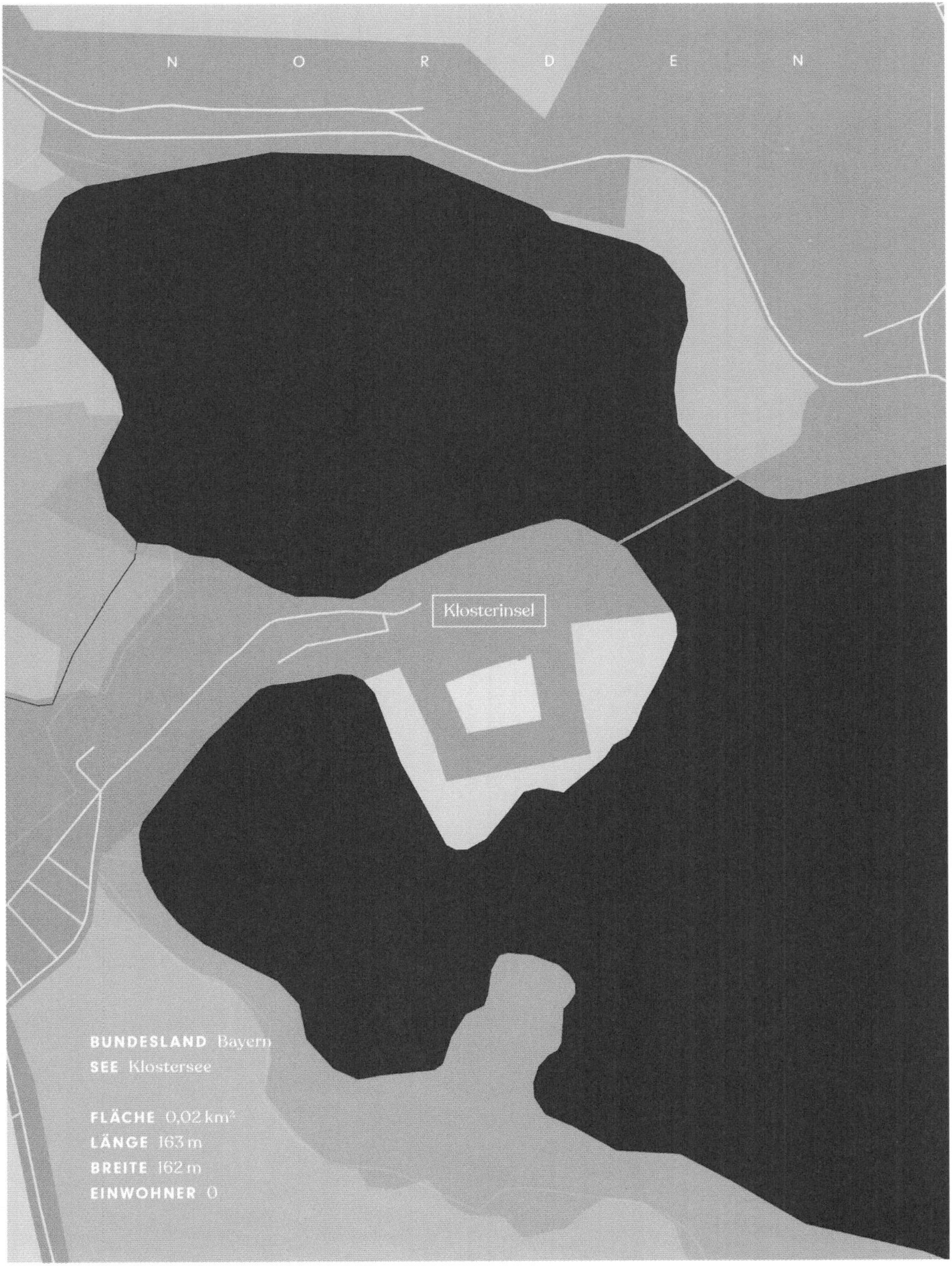

47°58'30.3"N 12°26'51.0"O

Die Klosterinsel wird weltlich

~

1803 wurden mit der Säkularisation wechselhafte und bewegte Zeiten für das ehemalige Kloster eingeläutet. Mal wurde es von wohlhabenden Geschäftsleuten oder Mitgliedern des Hochadels als Unterkunft, mal als Heilbad, Erholungsheim oder Kaserne genutzt. Schließlich wurde es 1989 vom Regierungsbezirk Oberbayern erworben, renoviert und seit 1993 als Kultur- und Bildungszentrum zugänglich. Ganzjährig werden hier Ausstellungen, Konzerte, Workshops sowie Seminare und Tagungen veranstaltet. Seit 2017 findet hier auch jährlich die zuvor in Wildbad Kreuth abgehaltene Klausur der CSU-Landesgruppe des Deutschen Bundestages statt.

Geografie

Der Ortsteil Seeon, etwa 5 km nordöstlich von Seebruck gelegen, ist vor allem für sein Benediktinerkloster bekannt. Seeon wird erstmals 924 urkundlich erwähnt. Schon bald nach der 994 erfolgten Klostergründung wurde eine hölzerne Brücke zur Insel errichtet. Nach der Nutzung als Kloster wurden das Spital und die Bibliothek abgebrochen und zusätzlich ein Damm zum Festland angelegt.

Sehenswert

Die **Renaissancefresken** der Klosterkirche zeigen Szenen aus dem Leben Christi, aber auch solche der Schutzpatrone Benedikt und Lambert sowie der Klostergründer Aribo und Adala.

In der Mitte des Kirchenraumes befindet sich das **Hochgrab** von Pfalzgraf Aribo I., ein um 1440 von Hans Heider geschaffenes Meisterwerk.

Die 1757 erbaute **Abtskapelle** ist mit ihren wertvollen Stuckaturen ein besonderes Kleinod. Besichtigungen sind allerdings nur nach Sondervereinbarungen mit dem Kultur- und Bildungszentrum Kloster Seeon möglich.

Empfehlenswert

Einmal im Jahr wird das Genie Wolfgang Amadeus Mozart im Rahmen einer Mozartwoche im Hotel Kloster Seeon gewürdigt. Dabei werden u. a. Mozart-Kompositionen auf historischen Instrumenten gespielt.

Wissenswert

Die »Madonna mit Kind«, vom Meister von Seeon 1433 geschaffen, gilt als eine der schönsten Darstellungen Marias mit dem Kind. Das Original steht im Nationalmuseum in München, eine originalgetreue Kopie ist im Hochaltar der Pfarrkirche Seeon zu bewundern.

Wandern & Baden

Von dieser rund 2,5 km langen, relativ einfachen Wanderung kann man viele kulturelle und landschaftliche Eindrücke mitnehmen. Vom Klosterparkplatz über den Holzsteg nach Bräuhausen zur kleinen Kirche St. Maria. Dort erst rechts in die Weinbergstraße und kurz darauf links in den Waltenbergweg einbiegen. Jetzt leicht ansteigend bis zur Feldstraße, ab hier der Beschilderung »Griessee NSG – Weinbergrunde« durch den Wald folgen. An der Seeleitenstraße links und in die Weinbergstraße bis zur Abzweigung »Weinbergrunde« rechts um den Klostersee herum zur »Mozarteiche«, über den Steg und durchs Kloster zurück zum Ausgangspunkt.

Auf der Insel selbst bleibt die Benutzung des Badestegs und der Liegewiese Hotelgästen vorbehalten. Das Strandbad Seeon befindet sich jedoch ganz in der Nähe der Klosterinsel.

Für wen sich ein Besuch ganz besonders lohnt

Für alle, die Wert auf eine exklusive Hotelunterkunft oder ein gediegenes Seminarhotel legen.
Für Musikfreunde speziell zu den Mozartwochen.
Für Kulturinteressierte.

Anreise

Mit dem Auto

Aus Richtung München: A8 Ausfahrt 106 Bernau über Prien, Rimsting, Eggstätt, Roitham nach Seeon.
Aus Richtung Salzburg: A8 Ausfahrt 109 Grabenstätt über Chieming, Seebruck nach Seeon.

Mit der Bahn

Zielbahnhöfe Bad Endorf oder Traunstein, dann weiter mit dem Taxi.
Für Weiterfahrt ab Bad Endorf Taxi vorher reservieren, Informationen siehe Link unten.

Link

www.kloster-seeon.de

26 Kräutelstein

Genau am Kräutelstein schlägt die deutsch-österreichische Grenze einen wilden Haken und wird von der stromauf »trockenen« zur stromab »nassen« Grenze. So springt der Grenzverlauf von der Insel 70 m Richtung Flussmitte und verläuft an dieser ungefähr 20 km bis unterhalb von Jochenstein.

Unweit der kleinen Felsinsel, wo sich jetzt eine Tankstelle befindet, standen in der »Vor-Schengen-Zeit« die Grenzanlagen. Die offizielle Straßen-Staatsgrenze, der Grenzübergang Passau-Achleiten, liegt etwa 70 m südöstlich.

Grenzen müssen nicht vernünftig sein.

ANKE MAGGAUER-KIRSCHE

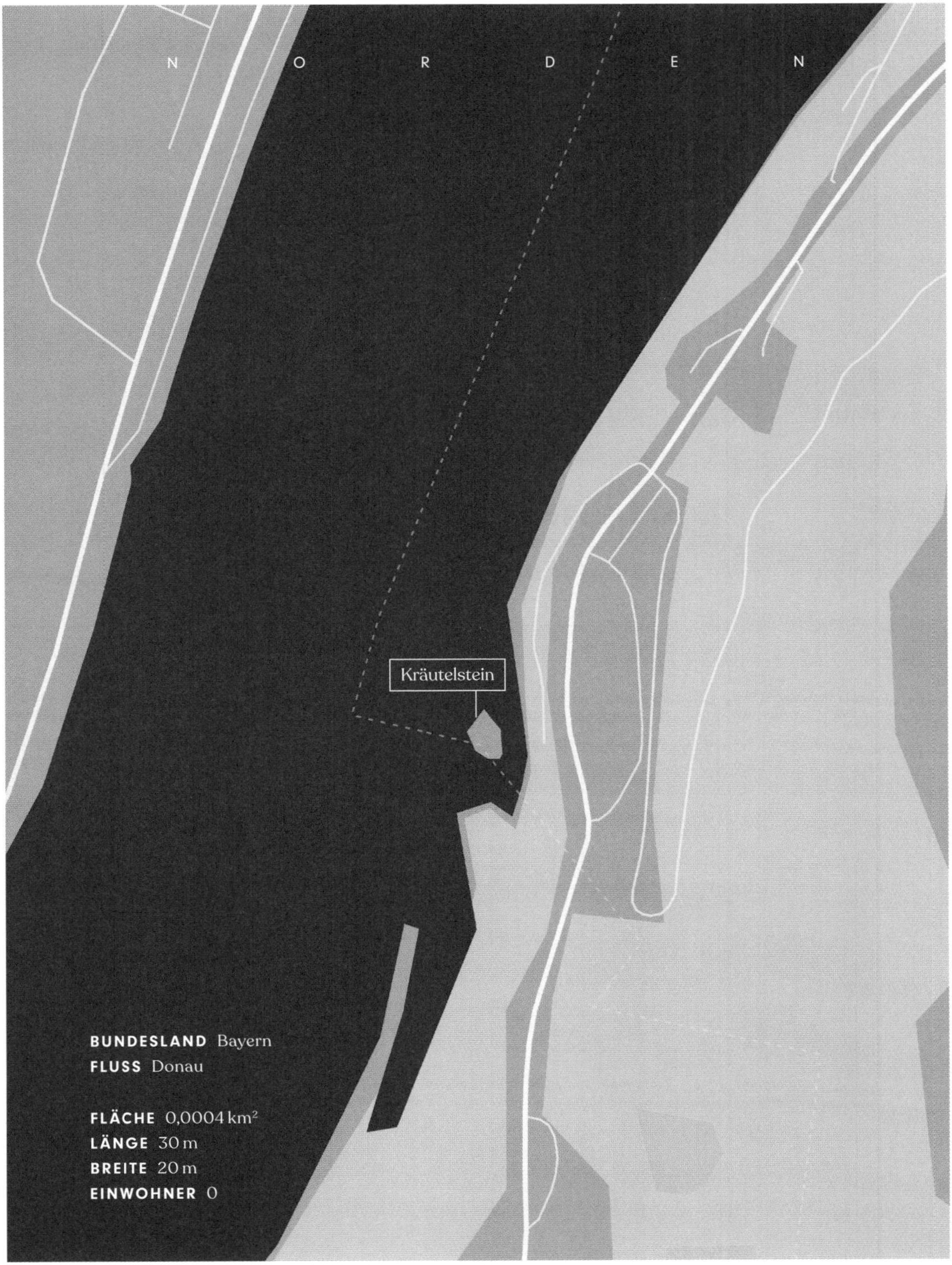

48°34'50.8"N 13°30'09.5"O

Grenzwertig

~

Regionskarte der Passauer Besitzungen, rechts oben der Kräutelstein

Bis ins 13. Jahrhundert lässt sich der heutige Grenzverlauf zurückverfolgen. Zu dieser Zeit verlief hier die Grenze zwischen dem nördlich gelegenen Gebiet der Fürstbischöfe von Passau und dem der Herzöge von Niederbayern im Süden.

1591 wurde auf dem Kräutelstein eine gemauerte Grenzsäule errichtet. Sie zeigte die Nummer 10 und das Wappentier der Fürstbischöfe, den Passauer Wolf. 1596 wurde die Säule durch einen Grenzstein ersetzt, dieser wird seit der Grenzrevision 1691 als Grenzstein Nr. 1 geführt. Fast 200 Jahre, bis 1792, überstand dieser Grenzstein viele Donauhochwasser, bis er durch den heute noch stehenden Grenzstein ersetzt wurde. Wiederum 221 Jahre später ging jedoch auch dieser »den Bach runter«. Beim Donauhochwasser 2013 riss ein angeschwemmter Baum den Stein vom Sockel. Er konnte jedoch beim Niedrigwasser des Folgejahres gefunden, geborgen und – jetzt stahlarmiert – wieder eingesetzt werden.

Österreichs Grenzstein Nr. 1

Geografie

Die etwa 30 × 20 m messende, mit Bäumen bewachsene Felseninsel liegt im Oberlauf der Donau unterhalb von Passau bei Flusskilometer 2223,196. Sie ist bei Normalwasserstand 10 m vom rechten und über 200 m vom linken Donauufer entfernt.

Sehenswert

Die Sehenswürdigkeit der Insel ist der **Grenzstein Nr. 1** der Republik Österreich. Er hat eine Höhe von 115 cm, auf österreichischer Seite zeigt er die Ziffer 1, den Doppeladler mit Bindenschild der Babenberger, die Jahreszahl 1792 und das Monogramm »F II«, das für Kaiser Franz II. steht. Auf deutscher Seite zeigt es das Wappentier, den Passauer Wolf.

90 m flussaufwärts liegt das Industriedenkmal **Kräutelsteinbrücke**, eine stillgelegte Eisenbahnbrücke.

Empfehlenswert

Bei Donauniedrigwasser kann die Insel über einen Steindamm trockenen Fußes betreten werden.

Wissenswert

Der Kräutelstein ist eine geteilte Insel: etwa 85 Prozent der Fläche von etwa 450 m^2 gehören zu Österreich. Der deutsche Teil des Miniatureilandes ist Teil des Naturdenkmals »Felsen bei der Kräutelsteinbrücke«. Etwa 2,3 km unterhalb der Mündung des Inn gelegen, wird die Insel hauptsächlich von dessen unvermischtem Wasser umspült und das Donauwasser nach links verdrängt.

Die stillgelegte
Kräutelstein-Eisenbahnbrücke

Für wen sich ein Besuch ganz besonders lohnt

Für Inseljäger.
Für Liebhaber von Kleinstinseln.
Für Grenzsteinhistoriker.
Für Grenzgänger.

Anreise

Mit dem Auto
Über die B130 von Passau oder Engelhartszell bis zur Tankstelle am ehemaligen Zollamt Achleiten.

Mit der Bahn
Zielbahnhof Passau Hauptbahnhof, weiter mit Buslinien 12, 209, 670 bis Haltestelle Achleiten.

Link

www.grenzsteine.at

Hochwasser am Kräutelstein –
bei Niedrigwasser gelangt man über eine
Steinschüttung trockenen Fußes zur Insel

27 Krautinsel

Eine Insel, die einem Garten gleich genutzt wird, um auf ihr Kräuter und Gemüse anzubauen.

AUS DEM BAYRISCHEN FLURNAMENBUCH 1589

Schon 1589 – das Jahr der im Motto zitierten Quelle – nutzten die Nonnen des benachbarten Klosters Frauenwörth die kleine Insel als erweiterten Inselgarten. Wie rund um viele andere bayerische Inseln auch, dürften hier schon zu urgeschichtlichen Zeiten Pfahlbausiedlungen entstanden sein. Bis auf wenige nicht mehr genau geografisch zuordenbare Pfahlstümpfe gibt es dafür allerdings kaum archäologische Belege. Bei mehreren Tauchgängen konnten keine weiteren Pfahlreihen entdeckt werden. Spezialisten der Bayerischen Gesellschaft für Unterwasserarchäologie vermuten, dass dies darauf zurückzuführen ist, dass schon im Mittelalter rund um die Insel intensiv mit Zugnetzen gefischt wurde. Um diese dabei nicht immer wieder zu zerstören, dürfte der Seegrund rundum von allerlei Hindernissen »gesäubert« worden sein.

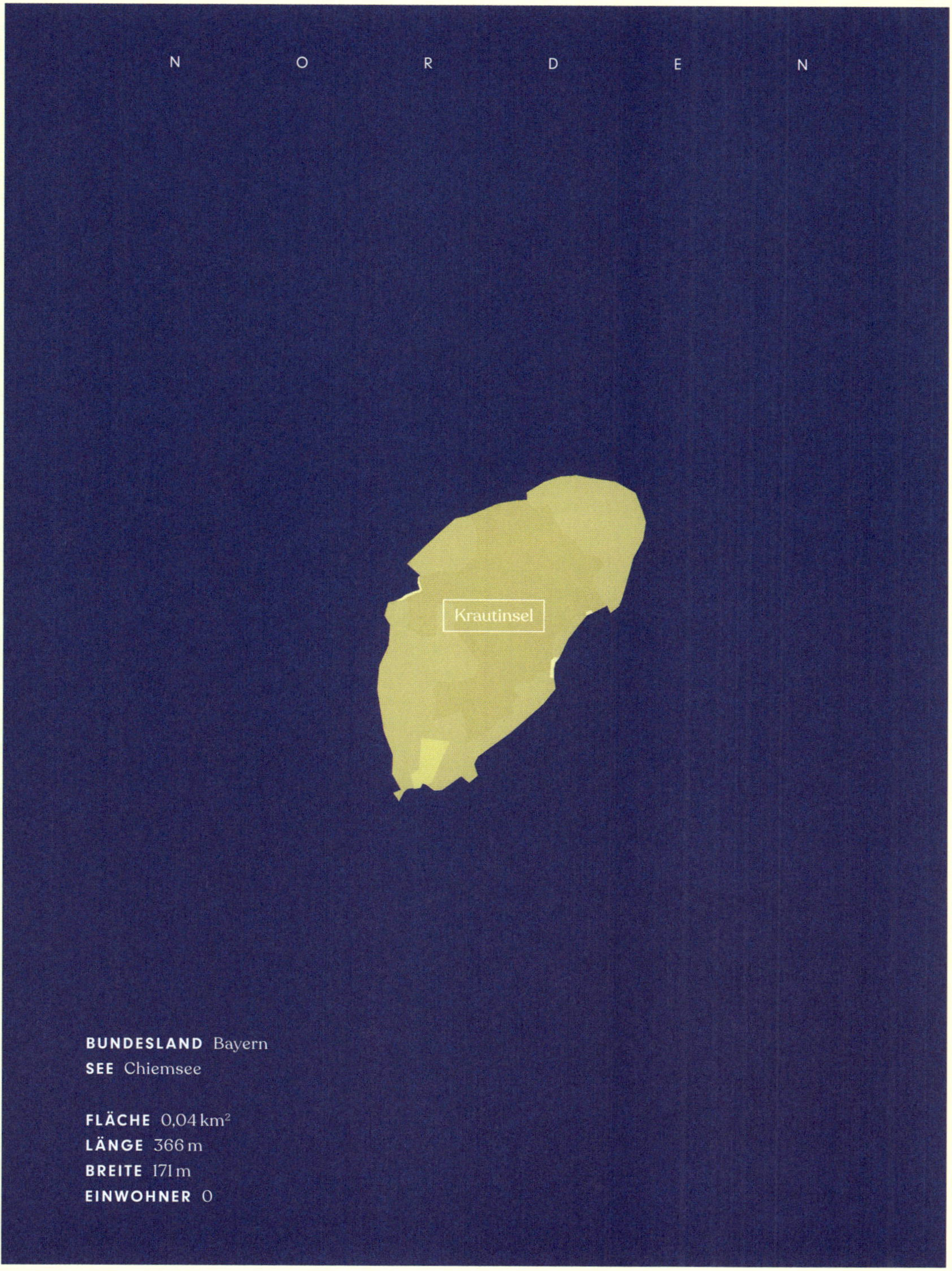

47°52'07.5"N 12°25'00.9"O

BUNDESLAND Bayern
SEE Chiemsee

FLÄCHE 0,04 km²
LÄNGE 366 m
BREITE 171 m
EINWOHNER 0

Die verfluchte Liebesinsel

~

Eine Chiemseesage versucht eine schlüssige Erklärung dafür zu liefern, warum auf der Krautinsel nur noch Unkraut und Gestrüpp wächst. Demnach sollen sich auf der kleinen Insel, die ziemlich genau in der Mitte zwischen den beiden Klöstern Frauen- und Herrenwörth liegt, dereinst Nonnen und Mönche getroffen und der Liebe hingegeben haben.

Seither liegt auf der Insel ein Fluch und die, die seinerzeit gegen das Keuschheitsgelübde verstoßen haben, wurden bis zum Jüngsten Gericht auf den Seegrund verbannt. Wenn der See wieder einmal mit besonders hohen Wellen schäumt, dann ist das ein Indiz dafür, dass die Verbannten immer noch nicht zur Ruhe gekommen sind, sondern wieder einmal unter Wasser ihr unkeusches Unwesen treiben ...

Die einen kommen mit dem Ruderboot ...

Heute Viehweide, Anker- und Badeplatz

~

Die Krautinsel ist unbewohnt und dient im Sommer als Viehweide. Es sind hauptsächlich Schafe der um den Chiemsee ansässigen Bauern, die hier ihre Sommerfrische verbringen und im Herbst wieder per Schiff die Heimreise zum Festland antreten.

Zu den wolligen Vierbeinern gesellen sich viele Vogelarten, welche die Krautinsel als Ruheplatz nutzen. Tagsüber streifen Graugänse über die Weideflächen, abends fallen Krähenschwärme ein und besetzen ihre Schlafbäume. Im Sommer halten sich auch Baumfalken auf der Insel auf, wo sie den von ihnen geschätzten Großlibellen nachstellen.

Aber auch Zweibeiner sind auf der Krautinsel mitunter anzutreffen. Mit Booten aller Art brechen sie zur Insel auf, erkunden sie und nutzen sie als Badeinsel, wenn die anderen Plätze am bayerischen Meer überfüllt sind. Mit Packrafts ist es in jeder Hinsicht ein leichtes Unterfangen, mit dem im Rucksack verstauten Leichtboot eine der größeren Inseln mit dem Linienschiff anzufahren und das Island-Hopping dann mit dem eigenen Boot fortzusetzen. Genügend Platz und Ladekapazität für eine zünftige Brotzeit und kühle Getränke bieten sie allemal.

Zu den vorgelagerten Kleininseln kann man scheinbar »übers Wasser gehen«

Sehenswert

An der Südspitze der Insel kann man noch eine kleine Zugangstreppe, Reste eines Torbogens und Fragmente der ehemaligen Gartenanlage entdecken.

Geografie

Abgesehen von der kleinen künstlichen Insel Schalch ist die Krautinsel mit 366 m Länge, 171 m Breite und einer Fläche von 3,5 ha die kleinste der Chiemsee-inseln.

Wissenswert

Die zwei namenlosen Kleininseln 60 bzw. 80 m südlich der Krautinsel sind durch eine Kiesbank miteinander verbunden und gehören im Gegensatz zur Krautinsel nicht zur Gemeinde Chiemsee. Vielmehr wurden sie der Seefläche zugeschlagen und gehören somit zum gemeindefreien Gebiet Chiemsee des Landkreises Traunstein.

... die anderen mit dem Packraft

Für wen sich ein Besuch ganz besonders lohnt

Für Robinson-Fans.
Für gute Schwimmer.
Für Packrafter, Tretbootfahrer, Paddler, Segler.
Für Ornithologen.

Aufgepasst

Auf der Krautinsel gibt es keinerlei gastronomische Infrastruktur. Für Verpflegung und Getränke muss also selbst gesorgt werden, für den Abtransport des eigenen Mülls aber auch.

Unbedingt Wettervorhersage beachten – am Chiemsee können sehr rasch Gewitter aufziehen!

Heute wird hier nicht mehr gepflanzt, sondern geweidet und gebadet

Anreise

Mit dem Auto
Via Fraueninsel: Ab A8 München-Salzburg über die Ausfahrten Prien oder Traunstein zur Schifffahrtsstation in Gstadt und von hier in etwa 10 Min. per Schiff auf die Fraueninsel, von dort per Packraft, Mietboot oder schwimmend zur etwa 1 km entfernten Krautinsel.
Via Herreninsel: Von Richtung München aus über die A8, Ausfahrt Bernau bis zum Hafen in Prien/Stock, per Linienschiff zur Herreninsel, von dort per Packraft, Mietboot oder schwimmend zur etwa 1 km entfernten Krautinsel.

Mit der Bahn
Via Fraueninsel: Über die Bahnstrecke München-Salzburg zu den Zielbahnhöfen Bad Endorf, Prien oder Traunstein. Ab Prien oder Traunstein per Bus, von Bad Endorf aus mit dem Taxi nach Gstadt und von hier in etwa 10 Min. per Linienschiff auf die Fraueninsel, von dort per Packraft, Mietboot oder schwimmend zur etwa 1 km entfernten Krautinsel.
Via Herreninsel: Mit Lokalzug Meridian oder DB über die Bahnstrecke München-Salzburg nach Prien/Stock, per Linienschiff zur Herreninsel, von dort per Packraft, Mietboot oder schwimmend zur etwa 1 km entfernten Krautinsel.

Links

chiemsee-schifffahrt.de
www.chiemsee-segeln.de/windwetter

Der Chiemsee ist ein Wassersportdorado

28 Krautsand

Nicht immer hängt der Elbhimmel »voller Geigen«. Schon gar nicht, wenn wieder einmal eine Sturmflut droht, die das Wasser der nahen Nordsee den Fluss hinaufpeitscht. Viele der ehemaligen Elbinseln sind durch Landgewinnungsmaßnahmen und Eindeichungen verschwunden oder wurden verschmolzen. Eine, die auch nicht mehr auf den ersten Blick als solche erkennbar ist, ist die Insel Krautsand an der Unterelbe.

Die Elbinsel, die bereits 1575 urkundlich erwähnt wurde, liegt zwischen Hamburg und Cuxhaven in der Nähe der Elbfähre Wischhafen/Glückstadt und ist durch zwei Brücken mit dem Festland verbunden. Die Insel und ihre nähere Umgebung werden landwirtschaftlich intensiv genutzt, wovon eine Vielzahl an Obsthöfen, Viehweiden und reetgedeckten Bauernhäusern kündet. Viele Gehöfte liegen zum Schutz vor Sturmfluten etwas erhöht auf künstlichen Erdhügeln. Im Hinterland wurden einige futuristisch wirkende Ferienappartements auf Stelzen errichtet. Obwohl die ersten Häuser nachweislich ab 1620 entstanden, wurde die Insel erst 1976 eingedeicht.

Im Blickfeld des Menschen in dieser Region, bedingt durch die Elbmarsch, nimmt der Himmel den größeren Raum ein.
Deshalb ist für mich die Schönheit, Vielfalt und Eigenart der Landschaft der Himmel.

JONAS KÖTZ,
ILLUSTRATOR

53°45'12.6"N 9°22'55.3"O

Ein idealer Strand zum »Schifferl-Schauen«

~

Mitten auf der Insel gibt es einen großen (kostenpflichtigen) Parkplatz in unmittelbarer Strandnähe. Der schöne Sandstrand ist etwa 4 km lang, kurtaxefrei und bietet durch seinen Baumbestand schöne Liegeplätze mit Privatsphäre, Sonnen- und Windschutz. Vom Strand aus hat man einen großartigen Blick auf die Fahrrinne und bekommt so, was Schiffsparaden anbelangt, ganz großes Kino geboten. Alle großen Pötter, die von oder nach Hamburg unterwegs sind, müssen hier passieren und schlagen dabei manchmal ganz schön hohe Wellen. Auf diese und die mitunter recht starken Strömungen gilt es beim Baden zu achten. Ansonsten ist der flache Sandstrand auch für Familien mit Kleinkindern ideal und lädt bei Ebbe sogar zu kleinen »Flusswattwanderungen« ein. Im Sommer wird der Strand von der DLRG überwacht.

Wer mit dem Schiff nach Hamburg will, muss hier vorbei

Hier wurde dem verantwortungsvollen Deichgrafen ein Denkmal gesetzt

Geografie

Krautsand ist in seiner heutigen Form aus mehreren Elbinseln bzw. -sanden entstanden, die zum Teil natürlich, zum Teil durch menschliches Eingreifen zusammengewachsen sind. Die Insel liegt am linken Ufer der Unterelbe und gehört zur niedersächsischen Gemeinde Drochtersen.

Sehenswert

Die **Schiffsparade** in der Elb-Fahrrinne, besonders wenn Ozeanriesen wie die Queen Mary oder ähnliche Großschiffe angesagt sind.

Die **Kirche Zum Guten Hirten** mit ihrer ungewöhnlichen architektonischen Gestaltung und dem schlichten, aber malerischen Innenraum einer typischen Seefahrerkirche.

Die **Deichgraf-Statue** des Nottensdorfer Bildhauers Carsten Eggers auf der Krone des Krautsander Deichs.

Man muss schon genau hinsehen, um den Inselcharakter zu entdecken

Empfehlenswert

Am kilometerlangen Sandstrand gibt es viele schöne Picknickplätze für Selbstversorger. Snacks und Getränke gibt es aber auch im parkplatznahen Strandbistro StrandZeit, wo man im Loungebereich besonders schöne Sonnenuntergänge genießen kann.

Wissenswert

Jonas Kötz, Illustrator, Bildhauer und Geschichtenerzähler für die »Sesamstraße«, wohnt seit Jahren auf der Elbinsel.

Leuchttürme einst und jetzt

Wandern & Baden

Eine schöne ca. 8 km lange Leuchtturm-Rundwanderung mit Strand- und Landabschnitten führt vom Ober- zum Unterfeuer und wieder retour. Insgesamt gibt es auf Krautsand 20 km Rad- und Wanderwege.

Am 4 km langen **Elbsandstrand** kann man gut baden, eigener Hundestrand ist ausgewiesen. Während der Sommermonate sind Strandaufsicht und der Kiosk besetzt.

Für wen sich ein Besuch ganz besonders lohnt

Für Campingfreunde – es gibt eine Vielzahl von Camping- und Wohnmobil-Abstellplätzen.
Für Reiter – denn es gibt viele Pferdehöfe, die auch Ausritte anbieten.
Für Familien mit Kleinkindern.
Für Traumschiff-Fans.

Anreise

Mit dem Auto
Aus Richtung Hamburg: Über die A7, Ausfahrt Hamburg-Heimfeld über die B73 in Richtung Stade. Hinter Buxtehude-Neukloster auf die A26 Richtung Stade/Ost, ausfahren auf die L111 in Richtung Wischhafen (Elbfähre), ab hier Wegweisung Krautsand.

Mit der Bahn
Ab Hamburg mit der S-Bahn nach Stade oder Horneburg und mit dem Elbe-Radwanderbus weiter nach Drochtersen.

Links

www.elbinsel-krautsand.de
www.krautsand.org

Loungig geht's im Bistro StrandZeit zu

29
Kühkopf

Den 10n Merz 1740 seynt
Euer Hochfürstlichen
Durchlaucht Ludwig VIII
regierenter Ferst zu Hessen
Darmstadt auf dahiesigem
Eus zu Fues iber den Rhein
gegangen und dahier auf
das Land getreten.

INSCHRIFT AUF DEM HERRENSTEIN, KÜHKOPF

Der Winter 1740, als die im Motto erwähnte »Heldentat«, die sogar Anlass zu einem großen Feuerwerk bot, begangen wurde, muss ein besonders strenger gewesen sein. Dass der Rhein allerdings gerade hier zugefroren ist, ist wenig verwunderlich. Im Gebiet des Kühkopfs weist er nämlich sein geringstes Gefälle in Deutschland überhaupt auf. Heute sind es nur 0,07 Promille, und zur Zeit der gräflichen Rheinüberschreitung sollen es gar nur 0,04 Promille gewesen sein. Verantwortlich dafür ist eine flussabwärts gelegene Felsschwelle, das sogenannte Rotliegende, die verhindert, dass sich der Rhein tiefer eingraben kann. Dieses geringe Gefälle ist auch der Grund dafür, dass am Kühkopf mit 6 km die größte Flussschleife am Rhein entstanden ist.

49°49'11.3"N 8°26'30.7"O

Ein Durchstich macht den Kühkopf zur Rheininsel

~

Ursprünglich war der Kühkopf eine Halbinsel mit kleinen vorgelagerten Rheininseln. Bei der 1828 durchgeführten Flussbegradigung wurde westlich der Halbinsel ein Durchstich vollzogen und das Gebiet vom linksrheinischen Festland abgetrennt. Die bis dahin dem Kühkopf vorgelagerten Rheininseln wurden dadurch mit diesem vereint, der ehemalige Hauptlauf des Rheins wurde zu einem Altarmbogen.

Heute kann man die Insel über einen Fußgängersteg in Erfelden oder über eine Brücke in Stockstadt erreichen. Aus Naturschutzgründen ist ein Befahren des Kühkopfs mit dem Pkw untersagt.

Hier darf Natur noch Natur sein

~

1983 kam es am Kühkopf zu einem Dammbruch und großräumigen Überflutungen auch der bis dahin ackerbaulich genutzten Flächen. Daraufhin wurde beschlossen, die intensive Landwirtschaft aufzugeben und die gesamte Insel ohne Hochwasserschutz ihrer natürlichen Entwicklung zu überlassen. Immer wieder überflutet der Rhein die ausgedehnten Sumpfgebiete der Hart- und Weichholzauen. Diese mit Wiesen und Schilf durchsetzten Areale bieten zahlreichen Vogelarten hervorragende Rast- und Brutplätze. Als Europareservat und durch die Fauna-Flora-Habitat-Richtlinie der Europäischen Union genießt der Kühkopf umfassenden Schutz, ist aber durch ein naturnahes Rad- und Wanderwegenetz mit bebilderten Infotafeln und Vogelbeobachtungspunkten gut erschlossen.

Land unter am Kühkopf

Wo Vögel sind,
fliegen Vögel zu …

Geografie

Die vom Oberrhein und einem seiner Altarme umflossene, rund 17 km^2 große, Insel liegt im Hessischen Ried. Der nördliche Inselteil gehört zu Riedstadt, der südliche zur Gemeinde Stockstadt am Rhein. Die Insel ist über zwei Brücken erreichbar.

Sehenswert

Das **Umweltbildungszentrum Schatzinsel Kühkopf** befindet sich im Hofgut Guntershausen unweit der Stockstädter Brücke. In der Dauerausstellung »Mitten im Fluss« kann man sich umfassend und kostenlos über Geschichte, Flora und Fauna der Rheininsel informieren. Außerdem werden immer wieder wechselnde Sonderausstellungen geboten, hier ist auch der Startpunkt für den informativen **Auenrundweg**.

Empfehlenswert

Beim direkt an der Hauptstraße gelegenen Bootsverleih Schulz können Boote aller Art gemietet und gleich im Altrhein eingesetzt werden. Von hier kann man per Paddelboot sehr schöne Erkundungsfahrten oder Inselumrundungen unternehmen, und es gibt auch einen Fahrradverleih.

Lebendige Wissensvermittlung
im Umweltbildungszentrum

Wissenswert

Der Name der Insel leitet sich nicht, wie man vielleicht vermuten könnte, von Kuhkopf ab, sondern von »Königskopf«. Lange Zeit war das Gebiet um die ehemals kopfförmige Halbinsel Teil eines königlichen Bannforstes. König hieß im Mittelhochdeutschen »künec«. Aus dem Künec-Kopf wurde über kurz oder lang der Kühkopf.

Wandern & Baden

Die 18 km lange Rundwanderung durch den südlichen Teil des Naturschutzgebiets beginnt am Parkplatz Stockstädter Brücke in Stockstadt am Rhein und lässt sich in folgende Etappen unterteilen: Über die Brücke zur alten Ölpumpe – Forsthaus Kühkopf – alter Fähranleger – Altrheinarm – Hofgut Guntershausen – Stockstädter Brücke. Die Wanderung erfolgt auf gut befestigten Wegen und ohne nennenswerte Steigungen.

Es gibt keine ausgewiesene Badestelle, und aus Naturschutzgründen sollte auf der Insel auch nicht »wild« gebadet werden.

Mit dem Packraft auf Erkundungsfahrt

Für wen sich ein Besuch ganz besonders lohnt

Für Ornithologen.
Für Naturfotografen.
Für Wanderer, Radfahrer und Paddler.

Anreise

Mit dem Auto

Aus Richtung Frankfurt: A5 Abfahrt Griesheim/Darmstadt, Richtung Griesheim, weiter nach Wolfskehlen, Oppenheim auf B44 Richtung Mannheim, an der zweiten Ampel links Richtung Stockstadt abbiegen. Parken an der Stockstädter Brücke.
Von Süden her: A67 Abfahrt Gernsheim, Richtung Groß-Gerau, an 4. Ampel links Richtung Stockstadt Industriegebiet Ost abbiegen, der Wegweisung zum Parkplatz an der Stockstädter Brücke folgen.

Mit der Bahn

Über die Strecke Frankfurt-Mannheim zum Bahnhof Stockstadt. Ab Bahnhof 15 bis 20 Min. Fußweg.

Links

www.bootsvertrieb-schulz.de
www.schatzinsel-kuehkopf.hessen.de

30

Langeoog

Selbst heute noch wird Langeoog nur durch Dünen vor der anrollenden Nordsee geschützt. Bislang konnte, im Unterschied zu allen anderen Ostfriesischen Inseln, auf Stein- und Spundwände oder andere massive Schutzanlagen verzichtet werden.

Immer wieder müssen jedoch Sandaufspülungen zur Erhöhung der Schutzdünen vorgenommen werden. Besondere Bedeutung kommt der Sicherung der Dünen vor dem Pirolatal zu. Eine bis hierher vordringende Sturmflut hätte gravierende Folgen für die Insel, da sich unter diesem Tal die Süßwasserlinse befindet, welche die Trinkwasserversorgung von Langeoog sicherstellt. Käme es zu einer Überflutung des Tals, würde sich das einsickernde Salzwasser mit dem Süßwasser vermischen und dieses ungenießbar machen.

Wenn die Flut geht,
sind meine Schritte
die ersten im Sand.

JAN PHILIPP SCHEIBE

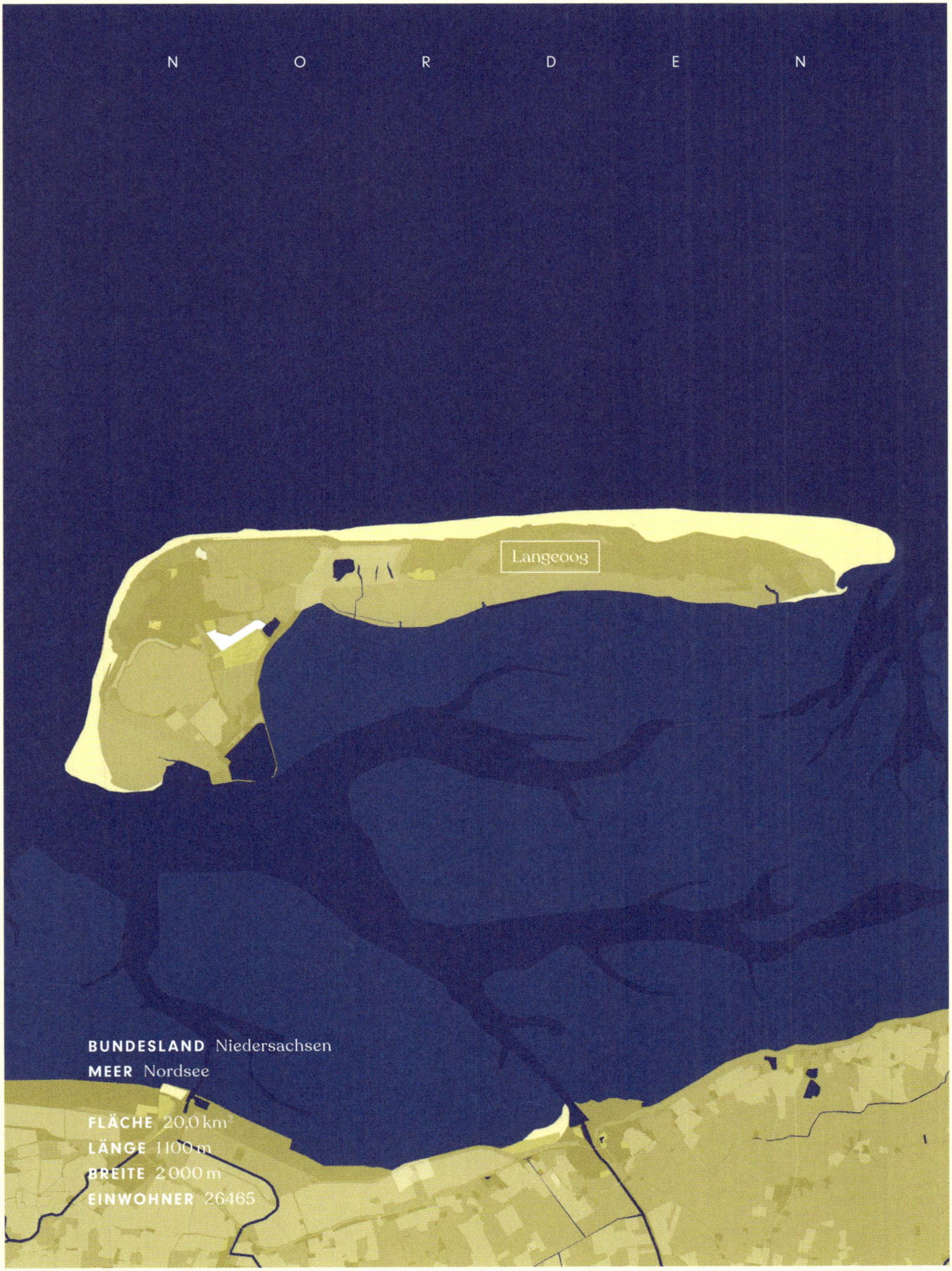

53°44'43.3"N 7°29'13.9"O

Die Bepflanzung soll Sandverfrachtungen verhindern

Not macht erfinderisch

~

Im Laufe der Jahrhunderte gab es auf Langeoog immer wieder Perioden, in denen die Insel unbewohnt blieb, weil hier scheinbar kein Auskommen zu finden war. Für das Jahr 1770 allerdings ist belegt, dass die Insel wieder 39 Einwohner aufwies, die ihren Lebensunterhalt vorwiegend durch Fisch- und Walfang bestritten. Ab 1780 fand der lukrative Walfang durch den Seekrieg zwischen Großbritannien und den Niederlanden ein jähes Ende, und die Inselbewohner verlegten sich auf das Sammeln von Muschelschalen (Schill), die an Kalkbrennereien verkauft wurden.

Im Zuge der Napoleonischen Kriege gerieten die Insulaner in die Auseinandersetzungen zwischen Frankreich und England. Das Seehandelsverbot durch die französische Kontinentalsperre eröffnete jedoch eine neue Einkommensquelle: In großem Stil wurden vom damals britischen Helgoland Waren geschmuggelt. Zur Unterbindung dieser Machenschaften stationierte Napoleon bis zu 200 Soldaten auf der Insel.

Mit dem Friedensschluss zwischen den Siegermächten wurde den Schmugglern die »Geschäftsgrundlage« entzogen. Noch dramatischer wurde die Lage, als durch Sturmfluten und Sandflug der Großteil der landwirtschaftlichen Nutzflächen versandete und der lokale Fischfang durch die aufkommenden Schleppnetze zum Erliegen kam. 1797 wurde auf Norderney das Nordseebad eröffnet, und die Langeooger profitierten vom aufkommenden Bädertourismus, indem sie als lokale Frühstücksspezialität Möweneier nach Norderney lieferten.

Schließlich begann im Jahr 1830 mit dem ersten Badegast auch auf Langeoog die touristische Entwicklung.

Zottelige Landschaftspfleger sorgen
für die Flurbereinigung

Geografie

Die »lange Insel« liegt vor Ems- und Wesermündung in der Deutschen Bucht. Ihre Südspitze ist etwa 4 km vom Festland entfernt. Nachbarinseln sind Spiekeroog im Osten und Baltrum im Westen. Teile der Insel und das Watt um die Insel gehören zum Nationalpark Niedersächsisches Wattenmeer.

Langeoog ist rund 20 km² groß und hat einen etwa 14 km langen Sandstrand, dem sich eine Dünenlandschaft mit bis zu 20 m hohen Dünen anschließt.

Es muss ja nicht immer ein Leuchtturm sein – Langeoogs Wahrzeichen ist der Wasserturm

Sehenswert

Als zu Beginn des 20. Jahrhunderts der Bädertourismus auf Langeeog immer mehr zunahm, stieß die Wasserver- und -entsorgung rasch an ihre Grenzen. 1908 wurde schließlich beschlossen, dieses »zum Himmel stinkende« Problem anzugehen. Der **Wasserturm** sollte dabei für den nötigen Druck im Wasserleitungssystem sorgen. Auch wenn er heute nicht mehr in Betrieb ist, wurde er 2009 umfassend saniert und gilt inzwischen nicht nur als ein Wahrzeichen der Insel, sondern auch als eine der Hauptsehenswürdigkeiten. Besonders beeindruckend ist der Panoramablick, den er über Insel und Wattenmeer ermöglicht.

Im **Schifffahrtsmuseum** im Kurhaus findet man viele Schiffsmodelle, von ganz klein bis ganz groß, außerdem viele Ausrüstungsgegenstände und Fotos, durch die man einen guten Einblick in die Schifffahrts- und Inselgeschichte erhält.

Mit der Inselbahn geht's vom Fähranleger ins Zentrum der Insel

Empfehlenswert

Mit der Langeoog-Card kann man im Meerwasserschwimmbad 1,5 Std. sämtliche Bade- und Saunaeinrichtungen gratis genießen.

Wissenswert

Langeoog ist eine autofreie Insel, das bevorzugte Fortbewegungsmittel auf der Insel ist das Fahrrad, aber auch Kutschenfahrten sind äußerst beliebt.

Die Backsteinkirche von Langeoog

Wandern & Baden

Über den an der Südwestspitze gelegenen **Naturpfad »Flinthörn«** gelangt man zu den wichtigsten Vogelbrut- und -rastplätzen der Insel. Der gut gekennzeichnete Startpunkt befindet sich auf dem 7,40 m hohen Flinthörndeich. Der Pfad führt bis zu einer Beobachtungs- und Informationsplattform am Dünenrand.

Auch der im Osten liegende Natupfad »Osterhook« führt zu einer Aussichtsplattform, von der man Seehunde und Kegelrobben beobachten kann.

Der schneeweiße, feinsandige Badestrand von Langeoog ist 14 km lang und in verschiedene Zonen eingeteilt. Die Abschnitte sind als Bade-, Sport-, Drachen-, Kite/Surf- und Hundestrand ausgewiesen.

Für wen sich ein Besuch ganz besonders lohnt

Für Sänger und Musikliebhaber beim Dünensingen, das in der Hauptsaison jeden Dienstagabend zwischen Wasserturm und Hauptbad stattfindet.
Für Krimi-Fans, weil Klaus-Peter Wolf, der Autor der Ostfriesland-Krimis, hier immer wieder Lesungen abhält.
Für Thalasso-Kur-Interessierte.

Anreise

Mit dem Auto
Zur Anfahrt mit Navi »26427 Bensersiel, am Hafen 20« eingeben und Auto nahe am Fähranleger kostenpflichtig auf Parkplatz oder in Garagen abstellen. Die Insel selbst ist autofrei!

Mit der Bahn
Aus südwestlicher Richtung in die Stadt Norden / aus Richtung Hamburg, Hannover, Osnabrück oder Berlin nach Esens und mit dem Bus weiter zum Fähranleger Bensersiel.

Mit dem Fernbus
Einige Fernbusse, z. B. Flixbus, fahren bis zum Anleger in Bensersiel.

Mit dem Flugzeug
Von Harlesiel oder Norden-Norddeich in knapp 10 Min., von Bremen in ca. 35 Min. auf die Insel.

Links

www.langeoog.de
www.ms-flinthoern.de
www.wattlopen.de

31 Leopoldineninsel

Das dreifache Und liegt der Stadt Neuburg und ihrer Uferpromenade, in der Donau schwimmend, gegenüber. Ein Wasserrad ist Teil des neun Meter langen Objekts. Am Tag schwimmende Schrift und kinetische Skulptur, wandelt sich sein Wesen am Abend grundlegend. Die am Tag angesammelte Wasserkraft wird zu Licht. Wie mit blauer leuchtender Tinte schreibt sich das »und und und« in die Dunkelheit des nächtlichen Flusses. In regelmäßigen Intervallen von Dunkelheit und Licht erscheinen und verlöschen die Wörter auf dem Fluss. Der Fluss ist einer langen Zeile vergleichbar, die sich vorwärts bewegt und doch ihren Ort nicht verlässt. Das Wasserrad ist der Transformator, der Fluss und Schrift miteinander verwebt. Ein Loop aus Bewegung, Kraft, Licht und Zeit liegt im Fluss.

SABINE KAMMERL

»Und und und«, die Installation der Künstlerin Sabine Kammerl befindet sich auf der der Altstadt zugewandten Seite der Leopoldineninsel und kontrastiert auf spannende Art die historische Bausubstanz.

Zur Insel gelangt man über die steinerne, von einer Nepomuk-Statue überragten Elisenbrücke. Auf der Insel befinden sich einige Verwaltungsgebäude, aber auch Wohnhäuser. Obwohl die Insel selbst immer wieder von Donauhochwassern bedroht ist, sind die Wohnungen in dieser elitären Lage äußerst begehrt und entsprechend teuer.

48°44'19.1"N 11°10'57.6"O

Kunstinstallation auf der Leopoldineninsel

Parken verboten – Radfahren und Spazierengehen erlaubt

~

Eine direkte Zufahrt zur Insel und das Parken darauf ist Anrainern vorbehalten. Für einen Besuch der Leopoldineninsel, der ja zumeist mit dem Besuch der sehenswerten Altstadt von Neuburg an der Donau verbunden wird, empfiehlt sich die Anfahrt des nahen Parkplatzes am linksseitigen Donauufer. Der oberhalb der Brücke gelegene Inselteil ist unbewohnt und von dichtem Gestrüpp umgeben. Um zum unteren Inselteil zu gelangen, überquert man die durch eine Schranke abgesperrten Parkflächen und radelt oder spaziert flussabwärts, bis man zu einem kleinen Gehweg kommt, der zu den Streuobstwiesen am unteren Inselspitz führt.

Den schönste Blick auf die vorgelagerte Donauinsel und das Schloss Neuburg samt Altstadt hat man vom Donaukai etwas unterhalb der Leopodineninsel. Dort laden auch einige nette Lokale dazu ein, die – besonders zum Sonnenuntergang – malerische Aussicht zu genießen.

Hier ist die Donau ideal für Wasserwanderer

Geografie

Neuburg an der Donau ist eine Große Kreisstadt und Sitz der Kreisverwaltung des oberbayerischen Landkreises Neuburg-Schrobenhausen. Die Leopoldineninsel liegt bei Flusskilometer 2477 in der Donau, hat eine Fläche von 0,02 km^2, wird über die Elisenbrücke erschlossen und von ca. 60 Menschen bewohnt.

Im Vordergrund die Leopoldineninsel, dahinter die Elisenbrücke und Schloss Neuburg

Sehenswert

Auf der Insel selbst ist die **Aussicht auf die Altstadt** die eigentlich sehenswerte Attraktion und allenfalls die **alte Streuobstwiese** am unteren Inselspitz.

Die **Alte Münz** ist mit dem sogenannten Pulver- oder Hexenturm ein schönes Zeugnis mittelalterlicher Neuburger Stadtgeschichte.

Der historische **Karlsplatz** zählt, umsäumt von 200-jährigen Linden und imposanten Adels- und Bürgerhäusern aus Renaissance und Barock, zu den schönsten Plätzen Süddeutschlands.

Der untere Inselspitz der Leopoldineninsel

Empfehlenswert

Man kann den Nachtwächter Neuburgs auf seinem abendlichen Rundgang durch die Obere Altstadt begleiten. Dieser hat allerlei Kurioses über die Bewohner der Residenzstadt zu berichten.

Wissenswert

Das Weichbild der Stadt wird von Schloss Neuburg geprägt, das Pfalzgraf Ottheinrich im 16. Jahrhundert im Renaissancestil errichten ließ. Im 17. Jahrhundert wurde es um den barocken Ostflügel mit den markanten Rundtürmen erweitert.

Wandern & Baden

Auf der Insel lohnt sich der kurze Spaziergang zu der am unteren Inselende gelegenen Streuobstwiese, von der aus man einen schönen Altstadtblick genießen kann.

Das Baden direkt auf der Insel wird von den Anrainern nicht so gerne gesehen, es befindet sich jedoch auf dem linken Donauufer gegenüber der Insel eine schöne Flussbadestelle mit einem kleinen Sandstrand.

Für wen sich ein Besuch ganz besonders lohnt

Für Insel-Jäger & -Sammler.
Für alle städtebaulich Interessierten.
Für erholungsuchende Spaziergänger und Radfahrer.

Anreise

Mit dem Auto
Via A9, Abfahrt Marching, weiter über B16; via A8, Abfahrt Augsburg Ost, weiter über St2035. Parken beim zentralen Wohnmobilpark.

Mit der Bahn
Zielbahnhof Neuburg a. D. Hauptbahnhof. Per IC nach Ingolstadt und von dort weiter mit Regionalzügen.

Link

www.neuburg-donau.de

32 Liepnitzinsel

Bereits 1914 wurde die Insel, die auch Großer Werder genannt wird, von der Stadt Berlin zur Naherholung für die Berliner Bevölkerung gekauft. Auch die DDR-Nomenklatura wusste die Lebensqualität am Liepnitzsee zu schätzen. In der Waldsiedlung Wandlitz gönnte sie sich nicht nur teure Westwaren, sondern auch Extras wie Swimmingpools, Kinos und West-Fernsehen.

ratzefatzeschöne
Wölkchen-Himmel

BJÖRN KUHLIGK,
IM LIEPNITZSEE

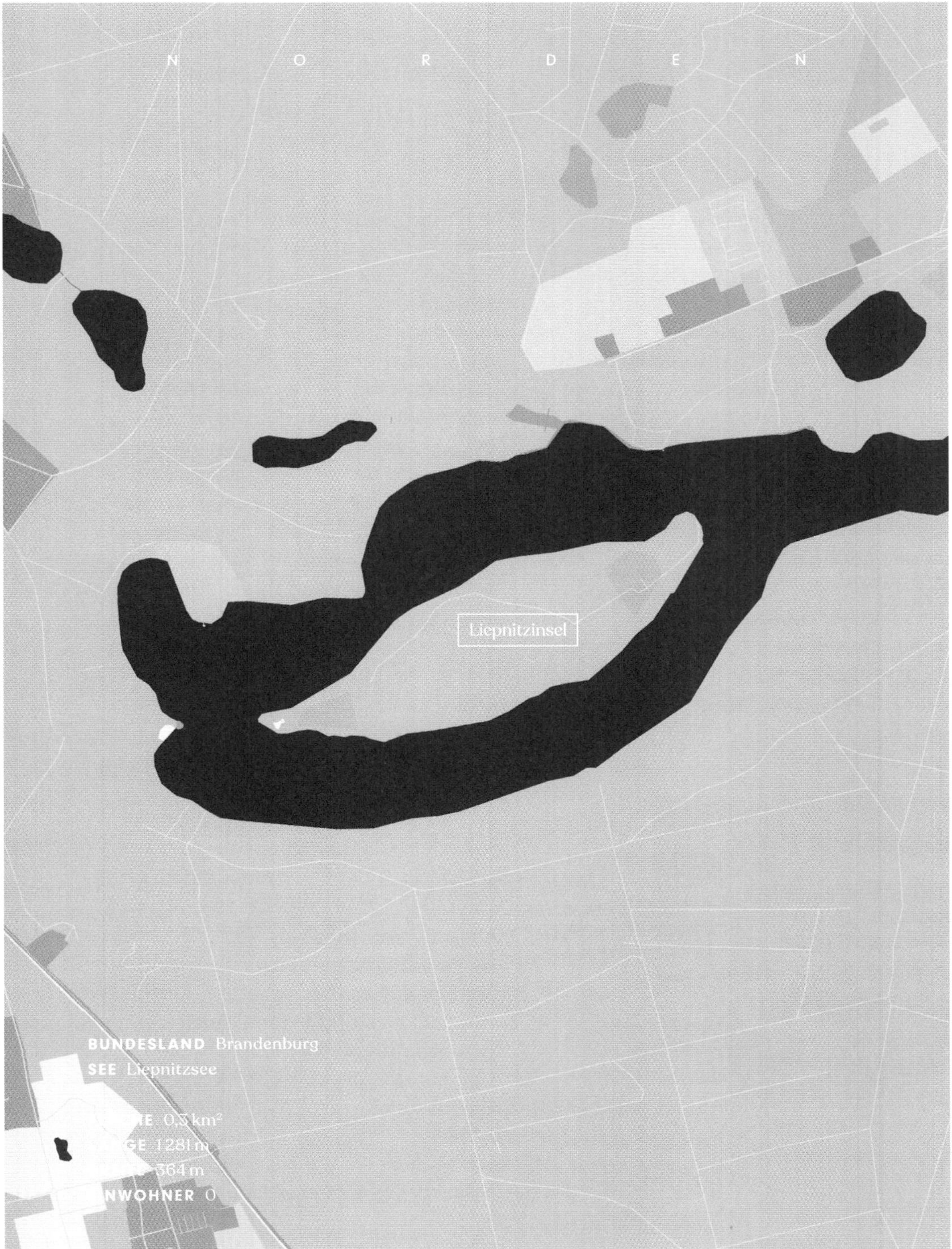

52°44'42.7"N 13°30'28.5"O

Natur pur – zu Wasser wie zu Lande

~

Die Bezeichnung des Sees leitet sich vom slawischen Wort Lipna für Linde ab und ermöglicht Rückschlüsse auf die Zusammensetzung der Wälder, welche die ersten Siedler hier vorfanden. Die Baumbestände haben sich verändert, die ausgedehnten Waldflächen um einen der saubersten Seen Brandenburgs blieben bestehen. Im klaren Wasser tummeln sich Fischarten wie Hechte, Maränen, Rotfedern und Aale. Auch eine Vielzahl von Wasservögeln wie Fischreiher, Wildenten und Blässhühner finden hier ideale Lebensbedingungen vor. Zum Schutz der artenreichen Tier- und Pflanzenwelt sind Motorboote auf dem See nicht erlaubt. Mit einer einzigen Ausnahme: der Fähre zum Großen Werder.

Farbtupfer im Inselwald

Eine beliebte Camping- und Badeinsel

~

Nach der kurzen Überfahrt zur Insel geht der Weg am Bootshaus und der Sommerunterkunft der Fährmannsfamilie vorbei, leicht ansteigend zur Gaststätte »Insulaner Klause«. Von hier führen verschlungene, enge Pfade durch den dichten Laubwald. Auf kleinen Lichtungen stehen auf mehreren Platzteilen eine Vielzahl von Zelten und einfache Infrastruktur wie kleine Toilettenhäuschen und ein Duschhaus sowie zwei Schuppen. Der zu DDR-Zeiten äußerst beliebte Zeltplatz wurde ständig erweitert und verfügte bis zur Wiedervereinigung im Jahr 1990 über 250 Stellplätze. Die ab dann geltenden strengeren Regeln der Bundesrepublik hätten beinahe das Aus für den einfachen Zeltplatz bedeutet, weil er in keiner Weise der Brandenburgischen Wochenendhaus- und Campingplatzverordnung entsprach.

Engagierte Campingfreunde gründeten 1990 jedoch die Interessengemeinschaft Campingfreunde Liepnitzsee e. V. (ICL), übernahmen später im Jahr 2001 auch die Verwaltung und Bewirtschaftung des Zeltplatzes und sicherten durch viel Eigeninitiative und Eigenleistung dessen Fortbestand. Die ICL betreibt aber nicht nur den jetzt für 120 Stellplätze zugelassenen saisonalen, naturnahen Zeltplatz, sie kümmert sich während der Saison auch um die Müllentsorgung und Ordnung auf der gesamten Insel.

Gemeinsam mit den Berliner Forsten verwaltet sie im Auftrag des Eigentümers, dem Land Berlin, das gesamte Areal.

Die Camper sind Naturliebhaber, die ohne Strom, fließendes Wasser (Trinkwasser nur aus Handpumpen) oder Einkaufsmöglichkeit auf der Insel gerne ihre Freizeit fernab vom Großstadtlärm und -getümmel genießen. Kleinere Arbeitseinsätze und die ehrenamtliche Tätigkeit des Vorstandes machen das Campingleben hier zu einer preiswerten Freizeitgestaltung. Zugelassen sind nur handelsübliche Zelte, die von April bis Anfang Oktober aufgebaut sein dürfen.

Wird auch Großer Werder genannt – die einzige Insel im Liepnitzsee

Geografie

Der Liepnitzsee entstand nach der Weichseleiszeit. Er liegt etwa 28 km von der Berliner Stadtgrenze entfernt im Wandlitzer Seengebiet, dem Gemeindegebiet von Bernau und Wandlitz. Nahe am Liepnitzsee-Nordufer liegt die Insel Großer Werder. Sie hat eine Ausdehnung von etwa 34 ha und kann mit einer saisonal verkehrenden Fähre, deren Anlegestellen östlich und westlich von Ützdorf liegen, erreicht werden.

Sehenswert

1958 entstand die Waldsiedlung Wandlitz, die nach der Wende geöffnet und umgestaltet wurde. Seit 2017 steht die historische Bebauung der Siedlung unter Denkmalschutz. Im Rahmen des Museumsprojekts »Eine Landschaft der Macht« gibt es Hinweistafeln, welcher DDR-Prominente wo wohnte, wie die Versorgung mit Westwaren funktionierte und welche Privilegien die Genossen hier genossen.

Im Sommer herrscht hier reger Badebetrieb, auch mit Berliner Tagesgästen

Empfehlenswert

Wenn möglich – speziell im Sommer – unter der Woche anreisen. Eine Einkehr im Gastgarten der Insulaner Klause ist die perfekte Abrundung für einen Tagesausflug auf den Großen Werder.

Das legendäre Inselwirtshaus Insulaner Klause

Wissenswert

Die Wasserqualität des Liepnitzsees ist so gut, dass sein Wasser sogar für die Trinkwasserversorgung der DDR-Politiker in der privilegierten Waldsiedlung genutzt wurde.

Auch Petrijünger machen mal Pause

Das einzige Motorboot im Liepnitzsee – die Personenfähre zur Insel

Wandern & Baden

Auf der Insel gibt es eine Fülle von Trampelpfaden, die mitunter steil abfallend zu kleinen Badestellen hinab führen. Bei Dauercampern sowie Tagesbesuchern besonders beliebt sind die beiden Sandstrände im Inselsüden. Da diese im Sommer oft übervoll sind, weichen viele Badegäste auch auf kleinere Badeplätze im Wald aus, wo sich die Jugend ein Gaudium daraus macht, von hohen Bäumen ins Wasser zu springen.

Für wen sich ein Besuch ganz besonders lohnt

Für Freunde von Naturbadestellen.
Für FKK-Anhänger (es gibt aber keine offizielle FFK-Badestelle).
Für Wassersportler und Schwimmer.

Anreise

Mit dem Auto
A11 Abfahrt Lanke, weiter Richtung Lanke/Ützdorf, in Ützdorf zur Seestraße abbiegen, nach etwa 1 km am gebührenpflichtigen Parkplatz neben dem Campingplatz parken, der Zufahrtstraße noch etwa 200 m folgen, dann links über den Hang hinab zum Seeufer und Fähranleger.

Mit der Bahn
Von der Bahnstation Wandlitz der Regionalbahn nach Klosterfelde durch den dichten Buchenwald in ca. 45 Minuten zu Fuß zum Liepnitzsee.

Links

www.liepnitzinsel.de
www.icl-ev.de

Tarzan hätte seine Freude

33
Lindwall-insel

Der Klumpen Lehms aber, der vom Schuh des Riesen in den See plumpste, das ward die Lindwallinsel.

AUS EINER SAGE

Die sagenhafte, Spuren hinterlassende Seeüberquerung des Riesen dürfte einige Zeit zurückliegen. Denn durch Ausgrabungen konnten auf dem heute zumeist Liebesinsel genannten Eiland schon Reste jungsteinzeitlicher Lagerplätze nachgewiesen werden. Um etwa 1000 v. Chr. siedelten die Illyrer hier, bis sie rund 500 Jahre später von westgermanischen Stämmen vertrieben wurden. Ab dem 6. Jahrhundert war die Region um den Werlsee von Slawen besiedelt, ab dem 14. Jahrhundert kam sie in den Besitz des Klosters Zinna. Und 1543 errichtete Kurfürst Joachim II. auf der heutigen Liebesinsel ein kleines Jagdschloss.

BUNDESLAND Brandenburg
SEE Werlsee

FLÄCHE 0,03 km²
LÄNGE 161 m
BREITE 155 m
EINWOHNER 0

52°25'12.6"N 13°48'33.7"O

Zeltplatz E36 wird zum »Lost Place«

~

Zu DDR-Zeiten war Campieren sehr beliebt. Speziell die jungen Leute zogen einen Aufenthalt unter freiem Himmel jenem im streng reglementierten Gewerkschaftsheim vor. In den 80er Jahren gab es allein in Ostdeutschland um die 530 Campingplätze mit mehr als 20 Millionen Nächtigungen. Per Vordruck konnte man in der zentralen Vergabestelle in Stralsund seinen Aufenthalt beantragen, hatte sich mit der Zuweisung bei der Zeltplatzverwaltung anzumelden und pro Tag eine Mark Stellgebühr zu entrichten. Der Campingplatz auf der Liebesinsel trug die Bezeichnung E36, war wie die meisten seiner Art eher spartanisch ausgestattet, erfreute sich jedoch trotzdem großer Beliebtheit.

1991 musste der Zeltplatz allerdings geschlossen werden, da man das Abwasserproblem nicht in den Griff bekam. Nachdem sich Projekte für eine touristische Nachnutzung zerschlugen, wurde die Liebesinsel als Landschaftsschutzgebiet ausgewiesen und die baulichen Überreste dem Verfall preisgegeben. Die Liebesinsel ist seitdem nicht nur bei Anhängern und Fotografen der »Lost-Places-Bewegung« und bei Geocachern beliebt, sondern auch bei Bootsfahrern und Badegästen. Dass sie in lauen Sommernächten auch ihrem Namen oftmals mehr als gerecht wird, ist hingegen eine ganz andere Geschichte ...

Schaut so gar nicht mehr nach Lehmklumpen aus – die Lindwall- oder Liebesinsel im Werlsee

Empfehlenswert

»Dos Gauchos« bietet nicht nur gute Küche, sondern auch einen sehr schönen, am See gelegenen Biergarten mit eigener Anlegestelle sowie gepflegte Gästezimmer und Appartements. Ganz in der Nähe befindet sich auch ein Bootsverleih.

Geografie

Die etwa 2,5 ha große Liebesinsel (Lindwallinsel) liegt nahe zum Südufer im Werlsee der brandenburgischen Gemeinde Grünheide im Landkreis Oder-Spree.

Dem Verfall preisgegeben:
die Sanitäranlagen des ehemaligen
Zeltplatzes

Sehenswert

Die 1892 geweihte Kirche »Zum guten Hirten« liegt im Ortskern von Grünheide auf dem Kellerberg. Besonders sehenswert sind die originellen Apostelfiguren. Außerdem genießt man von hier oben einen wunderbaren Ausblick über die Seenlandschaft.

Wissenswert

Im Werlsee und den angrenzenden Gewässern wurden von Petrijüngern schon tolle Fänge gemacht. Gefischt werden können Zander, Karpfen, Hecht, Schleie und Barsch.

Ein treuer Begleiter zum Inselnerkunden – das Packraft

Für wen sich ein Besuch ganz besonders lohnt

Für Bootsfahrer.
Für (gute) Schwimmer.
Für Ostalgiker und Lost-Places-Fans.

Anreise

Mit dem Auto
Von Berlin aus: über die A10, Abfahrt Erkner/Grünheide.
Aus Richtung Frankfurt: über B1/B5 und bei Kagel Richtung Grünheide abfahren.

Mit der Bahn
Vom Zielbahnhof in Erkner mit den Buslinien 429 und 436 nach Grünheide.

Zur Insel
Mit eigenem Boot oder Packraft oder mit gemietetem Boot (Verleihadressen unter www. tourismus-gruenheide.de). Schwimmend – am besten mit Schwimmboje. Entweder – und etwas länger – vom sehr schönen Nordstrand (herrlicher Sandstrand) oder kürzer vom Südufer aus.

Links

www.tourismus-gruenheide.de
www.dosgauchos.de

34 Lotseninsel

Diese Klage der Schleifischer bei den Schleswiger Landesherren hatte im Jahre 1851 durchaus ihre Berechtigung. Seit Eröffnung der neuen Schleimündung 1796 pachtete der Lotse vom Schleswiger Magistrat die Lotseninsel inklusive dazugehöriger Gebäude, Anbau- und Weideflächen. Der Pächter hatte Häuser und Anlagen zu bewirtschaften sowie Lotsen und Lotsenboote bereitzustellen. Im Gegenzug standen ihm dafür die erhobenen Gebühren zu. Bei mehr als 1300 Passagen allein der heimischen Frachtsegler offensichtlich ein florierendes Geschäft.

Dass der Lootse auf Kosten des nach einem sehr nothdürftigen Auskommen jetzt oft vergeblich ringenden Schiffers ein reicher Mann werden müsste.

HORST GÜNTHER FRANZEN, MAASHOLMER FISCHEREI- UND SEEFAHRTSGESCHICHTE, 2005

54°40'21.6"N 10°02'02.0"O

Die Einfahrt zu Deutschlands einzigem »echten« Fjord

Von der Halbinsel zur Insel und retour

~

Eine weitgehende Abtrennung von der Ostsee entstand im Verlauf der Jahrhunderte durch von Süden her wandernde Sandbänke, die hier eine Halbinsel formten. Die einzige natürliche Verbindung von Ostsee und Schlei lag etwas weiter nördlich zur heutigen Fahrrinne und taugte, da sie sehr seicht war, nicht als solche. Vor etwa 200 Jahren wurde die Lotseninsel dank eines künstlichen Durchstichs und seiner Befestigung durch Molen für etwa 160 Jahre tatsächlich zu einer Insel. Vor 40 Jahren versandete die natürliche Mündung und machte sie wieder zur Halbinsel, als die sie sich noch heute zeigt. Wobei die Betonung auf »noch« liegt.

Winterstürme im Januar 2019 ließen den Wasserstand so ansteigen, dass sich eine neue Rinne bildete, die sich wahrscheinlich schon beim nächsten Hochwasser so weit vertiefen wird, dass die Lotseninsel ihrem Namen wohl bald wieder vollinhaltlich gerecht wird. So oder so ist die Lotseninsel für Besucher schon jetzt nur über den Wasserweg erreichbar, da sich auf dem Damm Deutschlands ältestes Naturschutzgebiet befindet, das nur in Begleitung von Rangern betreten werden darf.

Geografie

Die Lotseninsel – auch als Schleimünde bezeichnet – trennt die Schlei von der Ostsee. Die jetzige Halbinsel ist 112 ha groß und liegt etwa 5 m über NN. Auf ihr befindet sich ein kleiner Nothafen, ein Lotsenhaus, das auch für Seminare genutzt wird, die »Giftbude« genannte Gastwirtschaft und der Leuchtturm Schleimünde. Die Lotseninsel befindet sich im Besitz der Lighthouse Foundation und gehört zum Kreis Schleswig-Flensburg. Sie ist von Mai bis Oktober nur per Schiff von Maasholm oder dem etwas weiter entfernten Kappeln aus erreichbar.

Von April bis Oktober verkehren von Kappeln oder von Maasholm Ausflugsschiffe dorthin, wo Ostsee und Schlei aufeinandertreffen.

Sehenswert

Der fast 15 m hohe **Leuchtturm** ist ein leuchtendes Beispiel dafür, dass augenscheinlich auch die Gestaltung dieser Zweckbauten gewissen Moden unterliegt, kein anderer Leuchtturm wurde so oft umgestaltet wie dieser. Dabei reicht die historische Farbpalette von ziegelgelb über dunkelgrau, gelb, hellgrau, schachbrettartig rot-weiß gewürfelt, schwarz und weiß gewürfelt, weiß mit schwarzem Band und schwarzer Laterne bis zum aktuellen Erscheinungsbild: weiß mit grünem Band und grüner Laterne.

Ein leuchtendes Beispiel für Farbtrends – der Leuchtturm Schleimünde

HAFENMEISTER
SCHLEIKIOSK

Empfehlenswert

Ein Besuch im Bistro Giftbude bringt's! Im Althochdeutschen bedeutete »Gift« Gabe, demnach wurde in der Giftbude dem Gast also etwas gegeben und angeboten. Dem ist auch heute noch so, zumindest an den Wochenenden vom 1. Mai bis Ende September und täglich während der Sommerferien.

Wissenswert

BLK. (3) W.R. 20s – diese Kennung beschreibt in Seekarten das Leuchtfeuer des Schleimünder Leuchtturms auf der Nordmole. Sie besagt, dass sein – von einer 500 Watt starken Halogenlampe gespeistet – weißes bzw. rotes Blinkfeuer in einem 20-sekündigen Intervall getaktet ist.

Am kleinen Yachthafen der Lotseninsel

Legendär und überhaupt nicht giftig

Wandern & Baden

Nur im Rahmen einer vom Verein Jordsand (durch-)geführten Wanderung darf das ansonsten streng geschützte Vogelgebiet an der Schleimünde bewandert werdern.

Linksseitig des Damms und in unmittelbarer Nähe zu Giftbude, Kiosk und Lotsenhaus gibt es einen kleinen unbewachten Sandstrand. Hier gibt es anonsten keine Infrastruktur, aber man genießt einen wunderbaren Blick auf die Ostsee und den markanten Leuchtturm.

Für wen sich ein Besuch ganz besonders lohnt

Für Campingfreunde – am kleinen Zeltplatz vom Lotsenhaus.
Für Vogelkundler und Naturinteressierte.
Für Leuchtturmfreaks.

Anreise

Mit dem Auto
Über A7, Hamburg-Flensburg, Abfahrt Büdelsdorf, B203 Richtung Eckernförde bis Kappeln, ab da über die B199 nach Maasholm.

Mit der Bahn
Zielbahnhof Süderbrarup über Hamburg – Kiel – Eckernförde. Ab Süderbrarup per Bus über Kappeln nach Maasholm.

Links

www.lotseninsel.de
www.schlei-ostsee-urlaub.de
www.schleiraddampfer.de

Die Tragweite des Leuchtturms
Schlemünde beträgt 12,6 Seemeilen

35 Mühleninsel

Ähnlich mögen die Landshuter Stadtverantwortlichen gedacht haben, als sie sich 1975 zu einer Radikalkur für die Mühleninsel in der Isar durchrangen. Der geplante Neubau eines riesigen Silos zwang zu einer Neubewertung der städtebaulichen Perspektiven. Denkmalschützer forderten eine der Innenstadtnähe gerechter werdende Nutzung, Umweltschützer wiesen auf die enorme Abgas- und Verkehrsbelastung hin, die durch die industrielle Nutzung der Mühleninsel entstanden war. Deshalb wurde eine Umsiedlung der Mühlenbetriebe begonnen und 1978 mehr als 130 000 m³ dieser Bausubstanz abgerissen. Lediglich ein gotischer Stadel und ein Verwaltungsgebäude blieben stehen. Neu errichtet wurden das Wasserkraftwerk Ludwigswehr, eine Fußgängerbrücke und ein Parkhaus mit einer Liegewiese oben drauf. Außerdem wurde die Insel mit einem Radwegnetz erschlossen.

Mit Wasser,
das den Fluss
hinuntergelaufen,
kann man
keine Mühlen
mehr betreiben.

KONFUZIUS

48°32'26.3"N 12°09'06.6"O

Großzügig und naheliegend

~

Durch die radikale Beseitigung der Industriebauten konnte auf der Mühleninsel ein zentrales städtisches Naherholungsgebiet geschaffen werden. Dieser »Bürgergarten mit Altstadt-Anschluss« besticht durch großzügige Grünflächen mit Liegewiesen, Ruhebänken und Aussichtspunkten, die herrliche Ausblicke auf die beiden Wahrzeichen der Stadt, St. Martins Basilika und Burg Trausnitz, gestatten. Kunstinstallationen, stimmungsvolle Beleuchtung, Lokale mit Biergärten auf der Insel selbst und am nahegelegenen Altstadtufer schaffen eine entspannte Atmosphäre: eine echte Wohlfühlinsel mitten in der Stadt.

Die Mühleninsel ist ein begehrtes Wohngebiet und so etwas wie das Ärztezentrum von Landshut

Geografie

Die Mühleninsel liegt im historischen Kern von Landshut, umflossen von der rechtsseitigen Isar und der linksseitigen Kleinen Isar. Ihre Längsausdehnung reicht von Isar-Flusskilometer 74,7 bis 74,3. Die Mühleninsel gehört zum Stadtbezirk Altstadt und bildet den Stadtteil »Zwischen den Brücken«. Oberhalb der Mühleninsel liegt die kleine Hammerinsel, unterhalb die wesentlich größere Isarinsel Mitterwöhr. Sowohl auf der Karte als auch beim Aufenthalt vor Ort erscheinen die drei Inseln als eine einzige langgestreckte Insel, de facto sind sie jedoch durch schmale Wasserläufe voneinander getrennt.

Ganz nah dran an der Landshuter Altstadt

Sehenswert

Die St. Martinskirche liegt, von der Mühleninsel nur wenige Gehminuten entfernt, inmitten der Landshuter Altstadt. Sie gehört zu den bedeutendsten Monumentalbauten der Gotik in Süddeutschland. Mit 130,6 Metern ist ihr Turm der höchste Backsteinturm der Welt und der höchste Kirchturm Bayerns.

Wissenswert

Herzog Ludwig der Kelheimer, von Friedrich Barbarossa mit dem Herzogtum Bayern belehnt, gründete Landshut als Handelsposten. Der Standort wurde gewählt, weil hier die Isar besonders leicht zu überqueren war. Dank der in der Flussmitte gelegenen Mühleninsel mussten nur zwei kürzere und leichter zu errichtende Brücken statt einer langen gebaut werden.

Empfehlenswert

Im spätgotischen Stadel auf der Mühleninsel präsentiert die Neue Galerie Landshut e. V. in ca. 10 Ausstellungen pro Jahr zeitgenössische Künstler. Diese werden aufgefordert, sich in ihren Ausstellungen konzeptionell mit der besonderen Location auseinanderzusetzen. So lassen sich immer wieder neue Sichten und Zugänge auf die Mühleninsel entdecken.

Die Mühleninsel ist auch eine Kunstinsel

Für wen sich ein Besuch ganz besonders lohnt

Für Besucher der Landshuter Altstadt zum Relaxen.
Für Flanierer und Lebenskünstler.
Für alle Interessierten der Gegenwartskunst.

Anreise

Mit dem Auto
Via A92 München-Deggendorf Abfahrt Landshut in Richtung Zentrum/Altstadt.

Mit der Bahn
Zielbahnhof Landshut Hauptbahnhof über die Strecken München-Landshut bzw. Nürnberg-Regensburg-Landshut. Vom Bahnhof mit den Buslinien 1, 3 und 6 Richtung Altstadt.

Link

www.landshut.de

Chillen am Isarstrand

36 Oland

Bis zur Burchardiflut im Jahre 1634 war die Hallig Oland mit der Hallig Langeneß verbunden. Diese Verbindungen wurden allerdings im Laufe der Zeit durch Sturmfluten zerstört. Auch Oland selbst verlor immer wieder an Land und 1850 auch eine seiner zwei Warften. Heute wohnen ca. 20 Einwohner in 17 Häusern auf einer einzigen Warft. Auf dieser befinden sich auch eine Schule, eine Kirche, ein Gasthaus, ein Gemeindehaus mit Bücherei, Deutschlands einziger reetgedeckter Leuchtturm und eine historische Viehtränke. Schon 1860 wurde Oland mit einem Damm ans Festland angebunden. Dadurch konnten auf der dem Festland zugewandten Seite Landzuwächse erzielt werden, die den Landverlust auf der Westseite wieder ausglichen.

Hier wohnt niemand
weiter als hundert Meter
vom Friedhof entfernt.

SPRUCH AUS OLAND

BUNDESLAND Schleswig-Holstein
MEER Nordsee

FLÄCHE 2,01 km²
LÄNGE 2 900 m
BREITE 980 m
EINWOHNER 21

56°39'24.3"N 16°37'34.0"O

Lebensader Lorendamm

~

Die 1927 abgeschlossene Errichtung des Lorendamms stellte erstmals eine sturmsichere Verbindung zum Festland her, die auch in den Wintermonaten Bestand hatte. 2006 bis 2009 wurde der Damm Richtung Dagebüll saniert und verbreitert. Das Lorengleis führt bis zur Hallig Langeneß und bietet diverse Ausweichstellen, an den Loren aneinander vorbei kommen. In erster Linie dient der Damm als Wattsicherungsdamm für den Material- und Personentransport des Küstenschutzes. Allerdings dürfen ihn auch die 20 Halligbewohner mit ihren eigenen Loren nutzen, um Besorgungen auf dem Festland zu erledigen oder Urlaubsgäste auf die Hallig zu bringen.

In den Anfängen der Lorenbahn wurden die Gleise vorwiegend von Segelloren befahren. Zumindest in einer Richtung, der vorwiegenden Windrichtung, ging das zumeist ganz hurtig voran. Für die Rückfahrt mussten hingegen die Segel gestrichen und die Loren gegen den Wind geschoben werden. Eine legendäre Lorenführerin dieser Zeit war die Postzustellerin Magda Mathiessen alias »Kapitän Tante Magda«.

Zentraler Fething

Deutschlands einziger reetgedeckter Leuchtturm

Geografie

Oland liegt im nordfriesischen Wattenmeer. Es gehört zur Gemeinde Langeneß in der Verwaltungsgemeinschaft Amt Pellworm. Oland ist 2,9 km lang und 500 bis 980 m breit. Die Fläche beträgt 2,01 km².

Wissenswert

Die Benutzung der Lorenbahn ist Halligbewohnern und ihren Nächtigungsgästen vorbehalten. Besonderer Beliebtheit erfreuen sich die geführten Wattwanderungen zur Hallig von Dagebüll aus.

Sehenswert

Auf der Warft finden sich auf engstem Raum: die kleine **Inselkirche** mit ihrem freistehenden Glockenstapel, der einzige reetgedeckte **Leuchtturm** Deutschlands und die historische **Viehtränke**.

Empfehlenswert

Eine Wanderung durch die Salzwiesen, baden (natürlich tidenabhängig) am grünen Strand und anschließend zum Aufwärmen in die gemütliche Inselkneipe.

Freistehende Glockenstapel sind aus statischen Gründen auf den Halligen nicht unüblich

Wandern & Baden

Die geführten Wattwanderungen zur Hallig Oland starten in Dagebüll, führen über etwa 6 km und dauern samt 2-stündigem Halligaufenthalt und Rückfahrt per Fähre ungefähr 6 Std. Anmeldung erforderlich (siehe Link unten).
Eine tidenabhängige Badestelle findet sich unweit des Lorenbahnhofs. Es handelt sich dabei um einen sogenannten grünen Strand samt Uferbefestigung. Eine Dusche und eine Badeleiter sind vorhanden. Der Blick aufs offene Meer ist grandios!

Für wen sich ein Besuch ganz besonders lohnt

Für Insel- und Eisenbahnromantiker.
Für alle, die innerhalb kürzester Zeit einen Eindruck vom Halligleben erhalten möchten.
Für Wattwanderer und Naturliebhaber.

Anreise

Mit dem Auto
Hallig Oland ist autofrei! Anreise nach Dagebüll: A23 bis Heide, B5 Richtung Bredstedt.
Alternative: A7 bis Schleswig/Schuby, B201 über Husum Richtung Bredstedt, hinter Bredstedt über Bordelum und Ockholm nach Schlüttsiel, Weiterfahrt bis Dagebüll, von dort aus Abholung mit einer Lore durch den Vermieter.

Mit der Bahn
Mit dem Zug bis Dagebüll, anschließend Abholung mit einer Lore durch den Vermieter.

Mit dem Ausflugsschiff
Ab Schlüttsiel.

Links

www.nordsee-hallig.de
www.langeness.de

Fähranleger und Lorenbahn –
die Schnittstellen zum Festland

37
Peißnitzinsel

Den »hellen Strand« findet man mitten in der Stadt bei der sogenannten Ziegelwiese. Von ihr gelangt man über einen Fußgängersteg auf die von Stromsaale und der Wilden Saale umflossene Peißnitzinsel. Auf einer Erhebung der um 600 n. Chr. erstmals erwähnten Insel befand sich höchstwahrscheinlich einmal eine slawische Befestigungsanlage. Im Mittelalter war die Insel im Klostereigentum, gelangte aber um 1540 im Zuge der Reformation zusammen mit dem Bauerngut Gimritz in den Besitz der Stadt Halle. In den folgenden Jahrhunderten wurde die Peißnitzinsel vorwiegend landwirtschaftlich genutzt.

Im Jahre 1821 wurde die Peißnitzinsel an den Amtmann Ludwig Barthels veräußert. Dieser errichtete dort einen Jagdhof und gestaltete im südlichen Inselteil einen weitläufigen Park. 1888 erwarb die Stadt Halle das Areal wieder, um darauf ein Naherholungsgebiet für die Bevölkerung zu errichten. Mit der Peißnitzbrücke wurde die Insel besser erschlossen, mit dem Peißnitzhaus eine Gastwirtschaft für Ausflügler geschaffen. 2001 entstanden auf dem ehemaligen Gelände des Gutes Gimritz eine exklusive Wohnanlage, ein Seniorenheim und ein Kindergarten.

An der Saale hellem Strande …

VOLKSLIED

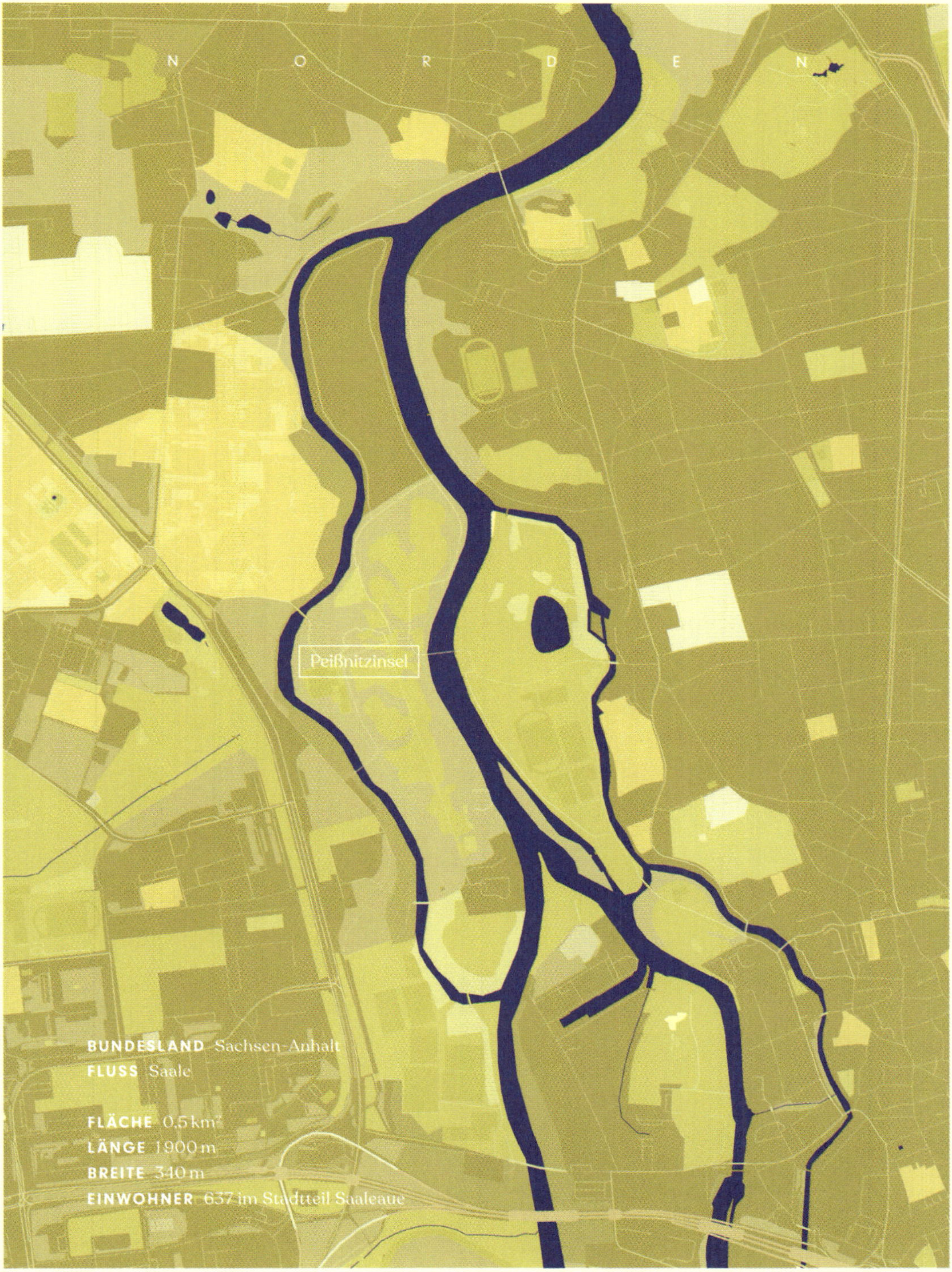

51°29'29.5"N 11°56'55.7"O

Ein Haus mit Geschichte – eine Bühne von Welt

~

Bis Anfang der 1930er Jahre war das Peißnitzhaus eine beliebte Ausflugsgaststätte. 1934 wurde es um Schlaf- und Schulungsräume erweitert und diente der Hitlerjugend als Versammlungs- und Ausbildungsstätte. Nach dem Zweiten Weltkrieg wurde es zuerst ein Kulturhaus für die sowjetische Armee, dann ein »Pionierhaus«, in dem Kindern und Jugendlichen der Zugang zu Technik und Naturwissenschaft schmackhaft gemacht werden sollte. Zu diesem Zweck entstand mit der »Pioniereisenbahn« eine, die Insel auf einer 2 km langen Schleife durchquerende Schmalspurbahn. Auf Pionierschiffen an der Saale wurden hingegen »junge Matrosen« ausgebildet. Nach der Wende wurde das Haus lange sich selbst überlassen und drohte komplett zu verfallen. 2010 konstituierte sich schließlich der gemeinnützige Verein Peißnitzhaus, der es sich zum Ziel gesetzt hat, die alte Bausubstanz zu renovieren und neu zu bespielen.

Schon jetzt kann man im Sommer das angeschlossene Gartenlokal nutzen und unter den alten Bäumen Getränke, Speisen und Kultur genießen.

In der Mitte der Insel befindet sich die Open-Air-Bühne Preißnitz. Hier finden bis zu 10 000 Zuschauer Platz. Eine an ein Zirkuszelt erinnernde Dachkonstruktion schützt bei Schlechtwetter Technik und Künstler vor den Unbilden des Wetters. Auf der Peißnitzbühne waren schon Größen wie Sting, Supertramp, Deep Purple, ZZ Top u. a. zu Gast.

Schon bald soll das Peißnitzhaus wieder in altem Glanz erstrahlen

Auf der Peißnitzbühne waren schon Weltstars zu Gast

Die Ziegelwiese lädt zum Bad in der Saale

Geografie

Die Peißnitzinsel, deren Nord-Süd-Ausdehnung rund 2,5 km beträgt, ist Teil des Landschaftsschutzgebietes Mittleres Saaletal. Das Naturschutzgebiet an der Nordspitze der Insel hat eine Fläche von etwa 12 ha. Der Hartholz-Auenwald mit Buchen, Eichen, Eschen, Ulmen und Linden ist ein idealer Lebensraum für viele Amphibien. Zur Peißnitzinsel gelangt man von Osten her über die Peißnitz-, von Westen aus über Schwanen-, Gimritzer Guts- und Bürgerbrücke und an der Südspitze über die Schafbrücke.

Sehenswert

Die Fontäne im Park der Ziegelwiese unweit der Peißnitzbrücke samt dem umliegenden Skulpturenpark.

Empfehlenswert

An heißen Sommertagen lässt es sich unter den alten Bäumen im Gastgarten am Peißnitzhaus besonders gut aushalten.

Wissenswert

Peißnitz ist abgeleitet vom slawischen Begriff »pustenzia«, was so viel wie Wildnis, Einöde bedeutet.

Wandern & Baden

Die schöne etwa 6 km lange Rundwanderung durch den vom Saaleauenwald geprägten Landschaftspark der Peißnitzinsel beinhaltet folgende Etappen. Mühlweg – Ziegelwiese – Peißnitzbrücke – NSG Nordspitze Peißnitz – Raumflugplanetarium – Peißnitzhaus – Gimritzer Park – Freilichtbühne – Ziegelwiese – Mühlweg.

Besser als auf der Insel lässt es sich auf der der Insel gegenüberliegenden, über die Peißnitzbrück erreichbaren, Ziegelwiese baden.

Der Abenteuerspielplatz hinter dem Peißnitzhaus

Für wen sich ein Besuch ganz besonders lohnt

Für Familien mit Kleinkindern, weil es auf der autofreien Insel viele (Abenteuer-)Spielplätze und eine Schmalspurbahn gibt.
Für Wild Swimmer – perfekte Verhältnisse zum Flussschwimmen an der benachbarten Ziegelwiese.
Für Musik- und Kulturinteressierte dank des umfangreichen Angebots an Veranstaltungen.

Anreise

Mit dem Auto
Via A14 oder A9 Ausfahrt Halle-Neustadt, nach Überquerung der Saale weiter Richtung Gimritzer Damm und vom kostenlosen Parkplatz an der Halle-Saale-Schleife ca. 500 m zu Fuß zur Inselmitte.

Mit der Bahn
Hauptbahnhof Halle an der Saale, Straßenbahn Linie 4 oder 5 in Richtung Kröllwitz bis Haltestelle Gimritzer Damm. Ab da ca. 700 m zu Fuß Richtung Osten.

Links

www.peissnitzhaus.de
www.halle.de
www.halle365.de

Über die Peißnitzbrücke
gelangt man zum Saalestrand

38
Pellworm

Wer nicht will deichen,
der muss weichen.

SPATENRECHT

Bis ins 18. Jahrhundert hinein war für die Deicherhaltung allein derjenige zuständig, dem das Land dahinter gehörte. In manchen Fällen, etwa wenn der Landstrich ein besonders exponierter war oder die zu erhaltenden Deiche wenig ertragreiches Land schützen sollten, bremste dies selbstverständlich die Motivation der Eigentümer. In solchen Fällen kam das sogenannte Spatenrecht zur Anwendung: die Inselgemeinschaft steckte einen Spaten in den ihrer Ansicht nach verwahrlosten Deich. Zog der Landbesitzer ihn selbst heraus, bekundete er damit seine Bereitschaft, den Deich weiter zu pflegen, und konnte somit das dahinter liegende Land behalten. Zog er den Spaten allerdings nicht innerhalb einer festgesetzten Frist heraus, so konnte das ein anderer tun und damit diesen Landbesitz samt Rechten und Pflichten übernehmen.

Die frühesten in diesem Gebiet dokumentierten Sturmfluten fanden in den Jahren 1216 und 1230 statt und forderten Zehntausende Opfer. Durch die Allerheiligenflut wurde am 1. November 1436 Pellworm von Nordstrand abgetrennt und 1480 durch eine weitere Sturmflut in zwei Teile zerrissen. Es dauerte Jahrzehnte und bedurfte massiver Anstrengungen, um die Schäden zu beseitigen. Schließlich gelang es um 1550 herum, Pellworm und Nordstrand wieder zu vereinigen – zumindest bis die Burchardiflut 1634 Pellworm endgültig vom Festland abtrennte und dabei allein auf Pellworm etwa 1000 Menschen in den Tod riss. Da Pellworm auch heute noch ca. einen Meter unter Normalnull liegt, muss es von einem 8 m hohen und 25 km langen Deich geschützt werden.

54°31'43.6"N 8°39'24.2"O

Äußerst »radsam«

~

Durch den 25 km langen umlaufenden Deich bietet Pellworm beste und sehr aussichtsreiche Voraussetzungen für Radfahrer. Natürlich kann bei der Fahrt auf der Deichkrone der manchmal sehr starke Wind zu einer echten Herausforderung werden. Aber auch das etwas windgeschütztere Inselinnere bietet schöne Tourenmöglichkeiten. Es gibt nicht allzu viele reguläre Radwege, durch das äußerst geringe Verkehrsaufkommen kommt man aber sehr gut mit dem bestehenden Straßennetz zurecht. Gleich am Fähranleger, aber auch in den restlichen Inseldörfern, gibt es eine Vielzahl von Fahrradverleih- und Servicestationen. Trotz des in den Sommermonaten dominierenden Tourismus ist die Landwirtschaft, in der aufgrund der Absiedlung und Veräußerung vieler Weideflächen ein Konzentrationsprozess stattfindet, weiterhin ein wichtiger Wirtschaftsfaktor für die Insel. Im Vergleich etwa zu den anderen (großen) Nordseeinseln ist Pellworm weit weniger vom Fremdenverkehr geprägt.

An der Vogelkoje

Deichpflege durch vierbeinige Helfer

Am Leuchtturmstrand

Geografie

Pellworm ist die drittgrößte Nordfriesische Insel und liegt im Nationalpark Schleswig-Holsteinisches Wattenmeer. Ihre Ausdehnung beträgt 6 km in Nord-Süd- und 7 km in West-Ost-Richtung.

Pellworm ist untergliedert in 13 Köge und bildet zusammen mit den südlich gelegenen Halligen Süderoog und Südfall die gleichnamige Gemeinde Pellworm.

Sehenswert

Die Turmruine der **Alten Kirche** ist so etwas wie das Wahrzeichen der Insel. In den 2000er Jahren wurden große Teile der Kirche renoviert und auch die für ihren Klang gerühmte Schnitger-Orgel gerettet. Seitdem zieht es immer wieder Organisten aus aller Welt in den mittelalterlichen Kirchenbau, um hier Musikstücke aufzunehmen und Konzerte zu geben.

Im Süden der Insel kann der **Pellwormer Leuchtturm** besichtigt werden.

Nur von außen zu besichtigen, jedoch in drei Ferienwohnungen idyllisch zu bewohnen, ist die 1777 errichtete **Nordermühle**.

In einem kleinen Wäldchen im Nordosten der Insel versteckt liegt die heute als Naturschutzgebiet ausgewiesene **Vogelkoje**, die früher für die Entenjagd genutzt wurde.

Empfehlenswert

In den Sommermonaten finden jeden Mittwoch in der Alten Kirche Orgelkonzerte statt.

Im Fischereihafen

Wissenswert

Der mittlerweile einzige Geldautomat der Insel befindet sich bei einer Bankfiliale am Hafen.

Die alte Inselkirche von der Luft aus aufgenommen

Für ihren Wohlklang berühmt – die Schnitger-Orgel in der alten Inselkirche

Wandern & Baden

Inselumrundungen nahe der Waterkant haben ihren ganz besonderen Reiz. Auf Pellworm ist dies durch den umlaufenden Deich besonders einfach umzusetzen. Schließlich kann man sich die 25 km ja auch gut auf kleinere Tagesetappen aufteilen oder gleich das Fahrrad wählen.

Der umlaufende Deich bringt es mit sich, dass es auf Pellworm keine Sandstrände gibt, sehr wohl aber ein paar recht schöne befestigte Badestellen an grünen Stränden. Die wohl schönste Badestelle mit Strandkorbverleih, Duschen, Liegewiesen und naheliegenden Kiosken bzw. Restaurants befindet sich am sogenannten Leuchtturmstrand im Süden der Insel.

Für wen sich ein Besuch ganz besonders lohnt

Für Skatfreunde – Pellworm hat eine spezielle Skatkultur und ganzjährig viele Skatturniere.
Für windfeste Radfahrer.
Für Piloten – Inselflughafen vorhanden.

Anreise

Mit dem Auto
Bis Hafen Strucklahnungshörn (Navi: 25845 Nordstrand Hörnstraße 1) zur Autofähre MS Pellworm 1 – rechtzeitig buchen! Oder: Pkw am gebührenpflichtigen Parkplatz am Fähranleger abstellen und per Personenfähre zur Insel.

Mit Bahn und Bus
Durchgehende Fahrkarten für Bahn-Busanschluss von Husum bis zur Fähre sind in allen DB-Reisezentren und DB-Agenturen erhältlich. Viele Vermieter holen ihre Gäste vom Fähranleger ab.

Links

www.pellworm.de
www.faehre-pellworm.de

Pellworms Leuchtturm ist auch als Trauungslocation gefragt

39 Pfalzgrafen-stein

Es ist der »Eysbrech« genannte Vorbau aus Sandsteinblöcken, der dieser stolzen Zollburg die Anmutung eines steinernen Schiffs im Rhein verschafft. Im 17. Jahrhundert sah man sich zu dieser Maßnahme gezwungen, weil Hochwasser und Eis immer wieder Fundament und Mauerwerk des Gebäudes schädigten. Die Verstärkung der Burgspitze bewährte sich auch und trotzte so manchem Rheinhochwasser und Eisgang. Wie hoch es an dieser Engstelle des Rheins tatsächlich hergehen kann, bewies eindrucksvoll der Winter des Jahres 1850, als sich die Eisschollen über 12 m hoch an der Ringmauer auftürmten.

Doch die »Pfalz«, wie die Befestigungsanlage auch liebevoll genannt wird, widerstand selbst diesen Anstürmen der Naturgewalten und präsentiert sich heute als eine der wenigen Rheinburgen, die im Laufe ihrer Geschichte nie zerstört wurden.

Ein steinernes Schiff, ewig auf dem Rhein schwimmend und ewig vor der pfalzgräflichen Stadt vor Anker.

VICTOR HUGO,
DER RHEIN, 1840

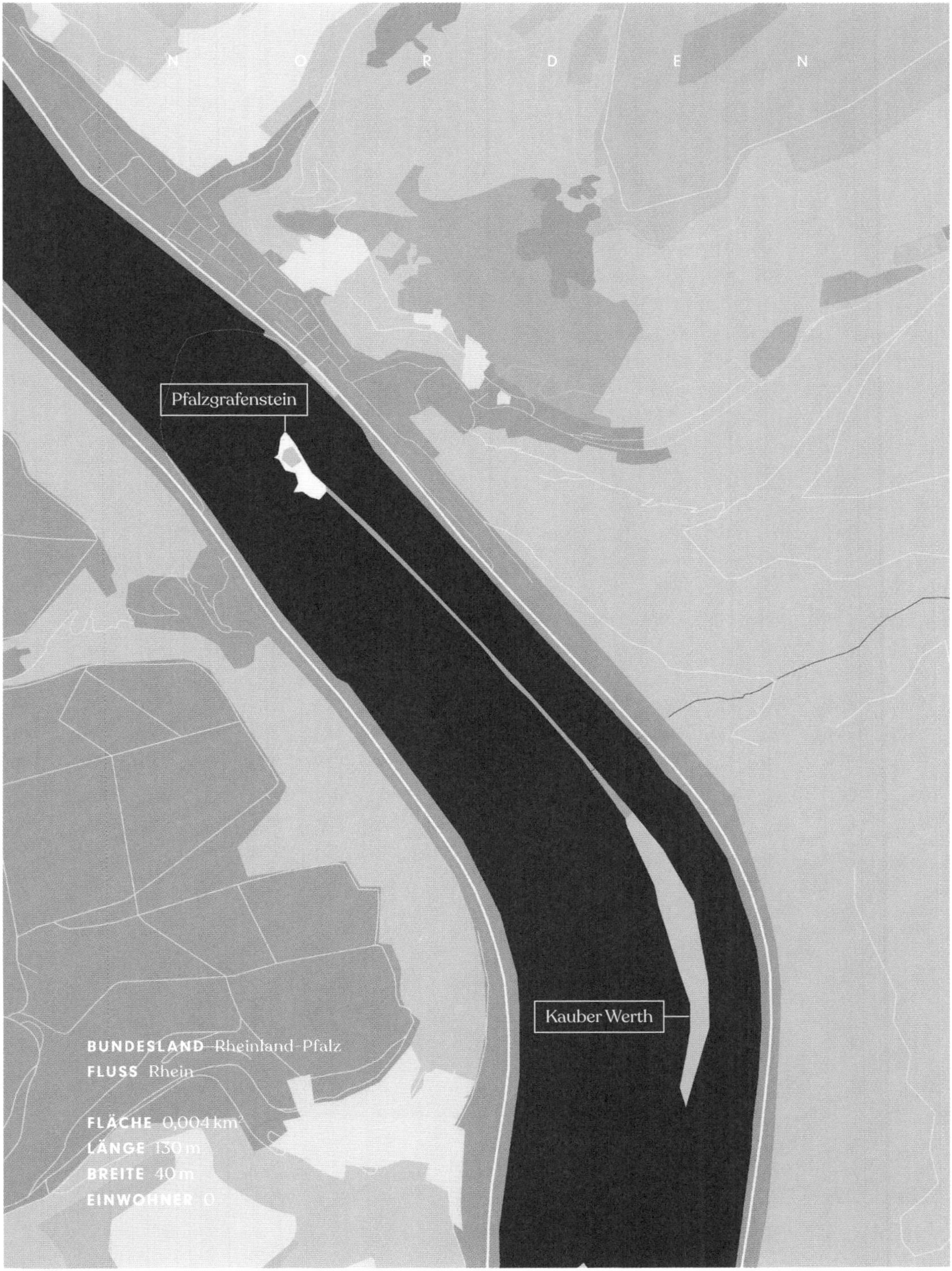

50°04'59.3"N 7°45'55.7"O

Rheinste Geschäftemacherei

~

»Wildes Gefährt« nannten die Menschen im 15. Jahrhundert respektvoll das Bacheracher Engtal. Nur das »Kauber Fahrwasser«, eine 110 m schmale Passage an der rechten Rheinseite zwischen Stadt und Inselburg, war schiffbar, aber auch gut kontrollierbar. Hier hatte König Ludwig der Bayer Anfang des 14. Jahrhunderts zur Eintreibung des Rheinzolls seine Inselfestung errichtet. Die Zollburg war zugleich das Bindeglied zwischen rechtem Rheinufer mit der gut befestigten Stadt Kaub und dem linken Rheinufer mit dem wehrhaften Bacharach. Die Einzigartigkeit der Pfalz besteht neben der außergewöhnlichen Architektur und Lage darin, dass sie die erste Burg am Mittelrhein war, die nur aufgrund einer Geschäftsidee erbaut wurde.

Ein Sandstrand mitten im Rhein

Mit dem Patrouillenboot ins Mittelalter

~

Von Kaub aus bringt die kleine Fähre, ein ehemaliges DDR-Grenzpatrouillenboot, die Besucher in wenigen Minuten Fahrzeit auf die eigentlich Falkenau genannte Rheininsel. Seit 1946 ist Pfalzgrafenstein im Besitz des Landes Rheinland-Pfalz, 1969 bis 1975 wurde die Festung komplett renoviert und lockt Jahr für Jahr um die 25 000 Besucher an, die hier einen guten Einblick in das mittelalterliche Leben der Zolleintreiber und der Burgbesatzung gewinnen können.

Eine echte Trutzburg – auch gegenüber den Urgewalten des Rheins

Geografie

Die Inselburg wurde auf der 110 m vom rechten und 160 m vom linken Rheinufer entfernten Felsinsel Falkenau errichtet. Die Insel befindet sich im Gemeindegebiet der Stadt Kaub, die mit nur 860 Einwohnern die kleinste Stadt im Bundesland Rheinland-Pfalz ist. Kaub liegt am rechten Rheinufer bei Stromkilometer 546 genau in der Mitte zwischen Koblenz und Mainz. Seit 2002 ist die Stadt Teil des UNESCO-Welterbes Oberes Mittelrheintal, Pfalzgrafenstein ist darüber hinaus ein geschütztes Kulturgut nach der Haager Konvention.

Sehenswert

Im Inneren der **Inselfestung** können sich die Besucher frei bewegen, zu festgesetzten Zeiten werden jedoch auch Führungen angeboten. Ein ausgeschilderter Rundweg führt von der gotischen Ringmauer, vorbei an Geschützstellungen, Pulverkammer, Arrestzelle durch verschiedene Schauräume bis hinauf in den Turm, von dem man einen wunderbaren Ausblick genießt.

Empfehlenswert

Bei zu niedrigen bzw. zu hohen Wasserständen kann die Fähre nicht an der Insel anlegen. Im Zweifelsfalle lohnt sich ein Blick auf: www.faehre-kaub.de

Wissenswert

Beim Feldzug gegen Napoleon sammelte sich die schlesische Armee im Raum Kaub. In der Neujahrsnacht auf 1814 setzte Generalfeldmarschall Blücher mit der Vorhut seiner Truppen in Booten über den Rhein. Russische Pioniere errichteten inzwischen in Höhe der Burg Pfalzgrafenstein eine Pontonbrücke, über die Blüchers Armee schließlich vom 2. bis 5. Januar den Rhein überquerte.

Früher ein Patroullienboot –
heute die Personenfähre zur Rheininsel

Für wen sich ein Besuch ganz besonders lohnt

Für Fans von Burgen und Wehranlagen.
Für Geschichtsinteressierte.
Für Familien mit Kindern jeden Alters.

Anreise

Mit dem Auto
Am rechten Rheinufer über die B42 nach Kaub, parken entlang des Bahndamms. Oder am linken Rheinufer über die B9 bis Höhe Pfalzgrafenstein, mit der Autofähre erst nach Kaub und dann mit der Personenfähre zur Insel.

Mit der Bahn
Zielbahnhof Kaub, von dort ca. 5 Min. Fußweg durch die Ortsmitte ans Rheinufer zur Fähre.

Links

www.faehre-kaub.de
www.dieburgpfalzgrafenstein.de

Das steinerne Schiff im Rhein

40

Pfaueninsel

Zu dem Amte Bornstedt gehört eine in der Havel liegende Insel, genannt der Caninchenwerder, welche ich der Lage halber zu einigen Anlagen selbst übernehmen will.

KABINETTSORDER
FRIEDRICH WILHEM II., 1793

Friedrich Wilhelm von Brandenburg betrieb auf der Insel eine Kaninchenzucht, die dem kleinen Eiland den Namen Kaninchenwerder beschied. Der Große Kurfürst war an den Naturwissenschaften, insbesondere der Alchemie, äußerst interessiert und vermachte 1685 die Insel dem Alchimisten und Glasmacher Johannes Kunckel. Der hatte zuvor schon im kurfürstlichen Auftrag die Glasherstellung in Brandenburg modernisiert, sollte diese Arbeiten auf der Pfaueninsel fortsetzen und so einen Beitrag zur Erstarkung der nach dem Dreißigjährigen Krieg darniederliegenden Wirtschaft leisten. Die Insel wurde für die Bevölkerung gesperrt, der Kurfürst selbst kam jedoch häufig, um sich von den Fortschritten des Alchimisten zu überzeugen und selbst stundenlang zu experimentieren. Kunckel wanderte nach dem Tod seines Gönners und nachdem ein Brand sein Labor eingeäschert hatte, nach Schweden aus. Auf Kaninchenwerder brachen wieder ruhigere Zeiten an.

Fast 100 Jahre blieb die Insel ungenutzt, bis sie 1793 Friedrich Wilhelm II., der Neffe des Alten Fritz, erwarb und an ihrer Südspitze für sich und seine Geliebte Wilhelmine Encke alias Gräfin Lichtenau ein Lustschloss errichten ließ. Seit damals gibt es auf der Insel die namensgebenden Pfauen, deren Nachfahren noch heute für die Besucher so manches Rad schlagen.

52°26'04.1"N 13°07'51.7"O

Die Insel wird zur Menagerie

~

Inspiriert von einem Parisaufenthalt im Jahre 1815 wünschte sich Friedrich Wilhelm III. auch für Berlin eine Menagerie. Er beauftragte den Gartenbaumeister und späteren preußischen Generalgartendirektor Peter Joseph Lenné mit der Planung und entwickelte selbst eine Obsession für immer exotischere Tiere. Alsbald entstanden eine Fasanerie, Gehege für Rentiere, Lamas, Affen, Löwen, Kängurus, eine Bärengrube sowie eine Büffel- und eine Biberbucht. Ein Bestand von etwa 950 Tieren machte sogar die Einrichtung einer eigenen Menagerieverwaltung notwendig.

Da sein Thronfolger Friedrich Wilhelm IV. das Faible seines Vaters in keiner Weise teilte, wurden 1842 fast alle Tiere und viele Einrichtungen der neu gegründeten Zoologischen Gesellschaft Berlin überlassen, die zwei Jahre später den Zoologischen Garten Berlin, den ersten Zoo Deutschlands, eröffnete. Von der einstigen Menagerie blieben auf der Pfaueninsel nur ein Wasservogelteich und eine Voliere bestehen.

Voliere für den Pfauennachwuchs

Abendstimmung am Fähranleger

Geografie

Etwa 22 km vom Berliner und etwa 5 km vom Potsdamer Stadtzentrum entfernt liegt die Pfaueninsel inmitten der Havel in einem 67 ha großen, zur Stiftung Preußische Schlösser und Gärten Berlin-Brandenburg gehörenden Landschaftspark. Seit 1924 ist die Pfaueninsel mit einer Gesamtfläche von 88 ha, davon 67 ha Landfläche, als Naturschutzgebiet ausgewiesen.

Sehenswert

Der informativste Inselspaziergang führt vom Fähranleger aus an der **Kastellanswohnung** vorbei zum **Schloss**, weiter zu den vier Steinsäulen des ehemaligen **Palmenhauses**, durch die Parschenkesselbucht zum **Holländischen Haus** und zur künstlichen Ruine der **Meierei**. Von hier genießt man einen schönen Blick zum **Luisentempel**. Durch einen lichten Hain und über zwei Brücken zum **Beelitzer Jagdschirm** und zum **Fregattenhafen**. Danach führt der Weg an **Volieren**, **Gärtnerei** und **Rosengarten** vorbei zurück zum Fähranleger.

Die künstliche Ruine der Meierei

Empfehlenswert

Das altehrwürdige Wirtshaus zur Pfaueninsel steht unter Denkmalschutz, liegt unmittelbar am Fähranleger und serviert unter anderem Havelländer Spezialitäten.

Prunkräume im Schloss

Wissenswert

Als Fake-News würde man heutzutage Berichte bezeichnen: auf der Pfaueninsel sei der Bau eines Atomkraftwerks geplant gewesen. Entstanden waren diese Falschmeldungen dadurch, dass einige schlampig recherchierende Journalisten die Pfaueninsel mit der Wannseeinsel verwechselt hatten.

Für wen sich ein Besuch ganz besonders lohnt

Für Cineasten – die Pfaueninsel war mehrfach Drehort für Edgar-Wallace-Filme.
Für Architektur- und Kulturinteressierte.
Für Ruhesuchende.

Anreise

Mit dem Auto
Von der B1 über den Nikolskoer Weg zum etwa 300 m von der Anlegestelle entfernten Waldparkplatz. Die Insel ist autofrei.

Mit Bus & Bahn
Von Berlin mit der S-Bahn zum S-Bahnhof Wannsee, von dort mit der Buslinie 218 zum Fähranleger.

Links

www.pfaueninsel.info
www.pfaueninsel.de

Lustschloss für eine Mätresse

41

Praterinsel

Durch die Säkularisation sahen sich die Franziskanermönche 1810 gezwungen, ihre bis dahin als Gemüsegarten genutzte Insel zu veräußern. Käufer war der Münchner Wirt Anton Gruber. Dieser gab der Insel in Anlehnung an den Wiener Prater ihren heutigen Namen. 1867 gingen durch die Großbaustelle Maximiliansbrücke die Geschäfte so schlecht, dass der in Geldnöte geratene Wirt das inzwischen zu einem kleinen Vergnügungspark angewachsene Pratergelände an den Essig- und Likörfabrikanten Anton Riemerschmid verkaufen musste.

Ab den 1920er Jahren veranstaltete die Unternehmerfamilie auf dem Areal Symposien und Vorträge. 1984 übersiedelten die Riemerschmids ihre Produktion nach Erding, die Fabrik auf der Praterinsel wurde stillgelegt.

Es war schon lange mein Traum, dieses wunderschöne, vielseitige und traditionsreiche Ensemble betreiben zu dürfen.

MICHAEL KÄFER

48°08'11.7"N 11°35'26.7"O

Stillstand und Fortschritt

~

Ein Investor erwarb 1988 das Gelände, gestaltete ab 1992 Fabrik- und Lagerhallen zu Ateliers, Ausstellungs- und Veranstaltungsräumen um und gründete das Aktionsforum Praterinsel. Neben dem Atelierhaus, das Platz für etwa 20 Künstler bietet, entstand auf dem ehemaligen Fabrikgelände mit drei großen Hallen und insgesamt 1500 m² Innen- und 1000 m² Außenflächen eine Eventlocation, die allerdings erst mit der 2013 erfolgten Gründung des Praterstrands in die Gänge kam. Seitdem 2016 die renommierte Caterer- und Betreiberdynastie Feinkost Käfer den Betrieb übernommen hat, hat sich die Praterinsel zu einer der exklusivsten und meistgebuchten Eventlocations Münchens entwickelt.

Neben der für die Verwaltung und Nutzung der dortigen Räume zuständigen Käfer-Mannschaft werden die Flächen der Praterinsel momentan noch von anderen Parteien genutzt. Es sind dies das Unterrichts- und Kultusministerium des Freistaats Bayern mit einem Verwaltungsgebäude, der Forstdienst der Stadt München mit einem Wohngebäude und der Deutsche Alpenverein mit Museum und Bibliothek.

Nein, die Praterinsel liegt nicht in Wien, sondern in München

Geografie

524 m lang und 95 m breit ist die Praterinsel, seitdem ihr die Feuerwerksinsel angegliedert wurde. Große und Kleine Isar umfließen sie und die etwas weiter flussaufwärts gelegene, mit ihr durch den Wehrsteg verbundene Museumsinsel. Der nördliche, unbebaute, parkähnliche Teil der Praterinsel ist von der Maximiliansbrücke her zugänglich und wird zu Ehren des spätromatischen Malers Moritz von Schwind, dessen Denkmal hier lange stand, Schwindinsel genannt.

Inselspitz mit Schwindinsel

Sehenswert

Wer sich für Alpingeschichte interessiert, dem sei ein Besuch des **Museums des Deutschen Alpenvereins** ans Herz gelegt, Technikinteressierte könnten an den **Wehranlagen** und dem »unsichtbaren« Kraftwerk an den Gefällstufen Gefallen finden, Naturliebhaber wird es eher an den nördlichen Inselspitz und die **Schwindinsel** ziehen.

Gefällsstufen

Empfehlenswert

Aufgrund der schwierigen Parksituation empfiehlt es sich, für einen Besuch der Praterinsel auf das Auto zu verzichten.

Wissenswert

In der »Großen Isar« westlich der Praterinsel liegt das 2010 in Betrieb genommene Praterkraftwerk. Das Kraftwerk hat eine Leistung von 2,5 MW, befindet sich unter der letzten Kaskadenstufe und ist von außen nicht sichtbar.

Die Eventräumlichkeiten werden von Feinkost Käfer bewirtschaftet

Für wen sich ein Besuch ganz besonders lohnt

Für Leute, die am Praterstrand chillen möchten.
Für Alpinisten.

Anreise

Mit dem Auto
Auf der Insel selbst stehen keine Parkplätze zur Verfügung. Am besten in Straßenbahn-, U-Bahn- oder S-Bahn-Nähe parken und mit diesen anreisen.

Mit Bus & Bahn
Straßenbahnlinie 16, Haltestelle Mariannenplatz, 2 Gehminuten.
U4/U5, Haltestelle Lehel, 10 Min.
S-Bahn, Haltestelle Isartor, 5 Min.

Link

www.feinkost-kaefer.de/praterinsel

Blick von der Insel auf die historische protestantische Kirche

42

Rabeninsel

Woher diese Insel ihren Namen hat, ist unschwer zu erraten, nutzen doch bis zu 40 000 Raben, Dohlen und Krähen die dichtbewaldete Insel als Winterquartier. Als Teil des 90,7 ha großen Naturschutzgebietes Rabeninsel-Saaleaue beherbergen die Auwälder bis zu 250 Jahre alte Eichen, seltene Pflanzen und andere geschützte Vogelarten wie Eisvogel und Habicht. Auch Waschbären, Füchse, Rehe und Wildschweine fühlen sich hier heimisch.

Bevor die Rabeninsel nach der Wende zum Naturschutzgebiet erklärt wurde, befanden sich auf dem bis ins 19. Jahrhundert »Krähenholz« genannten Eiland zeitweise bis zu drei Gaststätten. Speziell an den Sommerwochenenden bevölkerten Tausende Gäste die Insel. Die Nutzung zu Erholungszwecken begann um 1840 herum. Zuvor hatte die Insel lange Zeit als Müllplatz gedient, was wohl mit zu ihrer Popularität bei den riesigen Vogelscharen beigetragen haben dürfte.

Im Sieden unsrer
Heematschtadd,
die nach dr Meenung
fremder Leite
nich enne eenzche
Scheenheet hat,
da licht, zu unsrer
jreeßten Freide,
e Inselbarredies,
so scheen,
wie ich's in geener
Schtadd jesehn.

P. MÖLLMER,
DE RAAMINSEL

N O R D E N
Rabeninsel
51°27'42.7"N 11°56'35.3"O
BUNDESLAND Sachsen-Anhalt
FLUSS Saale
FLÄCHE 0,5 km²
LÄNGE 1200 m
BREITE 580 m
EINWOHNER 0

Die Insel lebt

~

Wie aus alten Karten ersichtlich, haben sich die Inselumrisse im Laufe der Geschichte mehrfach verändert und tun dies auch heute noch. Einerseits hat der Mensch bereits um 1280 regulierend eingegriffen, indem er Ufer befestigt, Wasser gestaut und Wehre errichtet hat. Andererseits sorgt die Natur selbst durch Überschwemmung und Landerosion für stetige Veränderung. Besonders deutlich wird dies am Flussarm der Wilden Saale, wo die Insel stetig wächst, weil am gegenüberliegenden Ufer immer wieder, manchmal auch mit großen Bäumen und Sträuchern bewachsene Teile abbrechen und sich an der Rabeninsel anlagern.

Selbst wenn es aus Naturschutzgründen hier keine Gaststätte mehr gibt, lebt die Insel – vor allem als Erholungs-, Freizeit- und Sportoase. Die mehr als 3 km lange und die ca. 2 km »halbe Runde« werden gerne zum Joggen oder Spazieren genutzt.

Mit Paddelboot, Kanu oder SUP kann die Rabeninsel von der Seite der Saale oder der Wilden Saale jeweils bis zum Wehr fast gänzlich umrundet werden. Auf der Wilden Saale muss man dabei aber recht vorsichtig vorgehen, da sich hier viele Baumstämme und -kronen im Wasser befinden.

Die Rabeninsel – einst Müllplatz, jetzt Naherholungsgebiet

Geografie

Die etwa 1,2 km lange Rabeninsel liegt zwischen Schiffssaale und Wilder Saale im Stadtteil Böllberg/Wörmlitz von Halle an der Saale. Heute ist die Insel über zwei Brücken erreichbar, bis um 1990 herum verkehrte eine Fähre vom Böllberger Ufer aus.

Sehenswert

Bekannt und beliebt ist das Genscher-Eck. Der Lieblingsplatz des am längsten dienenden Ministers der Republik, Hans-Dietrich Genscher, befindet sich an der Südspitze der Rabeninsel, direkt am Wehr, wo die Schiffssaale in die Wilde Saale fließt.

Empfehlenswert

Bei einem Inselbesuch zur Morgen- bzw. Abenddämmerung hat man die besten Chancen, scheue Wildtiere zu Gesicht zu bekommen.

Wissenswert

Fred Eckstein ist ein echter »Fähr-Weigerer«. Weil er sich das Fährgeld zur und von der Rabeninsel sparen wollte, hat der gebürtige Stockauer die Saale mehr als 50 Mal schwimmend überquert.

Wandern & Baden

Der etwa 10 km flache Rundwanderweg erschließt die Obere und Untere Aue des Saaletales, startet im Salinepark an der Mansfelder Straße und beinhaltet diese Etappen: Nördliche Salineinsel – Technisches Halloren- und Salinemuseum – Holzplatz – Pulverweiden – Wehr – Passendorfer Wiesen – Rabeninsel – Kanal – Mansfelder Straße.

Auf der Rabeninsel gibt es keine ausgewiesenen Badestellen. Dennoch baden im Sommer einige Einheimische hier. Besser geeignet zum Saalebaden ist allerdings der Strand an der Ziegelwiese im Stadtzenrum.

Winterblick auf die Rabeninsel von der Böllberger Brücke

Für wen sich ein Besuch ganz besonders lohnt

Für Jogger und Spaziergänger.
Für Naturfreunde.
Für Ruhesuchende.
Für (Hobby-)Fotografen.
Für Gehbehinderte – die Rabeninsel ist barrierefrei zu erreichen und zu erkunden.

Anreise

Mit dem Auto
Aus Norden kommend: Von B91 rechts in Damaschkestraße abbiegen, weiter bis Straßenende (Damaschkestraße, Vogelweide, Diesterwegstraße) fahren und hier parken.
Aus Süden kommend: Europachaussee an der Dieselstraßenbrücke verlassen, Abfahrt »Bergmannstrost«, entlang der Dieselstraße über die B91 in die Damaschkestraße. Ab hier gleicher Verlauf wie von der B91 kommend.

Mit der Bahn
Ab Halle Hauptbahnhof mit den Straßenbahnlinien 5 und 7 Richtung Kröllwitz, am Franckeplatz umsteigen in Straßenbahnlinie 1 bis Haltestelle »Diesterwegstraße«.

Links

www.rabeninsel.de
www.halle-entdecken.de

43
Reichenau

Benediktiner um den heiligen Pirmin waren es, die vor etwa 1300 Jahren die Bodenseeinsel Reichenau rodeten, urbar machten und darauf ein erstes Kloster gründeten. Etliche einflussreiche Äbte sorgten dafür, dass sich dieses Kloster im Frühmittelalter bald zu einem wichtigen religiösen und kulturellen Zentrum entwickelte. So konnte denn auch die anfänglich kleinere Klosterkirche bis zum Hochmittelalter zu einer prächtigen Abteikirche ausgebaut werden. Der heute noch bewirtschaftete Klostergarten des Münsters St. Markus und Maria war Basis der ersten deutschen Abhandlung zum Gartenbau. Verfasst wurde das »Hortulus« (Gärtlein) übertitelte Werk von Abt Walahfried im 9. Jahrhundert. Neben dem Münster sorgten die romanischen Kirchen St. Georg sowie St. Peter und Paul mit ihren wertvollen Kirchenschätzen dafür, dass die Klosterinsel Reichenau einen wohlverdienten Platz innerhalb des UNESCO-Weltkulturerbes bekommen hat.

... so geschah es in kurzer Zeit, dass an jener Stätte, wo vormals grausliche Höhlen und Löcher der Eiberen und Würmer gewesen, ein ganz schöner und sonniger Platz geschaffen wurde mit milder Luft und bequemem Wohnort für Mensch und Vieh. So viel von der ersten Urbarmachung der Insel Reichenau.

AUS: EIN SONNTAGSBLATT ZUR BELEBUNG RELIGIÖSEN SINNES, 1843

N O R D E N
Reichenau
47°41'40.4"N 9°04'12.3"O
BUNDESLAND Baden-Württemberg
SEE Bodensee
FLÄCHE 4,3 km²
LÄNGE 4500 m
BREITE 1600 m
EINWOHNER 3203

Deutschlands südlichstes Weinbaugebiet

Beste Voraussetzungen für Landwirtschaft und Tourismus

~

Gemüseanbau und Tourismus sind die Haupteinnahmequellen der größten Bodenseeinsel. Aufgrund des günstigen Seeklimas und ihrer fruchtbaren Böden bringt sie beste Voraussetzungen für hohe landwirtschaftliche Erträge mit. Die Reichenauer Gemüsebauern kultivieren auf mehr als 120 ha Frei- und Gewächshausflächen Tomaten, Gurken und Salat bester Qualität. Im südlichsten Weinbaugebiet Deutschlands reift exquisites Traubenmaterial für besonders süffige Weiß- und Rotweine. Hier wird aber auch ein eigenes Inselbier gebraut und von Einheimischen und Gästen gerne getrunken.

20 Berufsfischer versorgen die Inselküchen mit fangfrischem Bodenseefisch, der verfeinert mit den besonders würzigen Kräutern der Insel für begeisternde Gaumenfreuden sorgt. Bei derart hochwertigen Zutaten ist die Klosterinsel längst auch zur Genussinsel gereift. Mehr als 220 000 Übernachtungsgäste pro Jahr, Heerscharen von Tagesgästen und die 3300 Insulaner wissen das ebenso zu schätzen wie die vielen Möglichkeiten zur sportlichen Betätigung wie Wandern, Radfahren und alle Arten von Wassersport.

Wetterwechsel können am Bodensee sehr rasch und überraschend auftreten

Geografie

Reichenau ist mit 4,5 km Länge und maximal 1,5 km Breite die größte Bodenseeinsel. Sie liegt zwischen Radolfzell und Konstanz etwa 2 km vor dem Nordufer des Bodenseeabschnitts »Untersee«. Die Inselorte Ober-, Mittel- und Niederzell gehören zur südbadischen Gemeinde Reichenau des Landkreises Konstanz.

Reichenau ist die größte Bodenseeinsel

Sehenswert

Die **Hochwart** ist der höchste Punkt der Reichenau und bietet einen grandiosen Ausblick über die Insel, den westlichen Bodensee, bis zu den Alpen.

Das **Museum Reichenau** informiert über die kulturhistorische Bedeutung der Reichenau, in unmittelbarer Nähe befinden sich auch die drei romanischen Kirchen.

Empfehlenswert

An den drei Inselfeiertagen finden festliche Prozessionen statt: 25. April Markus-Fest, Montag nach Pfingsten Heilig-Blut-Fest, 15. August Mariä Himmelfahrt.

Wissenswert

Je nach Jahreszeit und Wettersituation wählen die Einheimischen zum Baden eher die »Rhein-« (frischere Wassertemperatur, bessere Wasserqualität) oder die »Gnadensee-Seite« (erwärmt sich schneller und ist weniger windig).

Mit eindrucksvollen Sakralbauten wird die Klosterinsel ihrem Namen gerecht

Wandern & Baden

Die Rundwanderung, die um einen Großteil der Insel führt, startet am Parkplatz Oberzell unterhalb der Kirche St. Georg. Links der Kirche folgt man der Beschilderung des Inselrundwegs über die Seestraße zum Münster St. Maria und Markus, dann am Nordufer entlang Richtung Niederzell zur Kirche St. Peter und Paul und weiter zum Campingplatz Sandseele. Jetzt meist nah am Wasser zur Schiffslände und dann leicht ansteigend zum Aussichtspunkt Hochwart. Südöstlich des Turms absteigen und über den Tellerhofweg zwischen den Gewächshäusern durch zurück zum Startpunkt.

Das Strandbad ist während der Badesaison täglich von 9 bis 18.30 Uhr geöffnet und verfügt über schöne Liegewiesen, ein Restaurant und einen Verleih für Liegestühle und Sportgeräte.

Landsend am Campingplatz Sandseele

Für wen sich ein Besuch ganz besonders lohnt

Für Weinfreunde und Gourmets.
Für Genusswanderer und Radfahrer.
Für Wassersportler.

Anreise

Mit dem Auto

Aus Richtung Norden: A81 ab Autobahnkreuz Hegau, über B33 Richtung Radolfzell-Konstanz, Abfahrt Reichenau, über den Damm zur Insel.
Aus Richtung Süden: In Konstanz auf die B33 Richtung Radolfzell, Singen. Abfahrt Reichenau, über den Damm zur Insel.

Mit der Bahn

Mit Regionalexpress Seehas bis zur Haltestelle Reichenau/Baden. Ab Bahnhof Reichenau/Baden, kurz nach Ankunft des Zuges mit dem Südbadenbus Linie 7372 bis Endstation Reichenau Mittelzell/Museum.

Links

www.reichenau-tourismus.de
www.reichenau-inselbier.de
www.winzerverein-reichenau.de

44
Rettbergsaue

Tatsächlich sind nur etwa 10 Prozent der Rheininsel für die touristische Nutzung freigegeben. Ihr Namensgeber, der Adjutant des Herzogs, Freiherr Carl von Rettberg, erwarb 1832 die Insel vom nassauischen Staat, um auf der Insel eine Vieh- und Pferdezucht zu betreiben. Dem Unternehmen dürfte wenig Erfolg beschieden gewesen sein, jedenfalls fiel sie wenige Jahre später wieder an Nassau zurück.
Heute stehen 90 Prozent der Rettbergsaue unter Naturschutz, ein Teil der Fläche wird nach wie vor landwirtschaftlich genutzt. Trotzdem ist die Rheininsel für den Großraum Wiesbaden ein äußerst wichtiges Naherholungsgebiet. Es gibt zwei Freizeitgelände, die momentan (bis voraussichtlich Ende 2021) wegen des Neubaus der Schiersteiner Brücke nur mit der Fähre Tamara vom Rheinufer am Schloss Biebrich oder vom Schiersteiner Hafen angefahren werden können, da der Verbindungsweg zwischen beiden Freizeitarealen aus Sicherheitsgründen vorübergehend gesperrt wurde. Die beiden Areale sind kostenlos zugänglich und bieten weitläufige Liegewiesen sowie Spielflächen für Fußball, Basketball, Volleyball, Badminton und Tischtennis. Außerdem gibt es Grill- und Kinderspielplätze und im Schiersteiner Areal auch ein Imbisslokal.

Ja, aber die
10 Prozent lohnen sich
zu 100 Prozent.

EINHEIMISCHER AUF DIE FRAGE, OB EIN BESUCH DER INSEL LOHNE

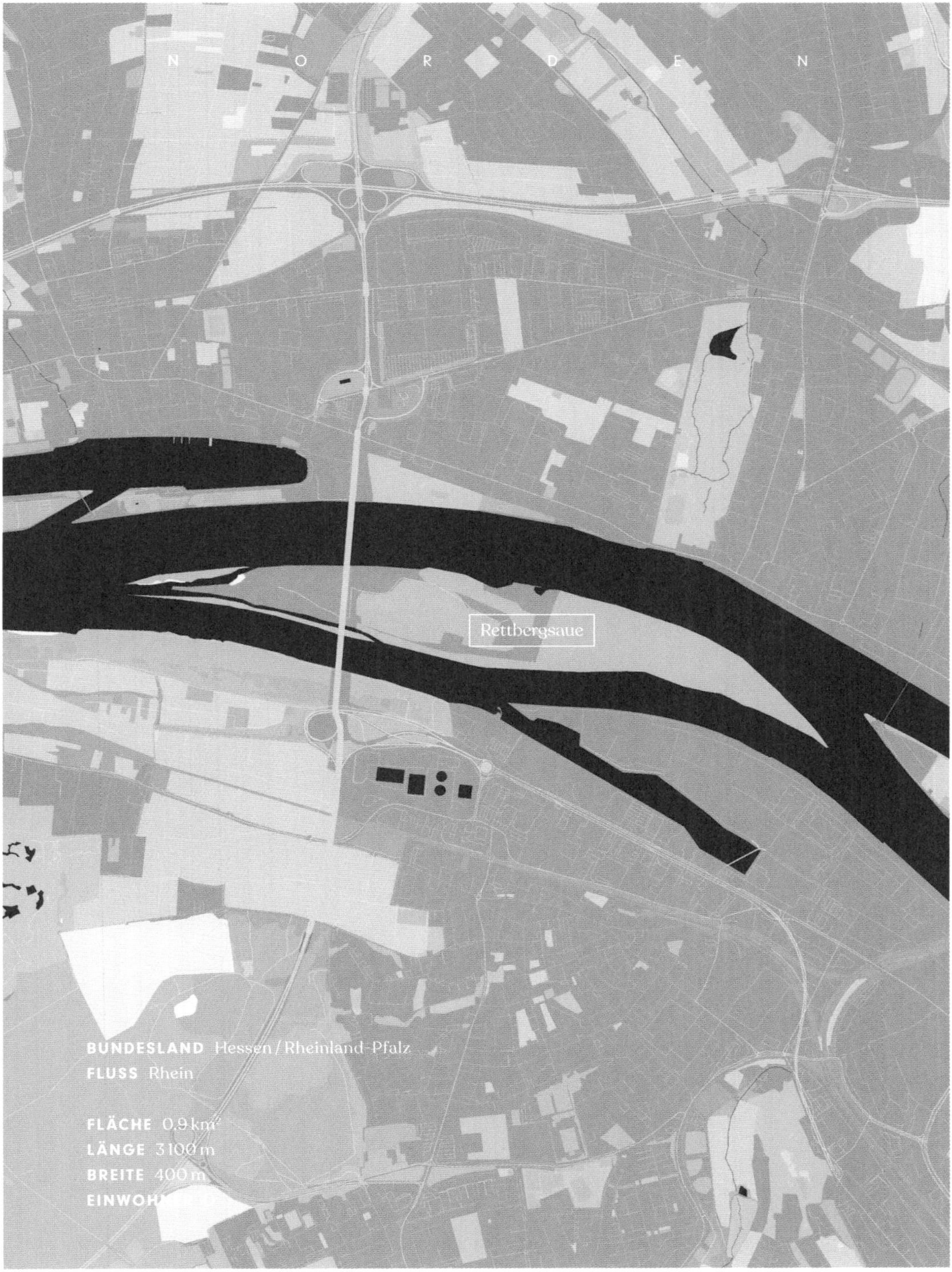

50°02'04.0"N 8°13'20.1"O

Das weitläufige Schloss
Biebrich direkt am Rheinufer

Campieren erlaubt – Baden (offiziell) verboten

~

1914 entstanden am Westende der Insel das Rheinbad Schierstein, 1921 am Nordufer das Strandbad Biebrich. Mit dem Aufkommen der Industrie und infolge der starken Verschmutzung des Rheins wurden beide 1962 geschlossen und in Freizeitgelände umgewandelt, in denen man campieren und die Sandstrände nutzen kann. Obwohl das Wasser bei Normalwasserstand wieder badetauglich wäre, ist das Baden »offiziell« verboten. An der Westspitze gibt es jedoch eine kleine Lagune, deren Flachwasser sich schnell erwärmt und keine Strömung aufweist, weshalb speziell Familien mit kleineren Kindern hier gerne das Strandfeeling genießen.

Die Lagune bei Niedrigwasser

Geografie

Mit 87 ha zählt die Rettbergsaue zu den größten Inseln, die vom Rhein beidseitig umströmt werden. Im Fall dieser natürlichen Wiesbadener Rheininsel, die sich mit etwa 3 km Länge zwischen den Stadtgebieten Biebrich und Schierstein erstreckt, sind dies das Hauptfahrwasser des Rheins und sein sogenannter Wachsbleich-Arm.

Fährschiff Tamara

Sehenswert

Von der Insel selbst ist der Ausblick auf die vorüberziehenden **Rheinschiffe** mit das Spannendste, was es zu sehen gibt. **Schloss Biebrich** war die barocke Residenz der Herzöge von Nassau und liegt mit seiner Parkanlage in unmittelbarer Nähe zum Fähranleger der Tamara.

Empfehlenswert

Wer vorhat, auf der Insel zu zelten, muss sich mindestens drei Tage vorher anmelden. Camping Biebrich: 0611 245 51, Camping Schierstein: 0611 245 08.

Wissenswert

Auf der Insel sind Hunde verboten. Bis auf weiteres kann die Rettbergsaue nur während der Sommermonate mit der Personenfähre Tamara von Biebrich oder Schierstein aus erreicht werden. Gegen Aufpreis können auch Zeltausrüstung, Getränkekisten und Kinderwagen mit der Fähre transportiert werden.

Die Rettberg-Camper, ein lustiges Völkchen

Wandern & Baden

Auf der Insel zu wandern ist wegen des Neubaus der Schiersteiner Brücke vermutlich erst wieder 2021 möglich. Anonsten gilt es zu beachten, dass 90 Prozent der Insel unter strengem Naturschutz stehen und ein Verlassen der Wege untersagt ist.

»Offiziell« gilt auf der Insel ein Badeverbot. In einem geschützten »Fjord« im Freizeitgelände Schierstein stehen allerdings sogar Duschen ...

Dschungelpfade und Baumriesen auf der Rheininsel

Für wen sich ein Besuch ganz besonders lohnt

Für Inseljäger.
Für Tagesausflügler und erholungsuchende Familien.
Für Campingfreunde (Voranmeldung erforderlich).

Anreise

Mit dem Auto
Über die A66 Abfahrt Wiesbaden-Biebrich.

Mit der Bahn
Zielbahnhof Wiesbaden-Biebrich. Aus Richtung Frankfurt am Main mit Umstieg in Wiesbaden Hbf, aus Richtung Koblenz mit der Regionalbahn.

Links

www.rettbergsau.de
www.tamara-wiesbaden.de

45
Ried

Wie es scheint, war Donauwörth schon zu Zeiten des großen französischen Feldherren weltberühmt. Was insofern nicht verwundert, weil hier schon seit Urzeiten einer der wichtigsten Donauübergänge Europas lag und diesem Ort demnach immer auch große strategische und geopolitische Bedeutung zukam. Bodenfunde aus der Jungsteinzeit weisen auf eine erste Besiedelung schon vor mehr als 4500 Jahren hin. Flussfunde aus der Bronzezeit und Hügelgräber aus der Hallstattzeit runden das prähistorische Bild ab.

Donauwörth hat eine ungemein schöne Lage. Allein, ich stellte mir diesen so bekannten Ort weit größer vor, als er ist.

NAPOLEON BONAPARTE, 1805

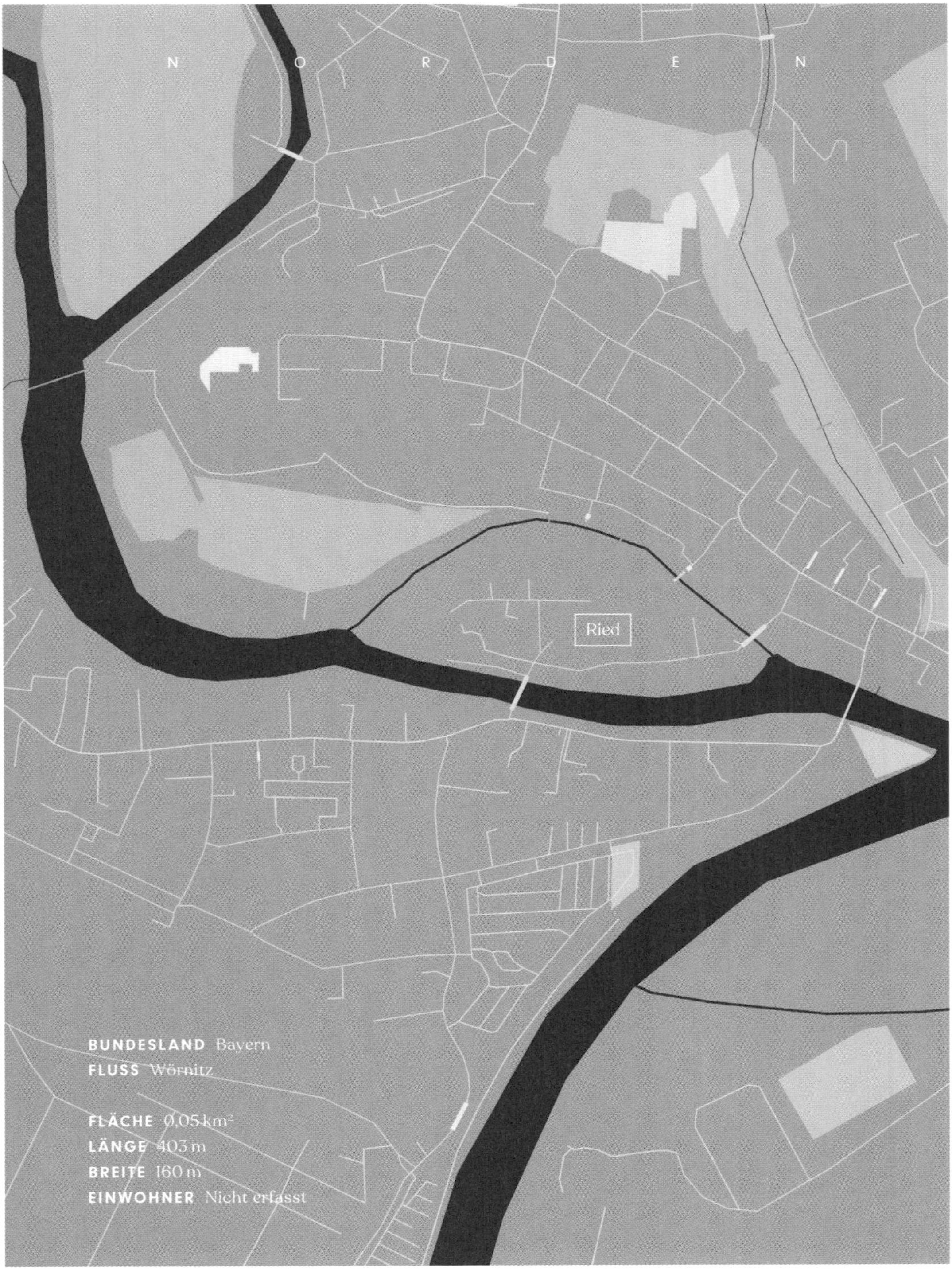

48°43'01.6"N 10°46'40.1"O

Eine Insel in der Zeit

~

Die Römer errichteten eine erste Donaubrücke, sicherten diese militärisch ab und machten die Region ringsum urbar. Um das Jahr 500 lebten erste Fischer und Bootsleute auf der Wörnitzinsel, die damals noch generisch Wörth für »Flussinsel« hieß, und schufen hier einen zentralen Ortskern. Fischfang, Handel und Wegzoll sorgten für gutes Einkommen und Zuzug. Im Jahr 1000 erhielt der damals als Werd bezeichnete Ort, Markt-, Zoll- und Münzrecht, vergrößerte seinen Wohlstand, weckte aber dadurch auch neue Begehrlichkeiten.

Wittelsbacher und Habsburger, Schweden, Franzosen und Engländer kämpften um die reiche und strategisch wichtige Stadt. Im Zuge dieser Auseinandersetzungen wurde die Donaubrücke über 30 Mal zerstört und wieder aufgebaut. Weitestgehend von Zerstörungen verschont blieb, im Gegensatz zu anderen Stadtteilen, der Altstadtkern auf der Insel Ried, weshalb die Insel heute ein Zeitfenster in die Vergangenheit bietet.

Das Tor zur Insel

~

Das Rieder Tor ist das einzig noch erhaltene Tor der Stadtmauer und würdiger Auftakt zu einem denkwürdigen Altstadtbesuch. Gleich hinter dem Rieder Tor liegt der schöne historische Marktplatz mit den prächtigen Bürgerhäusern und dem alten Rathaus. Im alten Kern der Stadt kann man nicht nur Kulturgeschichte hautnah erleben, sondern auch in vielen Lokalen genussvoll einkehren.

Imposante Patrizierhäuser in der Altstadt

Geografie

Die Insel Ried liegt zwischen zwei Wörnitzarmen und ist der historische Kern von Donauwörth, einer bayerischen Kreisstadt des Landkreises Donau Ries. Nur wenig unterhalb der Insel mündet die Wörnitz in die Donau.

Sehenswert

Das Kernstück der Altstadt bildet die historische **Reichsstraße** mit dem Rathaus und vielen Patrizierhäusern.

Im ehemaligen Fischerhaus befindet sich das **Heimatmuseum Donauwörth** – unter anderem mit interessanten Ausstellungen zur Fischereigeschichte der Stadt.

Der gotische Backsteinbau des **Münsters** »Zu unserer Lieben Frau« mit spätgotischen Fresken und Kirchturm samt Glocke »Pummerin«.

Das **Käthe-Kruse-Puppen-Museum** im ehemaligen Kapuzinerkloster.

Empfehlenswert

Am ersten Juniwochenende findet jährlich das beliebte Inselfest mit dem traditionellen Fischerstechen statt.

Wissenswert

Einen besonders guten Überblick von oben über die Stadt gewinnt man im Rahmen einer Führung in der Stadtpfarrkirche, dem Liebfrauenmünster. In ihrem Kirchturm befindet sich die größte Kirchenglocke Schwabens, auch als »kleine Schwester« der Pummerin im Wiener Stephansdom bezeichnet.

Viele Lokale laden zur Einkehr

Für wen sich ein Besuch ganz besonders lohnt

Für Inseljäger.
Für Puppenfreunde und -sammler.
Für Fischerei- und Geschichtsinteressierte.
Für Freunde historischer Altstädte und gemütlicher Altstadtlokale.

Anreise

Mit dem Auto
A7 Memmingen-Stuttgart, Abfahrt Günzburg, weiter über B16.
A8 München-Stuttgart, Abfahrt Augsburg, weiter über B2.
A9 München-Nürnberg, Abfahrt Ingolstadt, weiter über B16.

Mit der Bahn
Donauwörth ist ein Eisenbahnknoten mit direkten Verbindungen nach Augsburg, München, Nürnberg, Stuttgart, Ulm, Regensburg.

Link

www.donauwoerth.de

Das Rieder Tor

Die kleine Insel in der Wörnitz war ursprünglich nur von Fischern bewohnt

46
Riems

Nähert man sich Riems über den schmalen Damm, der vom Festland zur Insel führt, erfährt die Ostseeidylle nach dem ersten Inseldrittel, auf dem sich noch einige schmucke Wohnhäuser und ein Badestrand befinden, ein jähes Ende. Massive Absperrungen, Überwachungskameras und ein streng kontrolliertes Zugangstor prägen das Bild. Ohne Zutrittsgenehmigung geht's nicht weiter. Für die allermeisten Besucher ist hier Endstation. Auch für viele tierische.

Wenn auch Friedrich Loeffler dieses gewaltige Emporblühen der Insel zu einem der größten Forschungsinstitute der Welt nicht mehr erlebt hat, so ist doch der erfinderische Gedanke einzig und allein sein unsterbliches Werk.

FRIEDRICH KARL GEORG LOEFFLER, SOHN VON FRIEDRICH LOEFFLER

54°10'58.6"N 13°21'43.4"O

Im Inneren des Sperrbezirks

Wie Riems zur Seucheninsel wurde

~

Schon lange bevor die 1,3 km lange und bis zu 300 m breite Insel zum gesperrten Standort erklärt und hermetisch abgeschirmt wurde, wurde sie von Menschen besiedelt, was durch steinzeitliche und slawische Bodenfunde eindeutig belegt werden konnte.

Die erste urkundliche Erwähnung datiert aus dem Jahre 1313. Darin wurde die Insel noch als »Rymiz« bezeichnet. Im 14. Jahrhundert ging Riems in den Besitz der Stadt Greifswald über, wurde bis 1880 als Weideland verpachtet und in den 1880er Jahren an den damaligen Pächter verkauft. Als der Mediziner und Bakteriologe Friedrich Loeffler seine Arbeiten auf Riems verlegte, gehörte die Insel dem Landwirt Otto Möller.

Ab 1909 wurde sie von diesem gepachtet, 1910 entstand hier das älteste virologische Forschungsinstitut der Welt. Ausschlaggebend für die Standortwahl des Tierseuchen-Forschungsinstituts war, dass es im Rahmen des staatlichen Forschungsauftrags zur Maul- und Klauenseuche aufgrund unzulänglicher veterinärhygienischer Bedingungen am Festland mehrfach zu Ausbrüchen der Tierseuche gekommen war.

Bevor er mit seinem Institut auf die Insel übersiedelte, hatte Loeffler in bahnbrechenden Forschungen herausgefunden, dass die Seuche nicht wie bisher angenommen von Bakterien, sondern »von allerkleinsten« Organismen (Viren) übertragen wurde.

Eine weltweit führende Forschungseinrichtung

~

Zu DDR-Zeiten waren bis zu 800 Mitarbeiter in der Produktionsstätte für Tierimpfstoffe beschäftigt. Dieses befand sich im Riemserort am Festland und war dem Institut angegliedert.

Seit 1997 befindet sich im abgeriegelten Areal der Insel der Hauptsitz des Friedrich-Loeffler-Institutes (FLI), das sich – wie seine Vorgängerinstitution – mit der Erforschung von Tierseuchen, der Entwicklung von Vorsorge- und Schutzmaßnahmen sowie Veterinärimpfstoffen befasst.

Durch eine Bundesinvestition von 350 Millionen Euro entstanden 89 Labore und 163 Ställe. Weltweit ist Riems eine von nur drei Forschungseinrichtungen, in denen mit Großtieren in der Biosicherheitsstufe 4 geforscht werden darf. Damit ein für Umwelt und Mitarbeiter gefahrloser Betrieb der Forschungseinrichtung gewährleistet werden kann, bedarf es umfangreicher Sicherheitsvorkehrungen. So haben alle MitarbeiterInnen einen Chip/Transponder bei sich, mit dem sie nur in diejenigen Arbeitsbereiche kommen, für die sie freigeschaltet sind. Um ein Entweichen von Infektionserregern in die Umwelt auszuschließen, herrscht in den Gebäuden Unterdruck. Schleusen, doppelte Hochleistungsschwebstofffilter für Abluft sowie die thermische Behandlung sämtlicher Abwässer sind Standard. In der besonders gefährlichen Sicherheitsstufe 4 darf zum Schutz vor Infektionen nur in speziellen Überdruckanzügen gearbeitet werden. Ein Bild also, das so überhaupt nicht dem Klischee des leichtgeschürzten, unbeschwerten Insulaners entspricht.

Im Vordergrund die Gebäude des LFI,
im Bildhintergund der Damm zum Festland

Geografie

Riems liegt im Südwesten des Greifswalder Boddens zwischen dem Festland und der Insel Rügen. Verwaltungstechnisch gehören sowohl die Insel als auch Riemersort, ein auf dem Festland befindlicher Ortsteil, zur Hansestadt Greifswald. Die etwa 1,3 km lange und 300 m breite Insel war von 1926 bis 1972 mit dem Festland durch eine Materialseilbahn, deren Fundamente noch sichtbar sind, verbunden. In den 1970er Jahren erfolgte die Erschließung durch Aufschüttung eines Straßendamms.

Sehenswert

Der Greifswalder Bodden ist Europäisches Vogelschutzgebiet – außerhalb von Riemserort und am Beginn des Damms bieten sich gute Beobachtungspunkte.

Vor Gristow gibt es einen weitläufigen Naturerlebnispark mit schönen Spazierwegen, Freigehegen für heimische und exotische Haustiere sowie Aussichtspunkte und Kinderspielplätze. Vom neugotischen Turm der Gristower Kirche genießt man einen wunderbaren Ausblick auf den Bodden bis hinüber zur Insel Rügen.

Empfehlenswert

Der Greifswalder Bodden ist bei Seglern und Kajakfahrern gleichermaßen beliebt. Es gibt im Ort einen Kajakverleih. Damit lassen sich für Groß und Klein die Gewässer rund um die Inseln Riems, Riffbrink und Großer Werder wunderbar erkunden.

Wissenswert

Friedrich Loeffler war ein Schüler von Robert Koch. Der eine gilt als Begründer der Bakteriologie, der andere als der der Virologie.

Eine vorgelagerte Vogelinsel im Bodden

Wandern & Baden

Der kleine Strand auf der Insel Riems ist zu Fuß erreichbar (ca. 15 Min.) – es ist aber auch ausreichend Parkplatz vorhanden. Er befindet sich jenseits des Damms auf der linken Seite ungefähr auf der Höhe, auf der das Gelände des Friedrich-Loeffler-Instituts beginnt. Der Sandstrand ist klein, aber sehr flach und deshalb für einen Ausflug mit Kindern geeignet.

Für wen sich ein Besuch ganz besonders lohnt

Für Inseljäger.
Für Kanu- und Kajakfahrer.
Für Familien mit Kleinkindern.
Für städtebaulich Interessierte.

Anreise

Mit dem Auto
Von der B105 zwischen Stralsund und Greifswald Richtung Gristow abbiegen und bis Riemserort. Ab Mitte des Damms besteht allerdings für Nichtbefugte ein Fahrverbot.

Mit der Bahn
Zielbahnhof Greifswald. Von Berlin aus mit IC oder Regionalzügen der Deutschen Bahn, ab Greifswald mit der Buslinie 506 Richtung Riems. Wochentags fährt der Bus ungefähr im Zweistundentakt, am Wochenende besteht momentan keine Busverbindung.

Achtung

Der Großteil der Insel ist absolutes Sperrgebiet, zu dem nur MitarbeiterInnen und Besucher mit Sondergenehmigung des FLI Zutritt haben.

Links

www.naturerlebnispark-gristow.de
www.fli.de

47 Roseninsel

Forschungsergebnisse der Unterwasserarchäologie belegen, dass die Gegend um die bis ins 19. Jahrhundert als »Wörth« bezeichnete Insel schon um etwa 3700 v. Chr. bewohnt war. Etwa 4 m unter dem heutigen Wasserspiegel liegend wurden Reste einer Pfahlbausiedlung entdeckt und auf diese frühe Epoche datiert. Wie weitere Funde zeigen, diente die Insel in der frühen Bronze- und Urnenfeldzeit auch als Kultstätte. Steinkistengräber, Tongefäße, römische Münzen und die Überreste einer frühromanischen Tuffsteinkirche sind historische Indizien für die über viele Jahrtausende währende Beliebtheit der Insel.

Vom dunkelblauen
See umflutet,
ein Eiland ist es,
still und klein,
wo tiefer
jede Rose glutet
in goldighellem
Sonnenschein.

KARL ZETTEL,
DIE ROSENINSEL

47°56'29.5"N 11°18'32.1"O

Filmreif – das Casino auf der Roseninsel

Ein Lieblingsplatz von Kini und Sissi

~

König Maximilian II. von Bayern, der 1850 die Insel kaufte, veranlasste die noch heute bestehende Ausgestaltung der Roseninsel. Er beauftragte dafür den deutschen Gartenarchitekten Peter Joseph Lenné und den Ingenieur Franz Jakob Kreuter mit der Gestaltung einer Sommerresidenz. In den nächsten drei Jahren realisierten diese inmitten eines prächtigen Parks ein später als Casino bezeichnetes Sommerhaus. Zentrum der Anlage war ein Rosarium, das mit Hunderten von Rosen der Insel ihren heutigen Namen gab. Nach dem frühen Tod Maximilians wurde die Insel zu einem der Lieblingsplätze seines Sohnes, des legendären Märchenkönigs Ludwig II. Hier traf sich »der Kini« zu offiziellen, aber auch diskreten Dates – unter anderem mit seiner kaiserlichen Cousine Elisabeth (Sissi). Angeblich war Sissis Vorliebe für die Insel auch der Grund dafür, dass der König diese Begegnungsstätte so gut instandhalten ließ.

Eine filmreife Überbrückung

~

Sissis und Ludwigs geheime Treffen wurden in Luchino Viscontis Spielfilm »Ludwig II.« aufwendig am Originalschauplatz auf der Roseninsel nachgestellt. Dafür errichteten im Jahr 1972 Bundeswehrpioniere im Rahmen eines »Manövers« sogar eine Pontonbrücke für das Filmteam.

Normale Besucher – und das sind im Schnitt immerhin 4000 pro Monat – setzen von Mai bis Mitte Oktober mit einer kleinen Fähre in 5-minütiger Fahrt vom Feldafinger Park zur Insel über.

Besonders schön zur Blütezeit

~

Die Hauptdarsteller der Roseninsel, in diesem Fall nicht Romy Schneider und Helmut Berger, sondern die langstieligen Duftrosen, zeigen sich zweimal im Jahr von ihrer allerbesten Seite. Für gewöhnlich kommt es Mitte Juni zur ersten und Mitte August zur zweiten Rosenblüte. Je nach Laune der Natur kann sich die Blütezeit aber auch um mehrere Wochen verschieben.

Der Ausblick in die Berge ist fantastisch

Fährbetrieb von Mai bis Oktober

Geografie

Als einzige Insel im Starnberger See liegt die Roseninsel 170 m vom Westufer des Sees entfernt in der Feldafinger Bucht beim Glockensteg im Gemeindegebiet Feldafing. Grundeigentümer ist der Freistaat Bayern, ganzjährig wird die Insel nur von zwei Personen bewohnt. Durch Aufschüttungen und Verlandung ist die Roseninsel seit Beginn des 19. Jahrhunderts von 1,3 ha bis heute 2,6 ha stetig gewachsen.

Sehenswert

Casino und **Rosengarten** wurden weitgehend originalgetreu restauriert. Das Casino, in dem während der Sommermonate auch viele Trauungen stattfinden, ist von Mai bis Mitte Oktober als Museum kostenpflichtig, der gepflegte Rosengarten hingegen kostenlos zu besichtigen. Sehenswert ist aber in jedem Fall auch das beeindruckende Alpenpanorama, das man bei Schönwetter über dem glitzernden See in der Ferne ausmachen kann.

Empfehlenswert

Die beste Zeit, die Roseninsel zu besuchen, ist eindeutig zur Blütezeit.

Wissenswert

Die unter Denkmal- und Landschaftsschutz stehende Roseninsel ist für älteres Publikum, Rollstuhlfahrer und Personen mit Kinderwagen gut zugänglich. Jedoch ist das Mitführen von Hunden und Fahrrädern nicht gestattet. Auf der Insel gibt es weder Gastronomie noch Übernachtungsmöglichkeiten. Zelten, offenes Feuer und Picknick sind untersagt. Die als »Schutzzone UNESCO-Welterbe Pfahlbauten« ausgewiesenen Areale sind durch Bojen und Hinweistafeln markiert und dürfen weder durchfahren noch durchschwommen werden.

Die Uferbereiche der Insel sind nur begrenzt nutzbar

Für wen sich ein Besuch ganz besonders lohnt

Für Rosenfreunde.
Für Sissi- und Kini-Fans.
Für Cineasten und Visconti-Fans.

Anreise

Mit dem Auto
Via A95 München-Garmisch, Ausfahrt Starnberg oder Ausfahrt Iffeldorf, am Westufer des Starnberger Sees entlang nach Feldafing.

Mit der Bahn
Von München mit der S-Bahn (S-6) Richtung Tutzing bis Bahnhof Feldafing oder Possenhofen.

Links

roseninsel.bayern
www.schloesser.bayern.de

Im Winter schön, aber unerreichbar. Zur Rosenblüte äußerst empfehlenswert

48 Sandinsel

Der Nachsatz »wenn überhaupt« hat, bezogen auf die Präsenz der Sandinsel beim Donaudurchbruch am Kloster Weltenburg, durchaus seine Berechtigung. Denn oftmals weiß man bis zuletzt nicht, ob besagtes Inselchen »überhaupt« zugegen ist. Je nach Wasserstand taucht die launische Schöne auch gerne mal unter. Dies hat für den potenziellen »Sand-Insulaner« Vor- und Nachteile. Weil bei niedrigen Wasserständen die Donauschifffahrt mit den großen Fahrgastschiffen eingestellt werden muss, kann das die Logistik erschweren, andererseits hat man dann auf der Sandinsel aber auch viel weniger Durchzugsverkehr und Gaffer.

Geh, des is ja glei a Furz vun ana Insel – wenn überhaupt.

EIN ZILLENFÄHRMANN BEI KLOSTER WELTENBURG

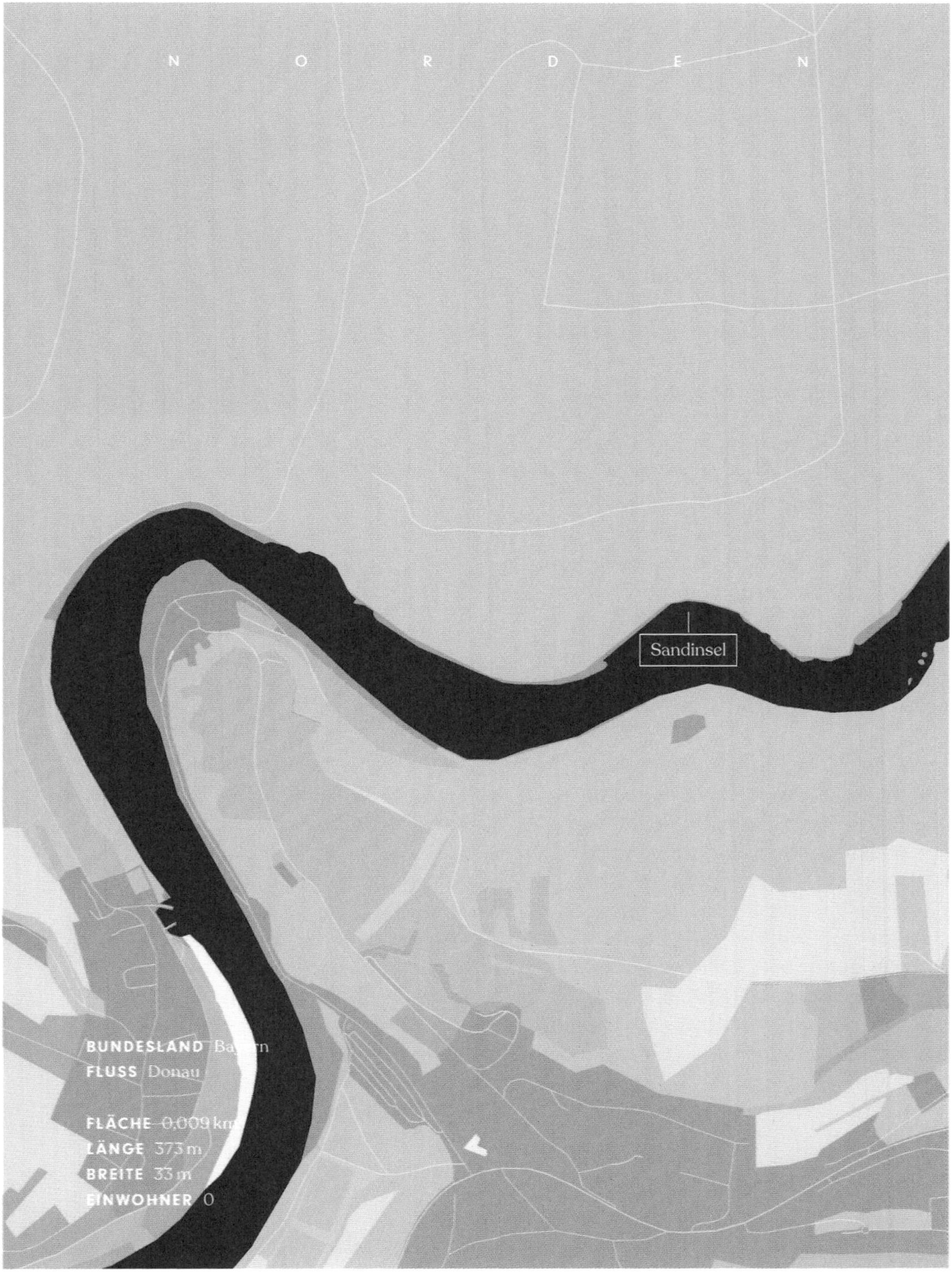

48°53'56.3"N 11°49'48.6"O

Schwimmend mit Zille oder mit Packraft

~

Bei Normalwasserstand herrscht im Donaudurchbruch zwischen dem Kloster Weltenburg und der Stadt Kelheim ein reger Pendelverkehr großer Ausflugsschiffe. Bei Niedrigwasser können hier allerdings nur flachbödige Zillen verkehren. Von Weltenburg aus kann man diese Wassertaxis dann nutzen, um sich auf kürzestem Weg auf der Sandinsel absetzen und auch wieder abholen zu lassen. In heißen Sommern verpacken die Kelheimer ihre sieben Sachen oftmals in wasserdichte Schwimmbojen, lassen sich von Bekannten oder »Öffis« nach Weltenburg chauffieren und bewältigen den Weg zur Insel und zurück nach Kelheim schwimmend flussabwärts treibend.

Der Autor dieser Zeilen konnte auf die Kombination von eigenem Auto, Fahrrad und Packraft zurückgreifen. Also: Auto in Kelheim geparkt, Packraft in Rucksack gepackt, ins etwa 7 km entfernte Weltenburg geradelt, von dort per Rucksackboot zur Sandinsel und zurück nach Kelheim gepaddelt. Ein abwechslungsreicher Halbtagsausflug in und durch eines der ältesten und eindrucksvollsten Landschaftsschutzgebiete Deutschlands.

Vom Kloster Weltenburg ist die Sandinsel nur eine Flußbiegung entfernt

Da kann's dann schon mal eng werden

~

Es liegt in der Natur der Sache, dass die kleine Sandinsel wenig Platz für Massentourismus bietet.

Je nach Andrang von Badegästen ist die Sandinsel zumeist eher als Durchzugsstation denn als Ganztagsbleibe zu verstehen. Zumal sich gerade bei Niedrigwasser an den Ufern durchaus noch andere schöne wilde und weitläufigere Badestellen finden lassen. An landschaftlicher Schönheit ist die gesamte Donaudurchbruchstrecke mit den bis zu 100 m hohen Felsen und bizarren Kalksteinformationen jedenfalls kaum zu überbieten.

Geografie

Die Weltenburger Enge liegt zwischen dem Kloster Weltenburg und der Stadt Kelheim in der südlichen Frankenalb. Das Naturschutzgebiet entlang des Donaudurchbruchs ist etwa 5,5 km lang und 400 m breit.

Sehenswert

Die von 1716 bis 1718 erbaute **Klosterkirche St. Georg** der Benediktinerabtei Weltenburg ist eine der wichtigsten barocken Sakralbauten Europas. Der ursprüngliche Kirchenbau wurde in der Folgezeit vom Gebrüderpaar Asam im spätbarocken Stil adaptiert und erweitert. Kirchenführungen finden während der Sommermonate noch Voranmeldung statt. Im historischen **Felsenkeller** wird Geschichte lebendig. Das Museum zeigt Amphoren aus der Jungsteinzeit, Werkzeuge der Stuckateure und weitere spannende Ausstellungsstücke.

Empfehlenswert

Übernachten direkt im Kloster: Das Gästehaus St. Georg bietet interessante Pauschalen, bei denen man in einem gewissen Maß am Klosterleben teilhaben kann, auf jeden Fall aber interessante Einblicke ins Klosterleben erhält.

Wissenswert

In einer speziellen Badeordnung ist das nicht ganz ungefährliche Schwimmen in Bundeswasserstraßen wie der Donau genau geregelt. Hier nur auszugsweise die fürs Schwimmen in der Weltenburger Enge relevantesten Punkte: »Das Baden und Schwimmen ist verboten auf der ganzen Breite von 100 m oberhalb bis 100 m unterhalb von Hafeneinfahrten und Brücken, von 50 m oberhalb bis 50 m unterhalb von Schiffsliegeplätzen ... Badende und Schwimmende haben sich so zu verhalten, dass in Fahrt befindliche Fahrzeuge nicht ihren Kurs ändern oder ihre Geschwindigkeit herabsetzen müssen. Es ist verboten, näher als 300 m vor in Fahrt befindlichen Fahrzeugen und Schwimmkörpern zu schwimmen, näher als 30 m an vorbeifahrende Fahrzeuge und Schwimmkörper oder an Stränge von Schleppverbänden heranzuschwimmen.«

Für wen sich ein Besuch ganz besonders lohnt

Für Naturliebhaber – die Karl-May-Kulisse des Donaudurchbruchs ist wirklich beeindruckend.
Für kunstgeschichtlich Interessierte – die Klosterkirche St. Georg ist ein spätbarockes Juwel.
Für wilde Schwimmer, Paddelbootfahrer und Abenteurer.

Anreise

Mit dem Auto
Über A9, A3 oder A8 und die B16 nach Kelheim, von dort via St2230 weiter zum etwa 1 km vor dem Kloster Weltenburg liegenden, gebührenpflichtigen Parkplatz. Alternativ könnte man sich über die orografisch linke Donauseite annähern und auf Höhe des Klosterparkplatzes mit einer kleinen Fähre, die auch Pkw mit bis zu 1,7 t Gesamtgewicht transportiert, übersetzen.

Mit der Bahn
Nächstgelegener Zielbahnhof ist das ca. 6 km von Kelheim entfernte Saal an der Donau. Von dort per Bus oder Taxi nach Kelheim. Von Kelheim nach Weltenburg per Bus, Ausflugsschiff oder Zille.

Links

www.kloster-weltenburg.de
www.kelheim.de
www.schiffahrt-kelheim.de

Badevergnügen im Indianerland

49 Schwerin

Die Landschaft rund um Krakow am See ist geprägt von der letzten Eiszeit. Als sich vor etwa 10 000 Jahren die Gletscher langsam nach Norden zurückzogen und dabei abschmolzen, schufen sie eine sanfte Hügellandschaft und eine Fülle von Seen mit Inseln darin. Eine davon ist die im Obersee liegende grüne Insel Schwerin, auf der Keramikfunde und die Spuren eines Ringwalls auf eine Besiedlung während der Slawenzeit (600 – 1000) schließen lassen.

Zu dieser Zeit hat die Insel ca. 80 Menschen beherbergt, die in der Inselmitte eine etwa 20 ha gerodete Fläche für Ackerbau und Viehzucht bewirtschafteten. Dass es sich dabei um Slawen gehandelt haben dürfte, geht auch aus der Benennung der Insel hervor, die sich aus dem slawischen Zwerin für Pferdegehege herleiten lässt.

Min oll lütt Vaderstadt,
tüsch'n See un Barg,
ik bliw di tuagedahn bet
an min Sarg. –
Leg ok en wides Meer
tüsch'n di un mi,
trökt mi doch wedder her
säker tau di.

JOSEPH NATHAN,
MIN OLL LÜTT VADERSTADT

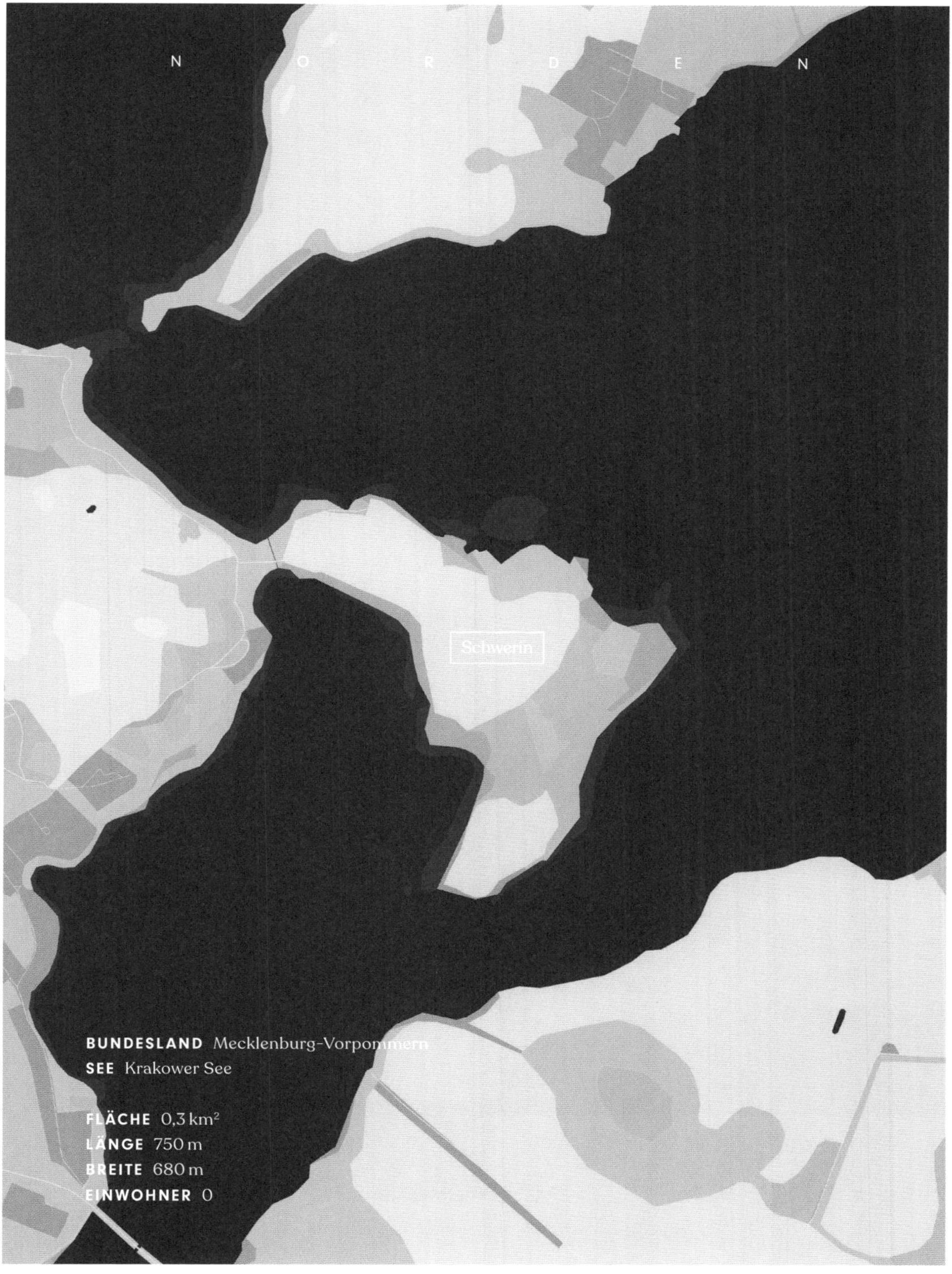

BUNDESLAND Mecklenburg-Vorpommern
SEE Krakower See

FLÄCHE 0,3 km²
LÄNGE 750 m
BREITE 680 m
EINWOHNER 0

53°39'07.7"N 12°18'22.0"O

Kahlschlag und Brückenschlag

~

Schwerin war einst eine äußerst waldreiche Insel. Trotz hemmungsloser Rodungen standen dort noch um 1700 herum 400 mächtige Eichen. Heute ist von dem ursprünglichen Bestand nur noch eine einzige übrig geblieben. 1962 wurde, nachdem die Brücke verfallen war und man einen Erddamm zum nahen Ufer aufgeschüttet hatte, Schwerin für einige Zeit zur Halbinsel. Wieder zur richtigen Insel wurde Schwerin, nachdem freiwillige Helfer 1999 den Erddamm beseitigten, den Graben wieder freilegten und eine neue Holzbrücke aufstellten.

Zur Insel führen schöne Lauf- und Radwege, und es gibt eine lauschige Naturbadestelle, von der man einen wunderbaren Ausblick genießt. An dieser herrscht im Vergleich zu den anderen Bädern oder Badestellen am Obersee recht wenig Betrieb. Etwa die Hälfte der Insel wird landwirtschaftlich – vorwiegend als Weideland – genutzt. Die unbebaute und unbewohnte Insel ist aber auch ein wichtiger Rückzugsort für Wildtiere und -pflanzen. Hier findet man etwa eine spezielle Spezies einer fleischfressenden Pflanze und Kolonien fischfressender Kormorane.

Die Naturbadestelle auf der Insel hat man oft für sich allein

Geografie

Die Insel Schwerin liegt östlich des Luftkurorts Krakow im gleichnamigen See und ist über eine kleine Brücke von der Seepromenade aus erreichbar. Die Stadt Krakow gehört zum Landkreis Rostock in Mecklenburg-Vorpommern und liegt im Norden der Mecklenburgischen Seenplatte.

1999 wurde die Brücke errichtet, die Schwerin wieder zur echten Insel machte

Sehenswert

Auf der Insel selbst gibt es außer dem schönen Ausblick auf den See wenig zu sehen.

In Krakow sollte man sich die im romanisch-gotischen Übergangsstil erbaute Stadtkirche, das neugotische Rathaus, die alte Schule mit dem Buchdruckmuseum und die alte Synagoge nicht entgehen lassen.

Am Krakower Buchenberg kann man im Findlingsgarten die riesigen steinernen »Mitbringsel« bewundern, die die skandinavischen Gletscher in der Region hinterlassen haben.

Empfehlenswert

Ideal zum Baden und zum Gehen: ab der Seepromenade auf dem Vierowweg erst zur Leipziger, dann zur Franzosen- und schließlich zur Naturbadestelle auf der Insel Schwerin, weiter zum Buchenberg und über die Seepromenade wieder zurück.

Wissenswert

Am dritten Wochenende im August findet jedes Jahr das traditionsreiche Krakower Fischerfest statt. Dabei werden Konzerte, Corso-Fahrten und ein Feuerwerk über dem See geboten.

Für wen sich ein Besuch ganz besonders lohnt

Für Läufer, Radler, Spaziergänger.
Für Angler.
Für Freunde von Naturbadestellen.

Anreise

Mit dem Auto
Über die A19 (Berlin-Rostock), Abfahrt Krakow am See und die L37. Für den Weg zur Insel benutzt man am besten das Fahrrad.

Mit der Bahn
Die nächsten Bahnhöfe liegen im 15 km entfernten Karow sowie in der Kreisstadt Güstrow.

Links

www.krakow-am-see.de
www.mecklenburgische-seenplatte.de

Nicht nur für Kraniche ist die
Insel ein wertvolles Rückzugsgebiet

50 Spiekeroog

Als typische Ostfriesische Insel entstand Spiekeroog im Gegensatz zu den Nordfriesischen Inseln nicht aus Resten durch Sturmfluten abgetragener Küstenlandschaften, sondern es waren vom Wind angewehte Sandbänke, die die Inseln schufen. Durch Gezeitenströmungen und wegen der starken Westwinde driften diese Inseln kontinuierlich von Nordwest nach Südost. So ist es auch zu erklären, dass sich fast alle, einst mittig auf den Inseln angelegten Dörfer heute an deren Westrand befinden oder aber häufig verlegt werden mussten. Weil der Inselkern Spiekeroogs verhältnismäßig lagestabil war, blieb hier das alte Inseldorf samt der ältesten aller Inselkirchen gut erhalten.

Und ich sagte, ich bin
froh, dass ich hier war.
Und er sagte, ich komm
hierher jedes Jahr.
La la la la la,
ich hab noch Sand in den
Schuhen von Spiekeroog.

JONNY GLUT,
SAND IN DEN SCHUHEN
VON SPIEKEROOG

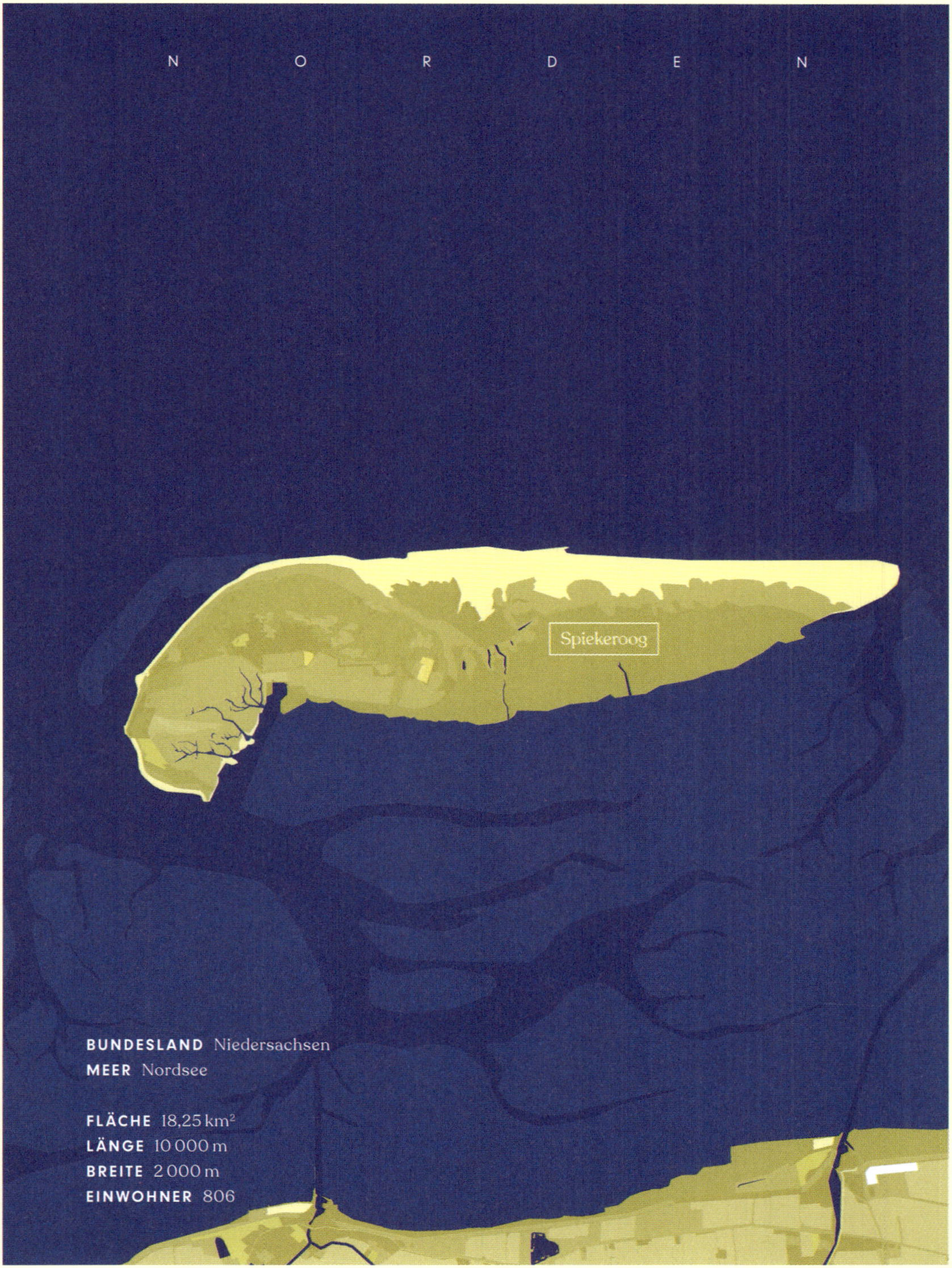

53°46'13.9"N 7°41'39.6"O

Trotz guter Voraussetzungen – ein stetiger Kampf

~

Selbst wenn Spiekeroog wegen seines relativ stabilen Inselsockels und seiner natürlichen Schutzdünen bessere Voraussetzungen als so manch andere Nordseeinsel aufweist, fordert auch hier der Küstenschutz immense Anstrengungen. Unbewachsene Dünenbereiche werden mit Strandhafer bepflanzt, mit eingebrachtem Reisig sollen Sandverwehungen reduziert werden, seeseitig muss nach Sandabbrüchen immer wieder Sand aufgespült werden.

Außer den Schutzdünen gibt es im Westen und Nordwesten der Insel 14 Buhnen und gemauerte Befestigungen. Besonders an einer exponierten Stelle vor dem Campingplatz bedarf es immensen Aufwands, damit es selbst bei einem Sturmtief wie am 8. Januar 2019, als Windgeschwindigkeiten von 117 km/h gemessen wurden, nicht durch eine Sturmflut zu einer Zweiteilung der Insel kommt.

Weißer Strand – großer Baumbestand

~

Weit und breit weißer, weicher Sandstrand auf fast 15 km Länge – auch das ist Spiekeroog. Selbstverständlich gibt es vom Strandkorb- bis zum SUP-Verleih, Wassersportschulen und Kiosken alles, was das Strandleben abwechslungsreich macht. Die Badestrände sind geprägt von den Nachbauten historischer Badekarren, die hier als Umkleidekabinen, Informationsstellen und Aufenthaltsraum für die Badeaufsicht genutzt werden. Ungewöhnlich für eine sandige Nordseeinsel ist Spiekeroogs vergleichsweise großer Baumbestand. Den Aktivitäten der frühen Siedler ist es zu verdanken, dass man heute in den Wäldern der Insel alte Eichen, Erlen und Schwarzkiefern vorfinden kann.

Einfach wanderbar

~

Den etwa 4 km langen und 2,5 Std. dauernden Dünenspaziergang geht man am besten mit dem in der Kurverwaltung erhältlichen speziellen Faltblatt an. Darin erfährt man allerlei Wissens- und Beachtenswertes über die Dünenlandschaft. Der großteils unbefestigte und sandige Weg führt vom Osten des Inseldorfes durch Dünengärten und Inselwäldchen zum Nationalpark-Haus, zu Aussichtspunkten auf die Ostplatte und ins weitläufige Dünengebiet.

Durch die Anpflanzung von Strandhafer sollen die Dünen stabilisiert werden

Geografie

Die Ostfriesische Insel liegt im niedersächsischen Wattenmeer zwischen Langeoog und Wangerooge und hat eine Fläche von 18,25 km². Ihre heutige Form und Größe verdankt die Insel der Verschmelzung mit Lütjeoog und Oldeoog und dem Eindeichen und der Trockenlegung der Harlebucht.

Auf Spiekeroog befindet sich der höchste natürliche Berg Ostfrieslands. Er heißt Wittdün/Weiße Düne und ist 24 m hoch. Die geringste Entfernung zum Festland beträgt 5,7 km. Die Gemeinde Spiekeroog gehört zum Landkreis Wittmund.

Sehenswert

Die **Alte Inselkirche** bildet das Herzstück des Ortes Spiekeroog und wurde als älteste Kirche der Ostfriesischen Inseln bereits im Jahr 1696 erbaut. Hingegen ist die moderne Zeltkirche **St. Peter** unter den katholisch geprägten ostfriesischen Inselkirchen die jüngste und von der Architektur her eigenständigste.

Klein, gedrungen, widerstandsfähig – die älteste Kirche der Ostfriesischen Inseln

Empfehlenswert

Ein Besuch der kultigen Inselkneipe Westend, in Verbindung mit einer Fahrt auf der Inselbahn (verkehrt nur in den Sommermonaten).

3,50 m hohe Bronzestatue De Utkieker ist eine Hommage an die Schönheit der umliegenden Natur

Wissenswert

Spiekeroog und Langeoog sind die einzigen Nordseeinseln, die ihre gesamte Trinkwasserversorgung über eine sogenannte Süßwasserlinse bewerkstelligen können. Eine solche entsteht, wenn im sandigen Boden der Insel Regen versickert und das Süßwasser, da es leichter als Salzwasser ist, auf diesem aufschwimmt. Über Brunnen kann dieses Süßwasser dann angezapft und durch relativ einfache Filterprozesse zu Trinkwasser aufbereitet werden. Die Größe der Süßwasserlinse unterliegt jahreszeitlichen und verbrauchsabhängigen Schwankungen.

Wandern & Baden

Es gibt einen 12,5 km langen ausgeschilderten Rundwanderweg, der einen sehr guten Gesamteindruck von der Insel vermittelt.

Am 15 km langen Sandstrand sieht man nicht nur die üblichen Strandkörbe, sondern auch historische Badekarren, die als Umkleidekabinen und zur Unterbringung für die im Sommer hier stationierte DLRG-Badeaufsicht dienen.

Für wen sich ein Besuch ganz besonders lohnt

Für Yoga-Enthusiasten (regelmäßig Kurse und Retreats).
Für Campingfreunde (Zeltplatz gilt als einer der schönsten Naturzeltplätze Europas).
Für Wanderfreunde (Spiekeroog ist wunderbar wanderbar).

Nur Versorgungs- und Einsatzfahrzeuge dürfen mit der Fähre zur Insel

Anreise

Mit dem Auto
Navi-Eingabe für Fähranleger Neuharlingersiel: 26427 Neuharlingersiel Am Hafen Ost 20. Dorthin entweder über die A29 bis Wilhelmshavener Kreuz und dann über Jever und Carolinensiel nach Neuharlingersiel.
Oder auf der A31 bis Leer Ost und über die B72 und die B210 von Hesel über Aurich und Esens nach Neuharlingersiel.
Spiekeroog ist autofrei! Tagesgäste können direkt am Hafen parken, Urlaubsgäste parken bei »Spiekeroog Garagen« an der östlichen Ortseinfahrt.

Mit Bahn & Bus
Mit der Bahn nach Esens oder Norden. Mit Bus oder Taxi zum Fährhafen Neuharlingersiel. Oder überhaupt mit der Buslinie Ostfriesland Express direkt zum Fähranleger.

Links

www.spiekeroog.de
www.zeltplatz-spiekeroog.de
www.yoga-spiekeroog.de

Wie so oft in der Nordsee erfreuen sich auch hier die Wattwanderungen großer Beliebtheit

51 Ummanz

Hier wird nicht nur platt gesprochen, sondern auch geradelt. Durch das platte Land und die auf weiten Strecken asphaltierte Deichkrone erfreut sich Ummanz bei Fahrradfahrern großer Beliebtheit, selbst die noch aus DDR-Zeiten herrührenden Betonplattenstraßen im Landesinneren haben einen schon fast nostalgischen Reiz.

Sattelfest kann man sich aber auch hoch zu Ross zeigen. Die hiesige Haflingerzucht bietet das ganze Jahr über Ausritte zu den schönsten Plätzen der Insel. Wer zwar auf Pferdestärken setzt, es aber etwas gemütlicher angehen will, der wählt je nach Jahreszeit Kutsche oder Pferdeschlitten zu einer entspannten Ausfahrt.

Ja, und Wandern geht natürlich immer. Bei der hier herrschenden Stille, Ursprünglichkeit und Verkehrsarmut kann man es sich erlauben, zum Hans Guckindieluft zu werden, und wird dafür vielleicht sogar mit der Entdeckung seltener Vogelarten oder großartiger Wolkenformationen beim Cloud-Watching belohnt.

Hest du ok nich so
witten Sand
un nich so breeden
Ostseestrand;
is hier doch Platz för
Minsch un Vieh
un üm uns rüm
de stille See.

RITA HOFF,
UNS LÜTT UMMANZ

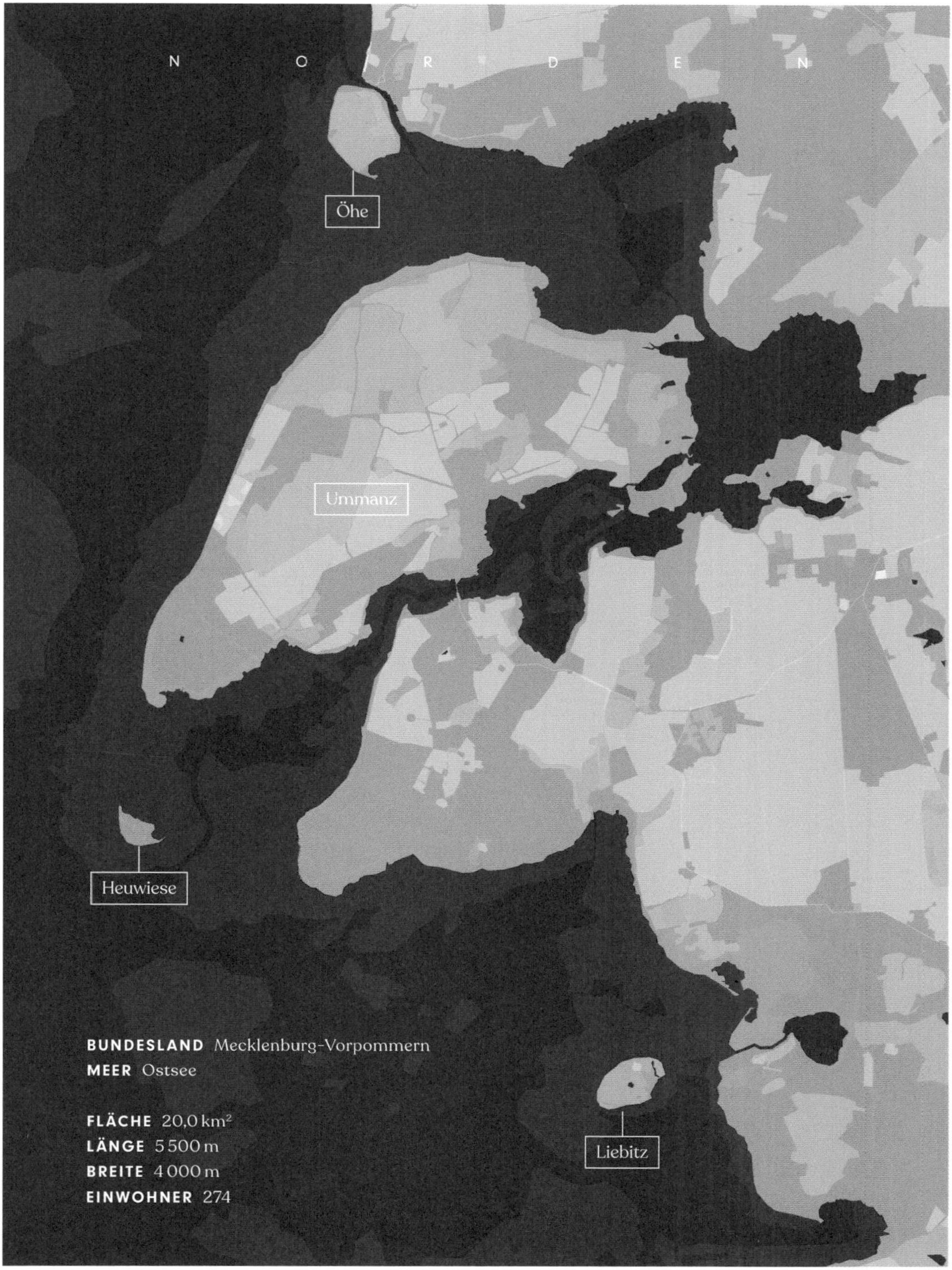

BUNDESLAND Mecklenburg-Vorpommern
MEER Ostsee

FLÄCHE 20,0 km²
LÄNGE 5 500 m
BREITE 4 000 m
EINWOHNER 274

54°28'05.6"N 13°10'04.8"O

Durch die geringe Wassertiefe ideal für Surfer und Kitesurfer

Viele stehen aufs Stehrevier

~

Deutschlands größtes Flachwasser-Surf- und Kitesurf-Paradies befindet sich zwischen Ummanz und Hiddensee, erstreckt sich auf einer Länge von 12 km, ist bis zu 500 m breit und weist fast immer perfekte Windverhältnisse auf. Das flache Wasser an der Ummanz-Westküste und bestens ausgebildete Instruktoren geben hier Groß und Klein die nötige Sicherheit, damit sie bei ihrem Lernfortschritt recht schnell große Sprünge machen. Das Ummali Kite- und Windsurfcenter auf dem Gelände des Ostseecamps Suhrendorf hat als »Kleinstaat« Kultstatus und mit der Ummali Ruoia sogar eine eigene Währung.

Geografie

Ummanz ist mit Rügen durch eine Brücke verbunden und liegt im Nationalpark Vorpommersche Boddenlandschaft der Ostsee. Ummanz ist 20 km^2 groß und mit seiner höchsten Erhebung von nur 6,7 m über NN sehr flach.

Hier werden Pferde nicht nur gezüchtet, sondern auch geritten

Sehenswert

In der kleinen **St. Marien Kirche** in Waase kann man einen wertvollen Klappaltar aus einer Antwerpener Werkstatt besichtigen. Nachdem er in England, dem eigentlichen Bestimmungsland wegen einer Meineidszene Heinrichs II. nicht gewollt war, wurde er an die Nikolaikirche in Stralsund verkauft. Dort galt die Schnitzarbeit im Jahre 1702 als unmodern, und so wechselte das gute Stück für nur 50 Taler in die kleine Backsteinkirche auf Ummanz.

Das Wahrzeichen und meistfotografierte Motiv der Insel ist der Miniatur-**Leuchtturm** an der Brücke über den Focker Strom. Der Turm ist nur ganze 7 m hoch und bleibt, um die Nachtruhe der Wasservögel nicht zu beeinträchtigen, immer abgeschaltet.

Typisch für Ummanz sind die
Plattenwege aus Beton

Weitestgehend platt sind hier auch die Radstrecken

Empfehlenswert

Jedes Jahr im Oktober kommt es auf Ummanz zu einem Ansturm einer ganz besonderen Gästeschar. Abertausende Kraniche machen hier vor ihrem Aufbruch nach Süden Zwischenstation. Besonders gut beobachten lässt sich dieses faszinierende Naturschauspiel abends bei der Vogelbeobachtungsplattform in Tankow.

Wissenswert

Selbst Kleopatra hätte auf Ummanz ihre helle Freude gehabt. Gibt es doch hier mit der Vorzugsmilch der Haflingerstuten einen hochwertigen Rohstoff für exklusive Kosmetikprodukte.

Wandern & Baden

Die etwa 15 km lange Wanderung führt von der Bushaltestelle Tankow zur Aussichtsplattform, quer durch die Insel zur legendären Tiki Bar an der Westküste, entlang des Dünenradwegs zur »Ostsee Kaffeerösterei«, zurück zum Ausgangspunkt.

Der Strand im Sportcamp an der Westküste ist eigentlich eine Liegeweise am Wasser, die von einem Deich samt Radweg durchschnitten wird. Langer Flachwasserbereich.

Für wen sich ein Besuch ganz besonders lohnt

Für Surfer und Kitesurfer.
Für Reitsport- und Pferdefreunde.
Für Radfahrer.

Anreise

Mit dem Auto
Von Stralsund auf der B96 über Rambin und Samtens, in Samtens links abbiegen Richtung Gingst, dort wieder links abbiegen und geradeaus weiter Richtung Ummanz/Waase.

Mit der Bahn
Die nächsten Bahnhöfe sind Bergen auf Rügen für Fernzüge und Samtens für Nahverkehrszüge.

Links

www.ummanz.m-vp.de
www.ruegeninsel-ummanz.de

Stillleben an der Rügenbrücke

Lübzer
Pils

52 Vilm

Zu DDR-Zeiten war die etwa 3 km vor Rügen gelegene Insel Vilm aus allen Landkarten zu entfernen. Aus gutem Grund, denn die ostdeutsche Politprominenz wollte hier unter sich sein. Ab 1959 war die Insel nicht nur nicht existent, sondern auch streng bewacht und mit einem Betretungsverbot belegt. Hatte sich doch die oberste Riege der DDR-Politiker just dieses 2,5 km gestreckte flache und dicht bewaldete Stück Land als Urlaubs-Dorado auserkoren. Unter anderem erholten sich hier die Staatschefs Erich Honecker und Walter Ulbricht mit ihren Familien und der Politentourage.

Du kannst dir ja vorstellen warum!

SED-FUNKTIONÄR ZUM LANDKARTENDRUCKER

BUNDESLAND Mecklenburg-Vorpommern
MEER Ostsee

FLÄCHE 1,0 km²
LÄNGE 2 500 m
BREITE 900 m
EINWOHNER 0

54°19'31.0"N 13°32'09.5"O

Politische Säubergung und Tabuthemen

~

Bevor die DDR-Regierung sie von der Landkarte verschwinden und zum Sperrgebiet erklären ließ, war Vilm als Badeinsel bei der Bevölkerung äußerst beliebt. An manchen Sommertagen frequentierten über 1000 Besucher das Inselchen und hinterließen jede Menge Müll und Fäkalien. Damit die obersten DDR-Politiker samt Familien einziehen konnten, musste die Insel also erst mit viel Aufwand gesäubert werden. In der offiziellen Sprachregelung für die darauf folgende Sperrung wurden den Anrainern Naturschutzgründe genannt.

Immer noch exklusiv, aber politisch korrekt

~

Vom idyllischen Hafen in Lauterbach aus kann die nach dem slawischen Wort »Ilumu« für Ulme benannte Insel heutzutage von März bis Oktober im Rahmen geführter Exkursionen besucht werden. Zweimal täglich bringt Kapitän Kuhfuß maximal 30 Schaulustige pro Tour zum kleinen Inselhafen Vilm und führt sie zu den im Stil einer Fischersiedlung angelegten elf heute noch vorhandenen Häusern. Darin verbrachten hochgestellte DDR-Politiker und Mitarbeiter des Ministerrats ihre Sommerferien. Heute wird die Siedlung mit den renovierten Zentralgebäuden als Außenstelle des Bundesamtes für Naturschutz verwaltet und bietet einen naturschönen Rahmen für Tagungen und Seminare.

Mit Julchen geht's zweimal täglich rüber nach Vilm

Exkursion durch das einstige Bonzenparadies

Geografie

Vilm hat in etwa eine Fläche von 1 km^2, eine höchste Erhebung mit 38 Metern und liegt im Rügischen Bodden, 3 km südöstlich von Lauterbach auf Rügen. Bereits seit 1936 steht die Insel unter Naturschutz, seit 1990 gehört sie zum Biosphärenreservat Südost-Rügen.

Eine Insel wie gemalt ...

Sehenswert

Eindrucksvoller als die wenig reizvollen baulichen Zeugen ostdeutscher Urlaubsidylle präsentieren sich die Naturräume der Insel selbst. Auf dem etwa 3 km langen Rundweg sieht man fast alle Küstenformen der südlichen Ostsee und kann die dynamischen Prozesse von Abtragung und Landbildung erkennen.

Empfehlenswert

Einkehr im Räucherschiff Dicke Bertha im Hafen von Lauterbach. Hier gibt's exzellente fangfrische Räucherfisch-Delikatessen.

Wissenswert

Das zweitälteste Naturschutzgebiet Deutschlands beherbergt einen der letzten Urwälder der Republik. Auch ansonsten ist das 94 ha große Eiland ein Paradies für Pflanzen und Tiere, weshalb die Sperre weiter Teile der Insel durchaus ihre Berechtigung hat. Die urwüchsige Natur hat im Verlauf der vergangenen 200 Jahre auch viele Maler wie Caspar David Friedrich zu berühmten Bildern inspiriert.

Für wen sich ein Besuch ganz besonders lohnt

Für Ostalgiker.
Für Botaniker.
Für Kunstinteressierte.

Anreise

Mit dem Auto
Via A19 oder A20 nach Stralsund und über Rügendamm oder Rügenbrücke Richtung Putbus zum Parkplatz am Hafen Lauterbach.

Mit der Bahn
Aus Richtung Hamburg: Zielbahnhof Lauterbach/Mole, über Rostock – Stralsund – Bergen/Rügen.
Aus Richtung Berlin: Zielbahnhof Lauterbach/Mole, über Stralsund – Bergen/Rügen.

Links

www.ruegenurlaub.de
www.reiseland-ruegen.de
www.vilmexkursion.de

Aus Naturschutzgründen: Baden verboten

53 Vogelinsel

Offiziell heißt sie ja eigentlich »Vogelfreistätte Flachwasser- und Inselzone im Altmühlsee«. Weil das aber doch eine recht sperrige Bezeichnung ist, hat sich das Naturschutzgebiet um den Altmühlzuleiter unter Vogelinsel einen Namen gemacht. Das Naturschutzareal wurde bei der Errichtung des Altmühlsees, eines Stausees mit rundum laufender Dammkrone, in den 1980er Jahren angelegt. Der Bereich um die »Vogelinsel« umfasst mehr als 40 kleine Binneninseln, Sand- und Schlammbänke mit unterschiedlichen Biotopen. Alle Inseln sind unbewohnt. Das größte Naturschutzgebiet des Landkreises Weißenburg – Gunzenhausen weist eine Fläche von 2 km^2 auf.

Vogel- und Naturschutz,
das war die Leitidee.
Komm zur Vogelinsel hin.
Sie liegt bei Muhr am See.

CLAUS CANNES,
ALTMÜHLSEE-SONG

49°08'29.8"N 10°42'31.0"O

Eine bemerkenswerte Artenvielfalt

~

Über 300 verschiedene Vogelarten nutzen die Vogelinsel als Rückzugsgebiet zur Nahrungssuche sowie zu Rast und Mauser. Die meisten Vögel kann man hier während des Vogelzuges beobachten. Inzwischen bleiben aber auch schon viele Vogelarten zur Brut am Altmühlsee.

Ein frei zugänglicher und barrierefreier Lehrpfad erschließt die Kernzone der Vogelinsel und ermöglicht mit Aussichtstürmen und Beobachtungswarten Ausblicke weit ins Schutzgebiet hinein. Gegen Voranmeldung gibt es Gruppenführungen mit fachkundigen Erläuterungen. Dabei erfährt man nicht nur alles über die hier anzutreffenden Vogelarten, sondern auch über die Vielzahl geschützter Pflanzen sowie über die Amphibien, die sich in den Flachwasserzonen tummeln.

Über den Rad- und Wanderweg zur Hirteninsel

~

Am 12,5 km langen Wander- und Radweg rund um den See kommt man an vielen Badestellen, Sandstränden, Verleihstationen, aber auch an der Hirteninsel vorbei. Diese hat eine Fläche von rund 1,4 ha und liegt etwa 40 m vor dem Südufer des Sees. Sie ist durch einen Verbindungsdamm mit dem Rundweg verbunden, sollte aber nicht mit dem Fahrrad befahren werden. Es gibt eine kleine Schutzhütte, eine Liegewiese und eine Naturbadestelle.

Naturfreunde und Fotografen lieben die Vogelinsel

Fahrrad schieben heißt es auf der Hirteninsel

Geografie

Der Stausee befindet sich rund 45 km südwestlich von Nürnberg im Landkreis Weißenburg-Gunzenhausen im bayerischen Mittelfranken. Zusammen mit mehreren großen Seen der Umgebung gehört er zum Fränkischen Seenland. Die Vogelinsel liegt am Nordwestufer des Altmühlsees im Gemeindegebiet Muhr am See. Die Hirteninsel liegt nördlich von Unterwurmbach, einem Ortsteil von Gunzenhausen.

Über einen hölzernen Fußgängersteg gelangt man in die Vogelfreistätte

Sehenswert

In der Umweltstation Altmühlsee wurde die Erlebnisausstellung »Lebensraum Altmühlsee – Faszination Vogelzug« eingerichtet. Hochwertig aufbereitet und interaktiv werden Konzept und Geschichte des Altmühlsees, das Wasserüberleitungsprojekt und das Thema präsentiert.

Empfehlenswert

Einen Aushang mit den gerade aktuellen Vogelbeobachtungen gibt es am LBV-Infohaus. Über ornitho.de kann man sich aber via Internet auch von zu Hause aus schlau machen, welche Vögel momentan am See anzutreffen sind.

Wissenswert

3 bis 5,5 Meter hoch ist der den Altmühlsee völlig umschließende Staudamm. Mit 12,5 km Kronenlänge ist er die längste Stauanlage Deutschlands. Den Kern des Damms bilden 6 bis 8 cm starke Stahlbohlen, die in den Boden gerammt wurden.

Für wen sich ein Besuch ganz besonders lohnt

Für Inseljäger.
Für Ornithologen und Naturliebhaber.
Für Familien.

Anreise

Mit dem Auto
Über die B13 zwischen Ansbach und Gunzenhausen, nach Muhr, etwa in Ortsmitte in die Fichtenstraße einbiegen und nach ca. 500 m den Parkplatz Vogelinsel am LBV-Infohaus benutzen.

Mit der Bahn
Von Gunzenhausen und Treuchtlingen mit Regionalzügen weiter nach Muhr am See.

Links

www.altmuehlsee.de
www.unser-seenland.de
www.altmuehlsee.lbv.de

Unmittelbar an der Vogelinsel herrscht Befahrungsverbot ...

... an der Hirteninsel gibt's diesbezüglich aber keine Einschränkungen

54

Volksbank-insel / Riedlingen

Was die Narrenzunft Gole seit 1829 jeden Fastnachtsdienstag ihren männlichen Mitgliedern zum Frühstück serviert, ist sicher nicht jedermanns Sache. Aber Tradition ist halt Tradition, und die wird in Riedlingen großgeschrieben. Gott sei Dank, muss man zumindest aus städtebaulicher Sicht dazu sagen, hat sich doch im reizvollen Donaustädtchen nicht zuletzt durch dieses Traditionsbewusstsein eine überaus sehenswerte Altstadt erhalten. Eine, auf deren historischen Dächern und Kaminen nach wie vor gerne Störche nisten. Auf dem Giebel des spätgotischen Rathauses sogar seit Menschengedenken ohne Unterbrechung. Die Leibspeise von Meister Adebar sind nun einmal Frösche, denen wiederum das »Narren-Frühstück« seine humorige Bezeichnung verdankt.

Man nehme: Rinderpansen, Rinderherz, Rinderleber und Rindernieren, etwas Mehl, Gewürze und Wein und lasse das auf kleiner Flamme gemeinsam lang genug köcheln.

REZEPT FÜR RIEDLINGER FROSCHKUTTELN

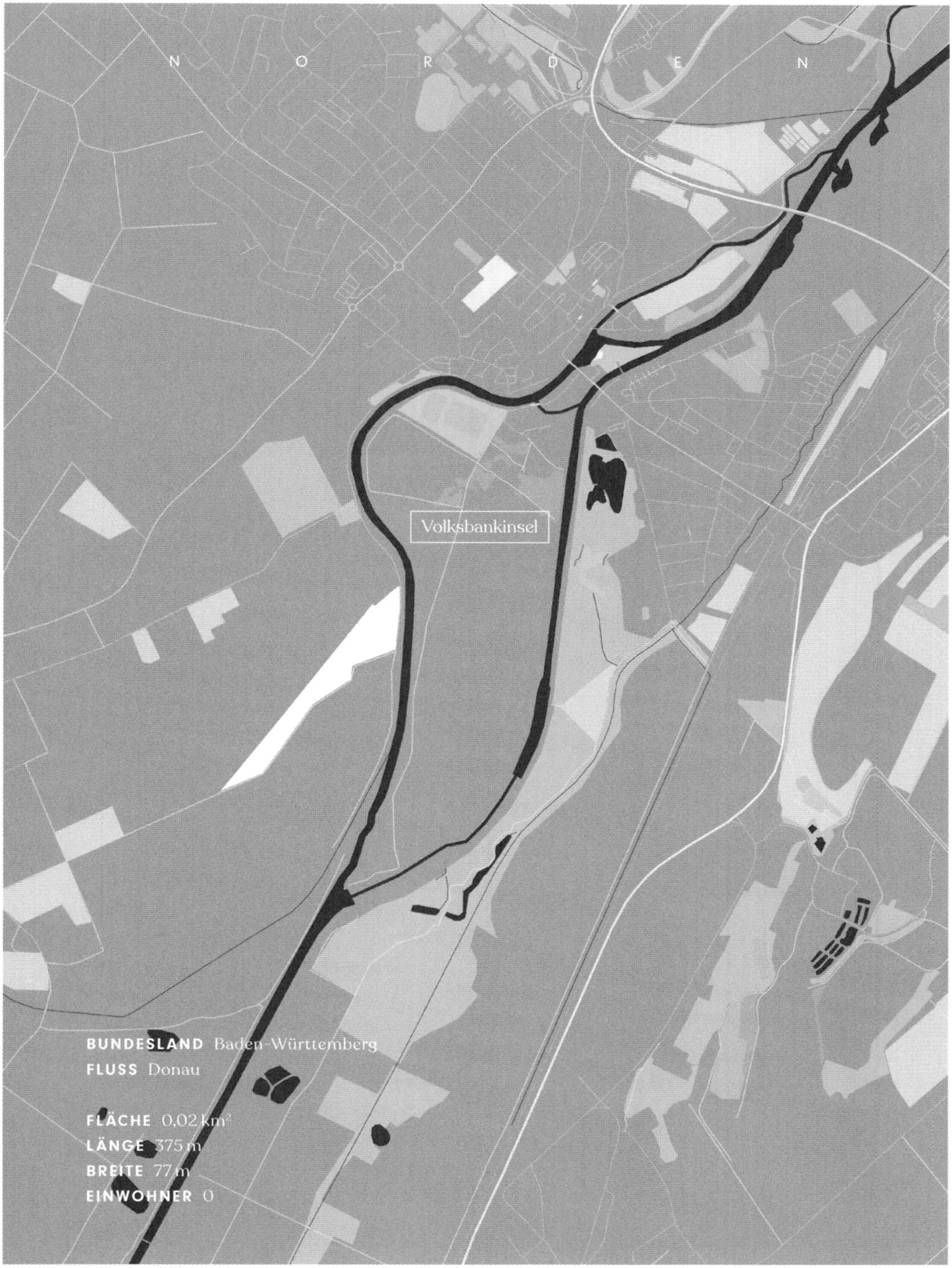

48°08'53.8"N 9°28'21.8"O

Die Altstadtkulisse ist beeindruckend

Insel mit Aussicht

~

Von der Riedlinger Donauinsel, von den Einheimischen zumeist Volksbankinsel genannt, hat man einen wunderschönen Ausblick auf die komplett unter Denkmalschutz stehende Altstadt. Eingebettet zwischen Neu- und Altstadt sowie der jungen Donau und dem Bery'schen Kanal liegt die Insel nahe einer Donaubrücke. Knapp vor der Brücke befindet sich ein Wehr. Baden ist nur unterhalb der Wehranlage erlaubt, das Springen von der Brücke lebensgefährlich und streng verboten. Die Donauufer direkt am Wasser sind kieselig, etwas weiter dahinter befinden sich ein aufgeschütteter Sandstrand und eine Liegewiese mit schattenspendenden Bäumen. Auf der Insel legen immer wieder Kanus an, weil sich hier eine Umtragestelle befindet und der Kanal nicht befahren werden darf.

Geografie

Riedlingen gehört zum Landkreis Biberach, liegt im hier breiten Donautal am Fuße der Schwäbischen Alb und in Sichtweite des Bussen, des »Heiligen Berges Oberschwabens«. Die Stadt gilt als eine der schönsten Donaustädte, hat um die 10 000 Einwohner. Riedlingens verkehrsgünstige Lage förderte im 18. Jahrhundert das Aufkommen großer Wochen-, Vieh- und Jahrmärkte.

Sehenswert

In der Altstadt mit dem **historischen Marktplatz**, den altehrwürdigen Bürgerhäusern und dem Wahrzeichen Riedlingens, der **Pfarrkirche St. Georg**, fühlt man sich in frühere Jahrhunderte zurückversetzt. Aus dem Jahr 1556 stammt das bestens erhaltene Bürgerhaus **Schöne Stiege**, in dem sich das Stadtmuseum befindet.

Der aus der Renaissance stammende **Hängegarten** nahe des Schlossbergs im Stadtteil Neufra beeindruckt mit seinen bis zu 9 m hohen Gewölben.

Empfehlenswert

Am 3. Samstag im Mai wird in der Riedlinger Altstadt jedes Jahr ein Flohmarkt abgehalten, der zu den größten seiner Art in Süddeutschland zählt.

Wissenswert

Riedlingen liegt direkt am Donau-Radweg, und auch die nahegelegene Schwäbische Alb ist mit Rad- und Wanderwegen bestens erschlossen.

Für wen sich ein Besuch ganz besonders lohnt

Für Inseljäger.
Für Kanu- und Kajakfahrer.
Für Familien mit Kleinkindern.
Für städtebaulich Interessierte.

Anreise

Mit dem Auto
Über die A7 Ulm-Memmingen, Ausfahrt Berkheim und die B312 bis Riedlingen, Parken in der Neustadt in Nähe der Donaubrücke.

Mit der Bahn
Zielbahnhof Riedlingen.

Links

www.riedlingen.de
www.oberschwaben-tourismus.de

Kleiner Skulpturenpark in der Inselmitte

55
Weininsel

Aus welchem Grund auch immer, Tatsache ist, dass sich der Main in seiner Schleife einen 12 km langen Umweg leistet, den Menschenhand mittels Durchstich verkürzt hat. So entstanden zwischen Volkach und Gerlachshausen der 6 km lange Mainkanal und – dadurch von zwei Main-Armen umflossen – die Weininsel.

Auf die Insel und in die Winzerorte Sommerach, Nordheim sowie den Volkacher Ortsteil Hallburg kann man über drei Straßenbrücken oder mit der zwischen Nordheim und Eschendorf verkehrenden Fähre gelangen.

Der Main macht an dieser Stelle die Schleife, weil es ihm hier so gut gefallen hat, dass er gar nicht weiterfließen wollte.

WERBESPRUCH DES FRANKENTOURISMUS

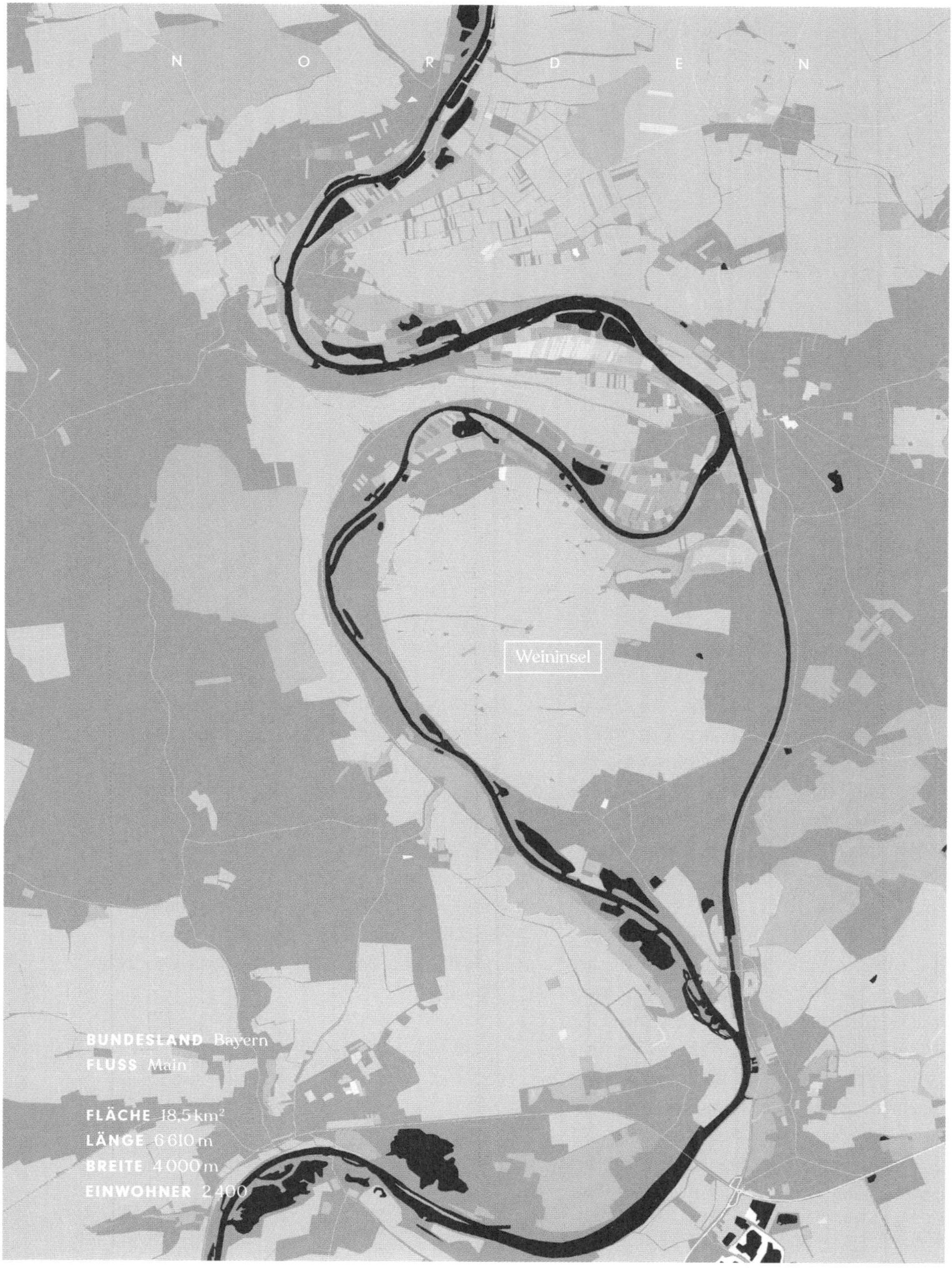

49°50'34.6"N 10°11'51.7"O

Ausblick auf Saaleschleife und Weininsel

Von der Traube in die Tonne

~

Wie bei dieser Namensgebung nicht anders zu erwarten, ist die Landschaft der Insel vom Weinbau geprägt. Mit 750 ha Rebfläche sind das die größten zusammenhängenden Weinberge des Frankenlandes und rund 12 Prozent des gesamten fränkischen Weinbaugebiets. Mit allein 450 ha gilt Nordheim überhaupt als größte Weinbaugemeinde Frankens.

Bei aller räumlichen Opulenz hat die hiesige Weinwirtschaft eine sehr kleinteilige Struktur, so teilen sich etwa 120 Winzer die in Sommerach zur Verfügung stehenden 250 ha. Dass dies kein Wettbewerbsnachteil sein muss, beweisen viele internationale Auszeichnungen und Prämierungen. Konkurrenz belebt ja bekanntlich das Geschäft ...

Besonders geschätzt unter Weinfreunden sind die Einzellagen Nordheimer Kreuzberg, Nordheimer Vögelein, Sommeracher Katzenkopf, Rosenberg, Engelsberg und Hallburger Schlossberg. In den Weingärten dominieren die fränkischen Rebsorten Silvaner und Müller-Thurgau.

Die Weininsel ist aber auch ein guter Boden für alte Obstsorten, die daraus destillierten Brände sind von allerhöchster Qualität.

Sehenswert

Der Fachwerkort Sommerach gilt als einer der schönsten Orte Frankens. Um die Verkehrsbelastung in den teils engen Gassen gering zu halten, befinden sich die Parkplätze außerhalb des Ortskerns.

Geografie

Die Weininsel liegt südwestlich von Volkach zwischen Mainschleife und Mainkanal. Auf ihr befinden sich die Orte Sommerach, Nordheim am Main und der Volkacher Ortsteil Hallburg. Der unbewohnte Inselsüden gehört zur Gemeinde Schwarzach am Main. Mit 287 m ist der komplett mit Weingärten bedeckte Kreuzberg die höchste Erhebung der Insel.

Empfehlenswert

Von Mai bis Oktober gibt es auf der Weininsel jede Menge Weinfeste, Weinverkostungen und Führungen durch die Weingärten. Ein Blick in die Veranstaltungskalender der einzelnen Winzerorte lohnt sich auf jeden Fall.

Wissenswert

Oberhalb der originellen Seilfähre in Nordheim befindet sich eine kleine Naturbadestelle mit Sandstrand und einigen Strandkörben.

Der kleine Badestrand an der Nordheimer Fähre

Wandern & Baden

Die ca. 14 km lange Inselumrundung führt ab Sommerach durch die Weinberge nach Nordheim, mit der Fähre über den Main und bergauf zur Vogelsburg, über den Quittenlehrpfad nach Astheim und Volkach. Am Main entlang durch das Naturschutzgebiet zurück nach Sommerach.

An der Fähre in Nordheim gibt es einen Naturbadeplatz mit Sandstrand und Strandkörben.

Für wen sich ein Besuch ganz besonders lohnt

Für Liebhaber fränkischer Weine.
Für Feinschmecker und Gourmets.
Für Camper – schöne Plätze direkt am Main in Nordheim und Sommerach.

Anreise

Mit dem Auto
Auf A3, Ausfahrt Kitzingen/Schwarzach, über B22 und St2271 nach Sommerach, Parkplatz Schwarzacher Tor.

Mit der Bahn
Die nächstgelegenen Bahnhöfe befinden sich in Kitzingen oder Volkach, von dort mit Linienbus 8110 nach Sommerach.

Links

www.sommerach.de
www.volkach.de
www.nordheim-main.de

Ein geselliges Vergnügen –
Floßfahrt auf dem Main

56
Werder

Anders als im Song von Carolina wird auf der Insel Werder im Gudelacksee kein Hohelied auf ein ballermännliches, sondern eines auf ein naturnahes Inselerlebnis angestimmt. In diesem Kontext schon fast ironisierend, nennt sich die Initiative, die der Berliner Unternehmer Stefan Schacht im Jahre 2008 gestartet hat, »Inselkind« . Das Motiv dafür war, die ursprüngliche Freude kleiner und großer Kinder am Umgang mit der Natur zu wecken, zu fördern und nachhaltig zu bewahren. Ganz bewusst wird damit auch ein gewisser Aufbruch raus aus der Komfortzone verbunden. Dass man trotzdem, oder gerade deshalb, gemeinschaftlich gut drauf sein kann, ist eine Erfahrung, die man gerne von der Insel mitnimmt.

Ich bin ein Inselkind,
ich mach die Augen auf,
ich seh dich neben mir
und ich bin gut drauf.

CAROLINA,
INSELKIND

52°58'29.5"N 12°57'13.6"O

Weniger ist mehr

Ob Einzelreisende oder Gruppen – auf dem Werder wird bewusst einfach und naturverbunden mit geringem Komfort gelebt. An sanitären Einrichtungen stehen zwei Komposttoiletten zur Verfügung, für die Hygiene ein Waschplatz oder der See. Gekocht wird gemeinsam am Holzfeuer und fast zur Gänze mit Lebensmitteln der Insellandwirtschaft. Gewohnt wird vorwiegend draußen, geschlafen in imprägnierten Baumwollzelten.

Wer will, der kann ...

... an gemeinsamen Projekten teilnehmen wie z. B. Floß oder Baumhaus bauen, Brot backen, Apfelsaft pressen und Weiden flechten. Oder man genießt ganz einfach das Strandleben, schwingt sich auf eins der Reitpferde, besteigt ein Kanu, fischt in den Inselteichen. Wie auch immer man den Inseltag nutzt, so viel ist sicher – es wird abends am gemeinsamen Lagerfeuer viel zu erzählen geben.

Jede Menge Outdoor-Aktivitäten für Groß und Klein

Geografie

Mit einer Größe von rund 45 ha ist die im Gudelacksee bei Lindow gelegene Insel Werder eine der größten Binneninseln Brandenburgs. Zwei Inselseen zeugen vom Tonabbau, der hier bis zum Zweiten Weltkrieg erfolgte. Damals gab es auch eine große Ziegelei auf der Insel. Heute befinden sich 42 ha der Inselfläche im Privatbesitz (Initiative Inselkind), 3 ha sind im Eigentum der Stadt Lindow und als Rastplatz für Wasserwanderer ausgewiesen.

Der größte Teil der Insel Werder ist in Privatbesitz

Sehenswert

Das **Kloster Lindow** wurde um 1230 gegründet und galt um 1524 herum als eines der reichsten Klöster der Mark Brandenburg. Im Dreißigjährigen Krieg wurde es durch die kaiserlichen Truppen zerstört. Das Gebäude der Klosterschule und das Waschhaus aus dem 15. Jahrhundert sind jedoch bis heute gut erhalten. Das ganze Ensemble ist von einem Park umgeben, in dem sich der Klosterfriedhof mit historischen Grabsteinen befindet. Im Sommer wird die Klosteranlage häufig für kulturelle Veranstaltungen genutzt.

Empfehlenswert

Da immer mehr Zeitgenossen und Gruppen die Lust am einfachen Inselleben für sich entdeckt haben oder entdecken wollen, die Insel aber nur über eine beschränkte Aufnahmekapazität verfügt, empfiehlt sich – speziell während der Sommermonate – eine frühzeitige Anfrage bzw. Reservierung.

Wissenswert

Das Einzige, was man neben Neugierde, Naturverbundenheit, Toleranz auf die Insel mitbringen sollte, ist ein Schlafsack. Zelt, Isomatte, Geschirr, Besteck, Feuerstelle und -holz werden beigestellt.

Wandern & Baden

Der allergrößte Teil der Insel bleibt Besuchern und Gästen der Initiative Inselkind vorbehalten.
Der Wasserwanderrastplatz der Stadt Lindow ist jedoch öffentlich zugänglich und dort kann auch gebadet werden.

Für wen sich ein Besuch ganz besonders lohnt

Für abenteuerlustige Familien.
Für Gruppen z. B. zum Teambuilding.
Für Menschen, die es naturnah und alternativ mögen.

Die Insel bietet beste Voraussetzungen für Bade- und Angelfreuden

Anreise

Mit dem Auto
Über die A24 Berlin-Hamburg. Aus Richtung Hamburg Ausfahrt Neuruppin, B167 Richtung Löwenberg bis zum Abzweig Lindow. Aus Richtung Berlin Ausfahrt Oberkrämer oder Kremmen durch Herzberg bis Lindow. Parken am Yachthafen.

Mit der Bahn
Während der Sommermonate wird Lindow (Mark) mehrmals täglich aus den Richtungen Berlin und Rheinsberg angefahren. Mit Bus oder Taxi zum Yachthafen Lindow.

Überfahrt
Montag bis Donnerstag ist die Überfahrt am Yachthafen individuell zu buchen (Fa. Jetbay), Freitag ab 18.00 Transfer zur Insel, Sonntag um 10.00 oder 18.00 Rücktransfer.

Links

www.inselkind.de
www.jetbay.de
www.lindow-mark.de

57 Wilhelmsburg

Lange Zeit galt Wilhelmsburg als das »Glasscherbenviertel« von Hamburg. Als eine Insel der Unseligen, der Abgehängten. Dönerbuden, Industrieruinen, Vielvölkergemisch, Arbeitslosigkeit und Kriminalität – das war's, was vielen Hamburgern zu denen da »drüber der Elbe« einfiel. Doch Wilhelmsburg hat sich gemausert. Die Hansestadt hat viel in den Stadtteil mit der jüngsten Bevölkerung investiert, und die Saat scheint aufzugehen. Vor allem junge Familien zieht es, nicht zuletzt wegen der relativ günstigen Mietpreise, hierher. Zumindest bis die Kinder schulpflichtig werden. Dann ziehen, zum Leidwesen der Stadtverantwortlichen, auch viele wieder weg. Durch neue Initiativen und Förderprogramme will man jetzt versuchen, dem Motto »Gekommen, um zu bleiben« gerecht zu werden.

I'm driving back,
I'm going home to
Wilhelmsburg
so leave the kettle on
and meet me
at the front door, love
cause I'm heading home
I'm going deep down inside
I've had enough of the
global travelers.

DIRK DARMSTAEDTER,
WILHELMSBURG SONG

53°29'56.6"N 10°00'55.0"O

Eine Insel so bunt wie groß

~

Als sich vor etwa 12000 Jahren die holsteinischen Gletscher zurückzogen und abschmolzen, hinterließen sie südlich und nördlich des heutigen Hamburger Stadtgebiets riesige Wasserflächen mit einer Vielzahl von Inseln. Ab dem 14. Jahrhundert siedelten Menschen auf diesen Inseln, indem sie dort Hügel aufschütteten und Deiche errichteten, um sich vor Hochwassern zu schützen. Georg Wilhelm von Braunschweig-Lüneburg-Celle erwarb drei dieser großen Elbinseln, ließ sie durch Deiche zu einer verbinden, die ihm zu Ehren Wilhelmsburg genannt wurde.

Heute ist Wilhemsburg die größte deutsche Binneninsel und Wohnstätte von etwa 60 000 Menschen. Nach der katastrophalen Sturmflut von 1962, als 300 Bewohner den Tod fanden, verließen viele Wilhelmsburger ihre Insel und viele Migranten zogen zu.

Ein ungewöhnlicher Anblick: Deichschafe mitten in der Großstadt

Im Rahmen der Internationalen Bauausstellung 2006 – 2013 und der Internationalen Gartenschau 2013 wurden nicht nur das Image von Wilhelmsburg verbessert, sondern auch Infrastruktur und Lebensqualität.

Die Buntheit der Insel wird nicht nur von der Vielfalt ihrer Ethnien geprägt, sondern auch durch die ihrer Lebensräume. Im Norden und Westen dominieren Hafenanlagen und Industriebetriebe, im Stadtteil Veddel Arbeitersiedlungen, im Reiherstiegviertel Altbauten, in Kirchdorf und Georgswerder hingegen Bauernhöfe und Einfamilienhäuser.

Durchsetzt ist dieser bunte Mix mit Grünflächen, Promenaden, Künstlervierteln, Szenelokalen und Naturschutzgebieten. Hier mischen sich das Blöken der Deichschafe mit Hiphop-Sound, Shisha-Duft mit Raffineriegestank, pulsierendes Leben mit unberührter Auenlandschaft.

Das Wälderhaus – ein Exzellenzprojekt der Internationalen Bauausstellung

Geografie

Wilhelmsburg, der flächenmäßig größte Stadtteil Hamburgs, liegt im Stromspaltungsgebiet zwischen Norder- und Süderelbe auf einer Fläche von 50 km². Neben der etwa 25 km² großen Hauptinsel, die aus Eindeichung mehrerer kleinerer Inseln entstand, gehören zu Wilhelmsburg noch die Insel Hohe Schaar und ein Teil der Insel Neuhof.

Sehenswert

Die Windmühle Johanna steht auf einem Deich der Dove Elbe und gilt als eines der Wahrzeichen der Insel. Ganz in der Nähe befindet sich auch das Museum Elbinsel Wilhelmsburg.
Der Energiebunker war eines der spektakulärsten Projekte der Internationalen Bauausstellung. Er versorgt mehr als 3000 Haushalte mit umweltfreundlicher Energie und kann im Rahmen von Führungen besichtigt werden. Auf seiner Terrasse befindet sich ein Café, von dem aus man einen tollen Blick auf die Hafenanlagen und die Hamburger Skyline hat. Gegen Voranmeldungen bietet die Firma Sleepero hier auch exklusive Übernachtungsmöglichkeiten in luftiger Höhe an.

Empfehlenswert

Hamburgs größter Stadtteil lässt sich recht gut über die legendäre Buslinie »Wilde Dreizehn« erkunden. Sie pendelt zwischen den S-Bahnstationen Veddel und Wilhelmsburg und führt an interessanten Orten vorbei, wie dem Stübenplatz, auf dem regelmäßig ein Markt stattfindet, am Energiebunker und am Inselpark.

Wissenswert

Einer der letzten Tidenauwälder Europas befindet sich im Naturschutzgebiet Heuckenlock am Südufer der Insel, ungefähr 1 km flussab der Bunthäuser Spitze, an der sich Norder- und Süderelbe teilen.

Hotspot für Kletterfreunde: die Nordwandhalle

Wandern & Baden

Auch wenn nur ein Teil für die Allgemeinheit begehbar ist, bei der kurzen Wanderung durch das Naturschutzgebiet Heuckenlock im Süden Hamburgs erlebt man urwüchsige Natur in unmittelbarer Stadtnähe. Ab dem Parkplatz am Deich dem ausgewiesenen Pfad ins Dickicht folgen. Unter 50 m hohen alten Ulmen Richtung Westen zu einem toten Arm der Elbe, den man auf einem Metallsteg überquert. Danach kommt man wieder auf den Elbdeich und spaziert auf diesem zurück zum Ausgangspunkt. Insgesamt eine kurze (ca. 2,5 km) familienfreundliche Wanderung, bei der man mit Glück seltene Vogelarten beobachten, sicher aber interessante Einblicke in einen faszinierenden Tidenauwald gewinnen kann.

Der beliebteste Badespot Wilhelmburgs bietet einen kleinen Sandstrand, schattenspendende Bäume und erfrischendes Elbwasser. Er liegt am Finkenrieker Hauptdeich, am Ufer der Süderelbe.

Für wen sich ein Besuch ganz besonders lohnt

Für Inseljäger.
Für Städtebau- und Architekturinteressierte.
Für Kletterfreaks – die Nordwandhalle im Inselpark ist eine der größten Kletteranlagen in Norddeutschland.
Für Kanusportler.

Anreise

Mit dem Auto
Über die A1, Abfahrt Wilhelmsburg.

Mit der Bahn
Zielbahnhof Hamburg Hauptbahnhof. Eine Schnellbuslinie verkehrt direkt zwischen Hamburger Innenstadt und Wilhelmsburg. Oder mit der S-Bahn zu den Stationen Wilhelmsburg bzw. Veddel.

Links

www.hamburg.de/wilhelmsburg/
www.nordwandhalle.de

Das letzte in Betrieb befindliche hölzerne Schleusentor Deutschlands

Windmühle Johanna – eines der Wahrzeichen der Insel

58 Wilhelm-stein

Obwohl das Steinhuder Meer, wie inzwischen wohl allseits bekannt, nicht aus lauter Champagner besteht, zieht es nach wie vor jährlich etwa 80 000 Tagesgäste zur kleinen Festungsinsel. Sie kommen mit sogenannten Auswandererbooten, mit Fahrgastschiffen oder mit eigenen Schiffen, die gegen Gebühr an der Insel anlegen dürfen.

Auf Geheiß von Graf Wilhelm zu Schaumburg-Lippe wurden Insel und Festung zwischen 1761 und 1767 errichtet. Fünf Jahre lang schaffte die Bevölkerung jeden Werktag – im Sommer per Boot, im Winter per Schlitten – 30 m^3 Schüttmaterial heran. Ab 1765 entstand auf der im Vergleich zu heute noch wesentlich kleineren Insel eine sternförmige Schanze mit vier Bastionen und einer Zitadelle. Der zentralen Insel vorgelagert wurden auf 16 Nebeninseln sogenannte Außenwerke errichtet. Da diese auf rasch verrottenden Holzpfählen und -plattformen gegründet waren, wurden 1810 die Zwischenräume verfüllt und alles zu einer Insel verschmolzen. So erhielt die ursprünglich sternschanzenförmige Anlage ihre heutige quadratische Form.

Wenn das Steinhuder Meer
lauter Champagner wär,
möcht ich ein Fischlein sein,
schwimmen zum Wilhelmstein.

MÄNNERGESANGSVEREIN VON POGGENHAGEN

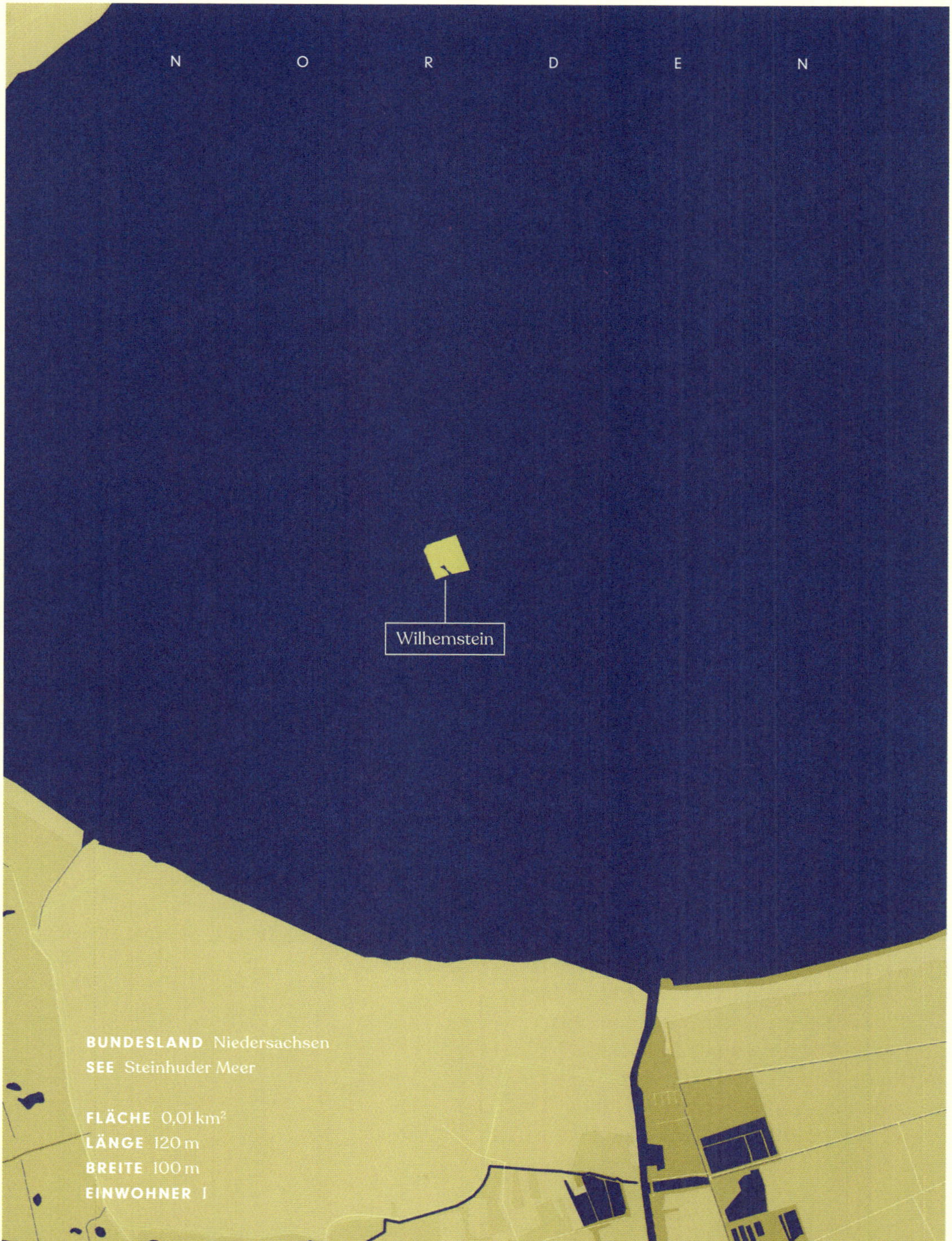

52°27'38.2"N 9°18'27.3"O

Das gräfliche Alcatraz

~

1777 verstarb Graf Wilhelm, 1787 wurde auch die von ihm gegründete Kriegsschule verlegt und die Festungsinsel einer neuen Nutzung zugeführt: Sie wurde zum Staatsgefängnis der Grafschaft Schaumburg-Lippe. Wegen ihrer Lage mitten im Wasser galt sie bis zu ihrer Schließung 1867 als weitestgehend ausbruchssicher. Nach der Stilllegung des Gefängnisses gab es vom Haus Schaumburg-Lippe verstärkte Bemühungen, die Insel für Besucher interessant zu machen; dies erwies sich durch die vielen Gäste in den umliegenden Kurorten bald als gewinnbringend.

Mit der Inbetriebnahme der Steinhuder Meer-Bahn konnten die Besucherzahlen weiter gesteigert werden, was auch den ansässigen Fischern, die mit ihren Auswandererbooten Schaulustige zur Insel transportierten, zusätzliche Einnahmen bescherte.

Mit den Auswanderern geht's zur Inselfestung

Geografie

Die etwa 1,25 ha große künstliche Insel liegt nahe Hagenburg im Steinhuder Meer und ist per Bootstransfers von Steinhude oder Mardorf erreichbar. Neben der Festungsanlage befinden sich noch ein kleines Inselhaus mit einer Ausstellung über den Naturpark Steinhuder Meer, ein Café, ein Souvenirladen, Seminarräume sowie Hotelzimmer auf der Insel. Im ehemaligen Offiziersraum finden Trauungen statt.

Sehenswert

Die Festung ist heute ein kostenpflichtiges Museum, in dem Waffen, Karten und Alltagsgegenstände ausgestellt und historische Wohnräume und Kerkerzellen nachgebildet werden. Außerdem sind hier die Konstruktionszeichnungen des ersten deutschen U-Bootes, des Steinhuder Hechts, zu sehen.

Empfehlenswert

Zwei hübsch eingerichtete Gästehäuser (Inselhus) laden zu unvergesslichen Inselübernachtungen.

Wissenswert

Der »Auswanderer« ist ein Bootstyp, den es so nur auf dem Steinhuder Meer gibt. Die Bezeichnung rührt daher, dass in der Frühzeit des Tourismus die Boote vom schaumburg-lippischen Steinhude ins Preußisch-Hannoversche »Ausland« fuhren, also auswanderten.

Für wen sich ein Besuch ganz besonders lohnt

Für Burgenliebhaber.
Für militärhistorisch Interessierte.
Für Inselromantiker.

Anreise

Mit dem Auto
Ab A2 Hannover-Bielefeld über Ausfahrten Wunstorf/Luthe oder Wunstorf/Kolenfeld via B441 und B442 zum Parkplatz an der Schifffahrtsstation Steinhude.

Mit der Bahn
Ab Hauptbahnhof Hannover mit S-Bahn, Regional-Express oder Westfalenbahn bis Bahnhof Wunstorf und den Buslinien 710, 711, 715, 635 bis Steinhude.

Überfahrt
Mit modernen Motorschiffen im Linienbetrieb oder mit Auswanderern ab 10 Fahrgästen.

Links

www.steinhuder-meer.de
www.steinhuder-personenschifffahrt.de
www.inselhus-wilhelmstein.de

Heute finden in den Offiziersräumen Trauungen statt

59

Windorfer Donauinsel

Doch nur nicht gar so hastig,
dös ist ja gar koa Bär,
da drobn aufm ersten Aste da
saß, ob glaubt es mir:
ein frommer Kapuziner und
betet sein Brevier,
im warmen Sonnenschimmer
nascht Kirschen er dahier.
So endet der Feldzug gar
jämmerlich und still.
Sie schlichen sich nach Hause
und redeten nicht viel.
Doch das besorgte reichlich
die böse Nachbarschaft.
Man nennt sie Bärenfänger
rundumadum im ganzen
Land.

PFARRER KASPER UNVERDORBEN,
MORITAT VOM WINDSURFER
BÄRENFANG

Ehe die Windorfer zu Touristenfängern wurden, haben sie sich als vermeintliche Bärenfänger einen Namen gemacht. Doch im Nachhinein entpuppte sich der Bär, den ein junger Mann im Wald gesehen haben wollte und der den ganzen Markt zu den Waffen greifen und ausrücken ließ, als Kapuzinermönch. Damals zogen die Windorfer beschämt ab und wurden von den benachbarten Dörfern noch lange ob ihrer Heldentaten gehänselt. Heute gibt es ein Denkmal, das an diesen denkwürdigen Jagdausflug erinnert, und die Einheimischen nehmen die ganze Geschichte inzwischen mit Humor.

Selbst wenn es in den Auwäldern tatsächlich keine Bären (mehr) gibt, so sind sie doch für allerlei Getier, was da kreucht und fleucht, ein wichtiges Rückzugsgebiet. Ob Kammmolch, Gelbbauch-Unke, Äskulapnatter oder Schwarzstorch – sie alle finden in den Landschafts- und Naturschutzgebieten entlang der Donau beste Lebensbedingungen vor.

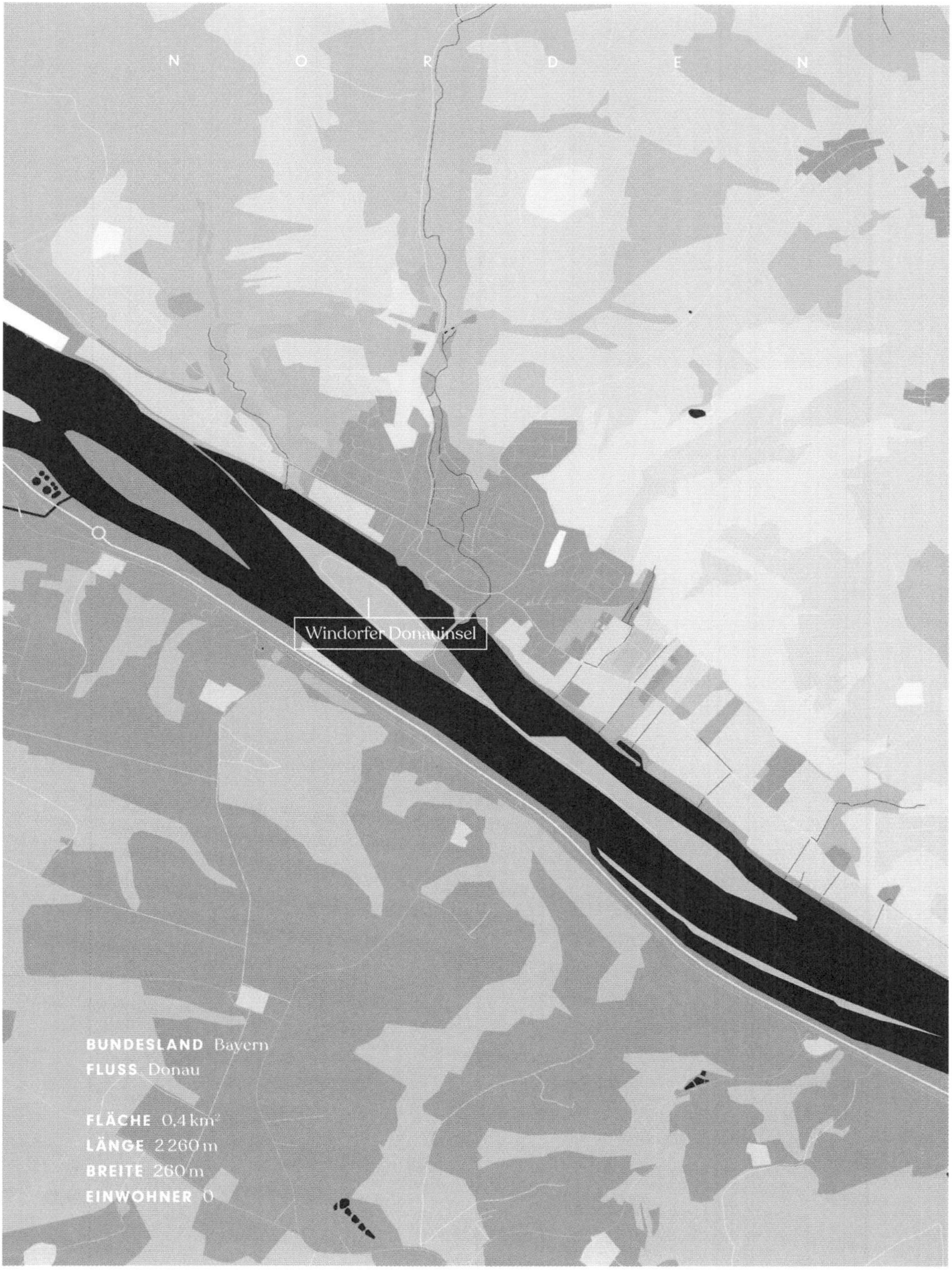

48°37'07.4"N 13°13'36.5"O

Ein Steindamm verbindet die Donauinsel mit dem Ort

Das Altwasser – ein Anglerparadies

~

Im Altwasser zwischen dem Ort Windorf und der Insel wurden schon kapitale Fänge getätigt. Prachtexemplare an Aalen, Zandern und Huchen lassen Anglerherzen höher schlagen.

Auf der längsten Donauinsel zwischen Ulm und Wien bieten zwei beschilderte Rundwege faszinierende Ein- und Ausblicke auf die unterschiedlichen Wasserflächen von Altwasser, Donau und den Tümpeln auf der Insel selbst. Über einen aufgeschütteten Damm, der das Altwasser durchschneidet, gelangt man auf die flache Insel, die sich mit ihrem schattenspendenden Altbaumbestand selbst im Hochsommer perfekt als Lauf-, Wander-, Nordic-Walking- und Rad-Parcours eignet. Für gute Schwimmer bieten einige Kiesstrände an der Donau schöne Bademöglichkeiten.

»Schoppen« hat in Windorf weder was mit einem feucht-fröhlichen Trinkgelage zu tun, noch mit ausgedehnten Einkaufsbummeln. Vielmehr beschreibt es das in Windorf traditionell bedeutende Schiffsbauhandwerk. Ein kleines Museum zur »Windorfer Schopperei« befindet sich in den Räumlichkeiten der Touristeninformation in der Ortsmitte.

Der Anlegesteg für Ausflugsfahrten auf der Donau

Der Bär, der keiner war

Empfehlenswert

Am Donauufer der Insel befindet sich eine Schiffsanlegestelle. Von hier aus lassen sich schöne Ausflugsfahrten z. B. in die Drei-Flüsse-Stadt Passau unternehmen. Ein ganz besonderes Spektakel spielt sich an jedem 2. Juli-Wochenende im nahegelegenen Vilshofen ab. Die Veranstaltung Donau in Flammen lässt sich am besten vom Schiff aus bestaunen – allerdings ist dafür unbedingt eine frühzeitige Buchung (Link s.u.) ratsam.

Geografie

Der staatlich anerkannte Erholungsort Windorf liegt in der Region Donau-Wald am linken Donauufer, 4 km flussabwärts von Vilshofen an der Donau und 20 km nordwestlich von Passau.

Sehenswert

Auf der höchsten Erhebung des Vorwaldes, dem Ebersberg, befindet sich ein 27 m hoher hölzerner **Aussichtsturm**, von dem man einen herrlichen Rundumblick ins Donautal, den Bayerischen Wald, den Böhmerwald bis hin zu den Alpen genießen kann.

In der **Pfarrkirche St. Michael** in Otterskirchen steht ein im Jahre 1712 entstandener Hochaltar, der wegen seiner ausgeprägten Ornamente als der schönste Akanthusaltar Niederbayerns gilt.

Wissenswert

Speziell in strengen, schneereichen Wintern hat ein Besuch der Donauinsel bzw. von Windorf seinen ganz besonderen Reiz. Ob zum Winterwandern auf der Insel, zum Schlittschuhlaufen oder Eisstockschießen auf dem Altwasser oder zum Schneeschuhwandern und Skifahren auf dem nahen ca. 560 m hohen Ebersberg, auf dem es sogar einen Skilift gibt.

Abendstimmung am Altwasser

Wandern & Baden

Auf der Insel gibt es zwei ausgeschilderte **Rundwege**, einen kürzeren und einen längeren.

Eingeschränkte **Bademöglichkeiten** gibt es in der Inselmitte am Rande einer Kiesgrube. Hier ist der Zugang zum Wasser frei und die flache Uferzone auch für Kinder geeignet. Wer weiter rausschwimmt, sollte auf Schiffsverkehr und Strömung achten.

Für wen sich ein Besuch ganz besonders lohnt

Für Radfahrer.
Für Angler.
Für »Donauschiffer«.
Für am Schiffsbau Interessierte.

Anreise

Mit dem Auto
Über die A3 Passau-Deggendorf, Ausfahrt Aicha vorm Wald.

Mit der Bahn
Zielbahnhof Vilshofen, ab da mit dem Taxi nach Windorf.

Links

www.markt-windorf-cms.de
www.donauschifffahrt.eu

Blick von der Insel in den Ort Windorf

60 Wörth

Von Wut entbrannt über diesen schändlichen Bruch ehelicher Treue ließ er auf der Insel Wörth, die mitten im Schliersee gegenüber der Burg liegt, einen Turm erbauen und den Buhlen nebst der untreuen Gattin dorten hineinwerfen und bei lebendigem Leibe gar jämmerlich verhungern …

SAGE VON DER HUNGERINSEL

An Stelle des Hungerturms steht ein Aussichtsturm. Leitthema der Insel ist nicht Ehebruch, sondern Eheschließung. Die Insel wird nicht mehr Hunger-, sondern Hochzeitsinsel gerufen. Es hat sich einiges getan, seitdem der gehörnte Kreuzritter auf der Schlierseeinsel Wörth seine Rache exekutierte. Die Münchner Schickeria, die auf dem kleinen Eiland nicht nur gerne heiratet, sondern auch abfeiert, hat hier jedenfalls mit Hungern nicht viel im Sinn. Ganz im Gegenteil. Aber schließlich wurde die Insel ja auch nicht von den Weight Watchers gepachtet, sondern von einem Promiwirt, der hier seine Ideen von »Bayerns geilster Eventlocation« verwirklichen möchte.

47°43'15.8"N 11°51'41.6"O

Eine Insel für sich allein

~

Es sind schon sehr exklusive Hochzeitsnächte, die junge Brautpaare hier auf der Insel erleben können. Zumindest für eine Nacht – oder was halt noch davon übrig ist – sind sie in ihrem Hochzeitszimmer ganz allein auf der Insel. Für alle anderen Hochzeitsgäste geht's nächtens wieder per Schiff zurück ans Festland.

Für Hochzeiten und Feiern stehen auf der etwa 5000 m^2 großen Insel Wörth ein uriges Wirtshaus, eine Blockhütte, eine Terrasse, Liegewiesen und der schon besagte Aussichtsturm zur Verfügung. Etabliert hat sich der an vielen Sonntagen im Jahr stattfindende Inselbrunch.

Manchmal ein Event – oft nur Badeinsel

~

Ob schwimmend oder mit Boot: das Anlanden auf der Schlierseeinsel ist grundsätzlich gestattet. Unter der Woche muss man sich halt, was das leibliche Wohl angeht, selbst versorgen. Wer zur Insel schwimmt oder mit dem eigenen Boot fährt, der sollte das Wetter im Auge behalten. Hier im Alpenvorland können im Sommer rasch Gewitter mit zum Teil heftigen Sturmböen aufziehen, die auf dem See unberechenbare Wellen entstehen lassen.

Der Inselwirt und sein Trauungsfahrzeug

Geografie

Die gut 2 ha große und dicht bewaldete Insel ist an der nahesten Stelle knapp 200 m vom westlichen Seeufer entfernt. Im Nordwesten der Insel befindet sich das »Wirtshaus im See«, am westlichen Ende ein Bootshaus und eine Blockhütte. Die Insel ist von Schliersee aus mit der Schifffahrt Schliersee oder einem Inseltaxi erreichbar.

Sehenswert

Der Aussichtspunkt ist mittels einer leichten Wanderung über die Burgruine Hohenwaldeck erreichbar. Hier genießt man einen tollen Blick über den Schliersee, in die Alpen und auf die Insel Wörth.

Empfehlenswert

Ein Inselbrunch-Gutschein könnte für Freunde und Bekannte eine schöne Geschenkidee sein.

Wissenswert

Wer auf kürzestem Weg zur Insel schwimmen möchte, der sollte sich eine Schwimmboje für den Gepäck- und Provianttransport bzw. für die Sicherheit und Sichtbarkeit umschnallen und vom nördlichsten Parkplatz am Westufer starten.

Wandern & Baden

Zum Wandern, eher Spazierengehen, gibt es ein paar Trampelpfade, die rund um die kleine Insel führen; insgesamt eine Unternehmung von max. 20 Min. Gebadet wird am besten am Strand unterhalb der Liegewiese an der Blockhütte. Es gibt aber auch kleinere, versteckte Badebuchten unter alten Bäumen im Inselwald.

Die bequemste Anreise erfolgt mit Fähre oder Wassertaxi

Für wen sich ein Besuch ganz besonders lohnt

Für Hochzeitspaare und Hochzeitsgesellschaften.
Für Festlandsflüchtige.
Für Wildswimmer.

Anreise

Mit dem Auto
A8 München-Salzburg, Ausfahrt Weyarn, B307 über Miesbach, Hausham nach Schliersee, bis zum Parkplatz bei der Schifffahrtsstation an der »Vitalwelt«.

Mit der Bahn
Ab München mit den stündlich verkehrenden Nahverkehrszügen der Bayerischen Oberlandbahn über Holzkirchen nach Schliersee. Mit Bus oder Taxi zur Schifffahrtsstation.

Links

www.schliersee.de
www.insel-schliersee.de
www.schlierseeschifffahrt.de

Blick von der Insel auf den Ort Schliersee

INSEL-ABC

Eine **Binneninsel** ist eine in einem Binnengewässer, also in einem Fluss oder See gelegene Insel. Laut einer inoffizielen und nicht unumstrittenen Auflistung gibt es in Deutschland zumindest 62 Binneninseln.

Im engeren Sinn ist **Blanker Hans** eine bildhafte Bezeichnung für die aufgewühlte Nordsee bei Sturmfluten. Im weiteren Sinne werden heute auch orkanartige Stürme über anderen Seegebieten so bezeichnet.

Unter **Buhne** versteht man einen rechtwinklig zum Strand in ein Meer vorgebauten oder vom Ufer zur Flussmitte hin errichteten Damm, der dem Küstenschutz oder dem Wasserbau dient. Buhnen bewirken, dass parallel zum Ufer auftretende Strömungen so weit gebremst werden, dass kein Sandabtrag, sondern eher eine Anlagerung mitgeführter Sedimente stattfindet.

Eine **Dalbe** ist ein in den Hafengrund eingerammter Pfahl zum Befestigen oder Abweisen von Schiffen oder zur Markierung der Fahrrinne. Namensgeber ist der Herzog von Alba. Duc d'Albe ließ sie in Häfen der ehemals spanischen Niederlande einsetzen, um zusätzliche Schiffe unterzubringen.

Der Begriff **Deich** bezeichnet wasserbauliche Schutzanlagen entlang von Küsten und Flüssen. Die asymmetrisch profilierten Bauwerke liegen als Damm längsseits eines Flusses oder des Meeresufers, um das niedrige, unmittelbar daran anschließende Hinterland vor Überflutungen zu schützen.

Eiland ist ein veralteter Begriff für eine kleine Insel und hat nichts mit der tatsächlichen Form einer Insel zu tun.

Eine **Eselsbrücke**, um sich die Reihenfolge der Ostfriesischen Inseln von Ost nach West zu merken lautet: »Welcher Seemann Liegt Bei Nelly Im Bett?« Dabei stehen die Initialen für Wangerooge, Spiekeroog, Langeoog, Baltrum, Norderney, Juist und Borkum.

Der **Fething** ist ein Regenwassersammelbecken und dient auf den Halligen und Warften in den Marschgebieten der deutschen Nordseeküste als Viehtränke. Meist wurde der Fething an der höchsten Stelle, also etwa in der Mitte der Hallig oder Warft, angelegt.

Die **Geest** bezeichnet eine geomorphologische Landform in Norddeutschland. Geestrücken sind durch Sandablagerungen während der Eiszeiten entstanden und zumeist höher als das nacheiszeitlich entstandene Schwemm- oder Marschland.

Die **Gezeiten** oder Tiden sind die Wasserbewegungen der Ozeane, die infolge der Gravitation des Mondes und der Sonne durch die zugehörigen Gezeitenkräfte verursacht werden. Die Gezeiten wirken sich vorwiegend an den Küsten aus. Da der stärkere Einfluss vom Mond ausgeht, gibt es nicht in 24, sondern in knapp 25 Stunden zweimal Hochwasser und zweimal Niedrigwasser, denn der Mond steht erst nach durchschnittlich 24 Stunden 49 Minuten wieder an ungefähr gleicher Stelle am Himmel.

Eine **Halbinsel** ist eine in einem Gewässer liegende, auch bei Flut über den Wasserspiegel hinausragende Landmasse, die überwiegend, aber nicht vollständig von Wasser umgeben ist, sondern noch über eine natürliche Verbindung zum Festland verfügt. Oft sind Halbinseln ehemalige Inseln, die durch Verlandungen eine Verbindung zum Festland erhielten. Brücken oder künstliche Dämme, die eine Insel mit dem Festland dauerhaft verbinden, machen diese gewöhnlich nicht zur Halbinsel. Sylt gilt trotz des Hindenburgdamms als eine Insel, gleiches gilt für die größte deutsche Insel, Rügen, mit dem Rügendamm. Ein Gegenbeispiel ist das Fischland-Darß-Zingst, das heute als Halbinsel gilt, obwohl es früher eine Inselkette war.

Die **Halligen** sind kleine, nicht oder nur wenig geschützte Marschinseln vor den Küsten, die bei Sturmfluten überschwemmt werden können. Dies unterscheidet sie von anderen Inseln. Sie liegen im nordfriesischen Wattenmeer an der Nordseeküste Schleswig-Holsteins sowie an der Nordseeküste Dänemarks. Die 10 heute noch existierenden, bis 956 ha großen deutschen Halligen gruppieren sich kreisförmig um die Insel Pellworm, die selbst keine Hallig ist. Sieben der 10 Halligen sind heute ständig bewohnt.

Ein **Hochsand** ist eine Sandbank im Wattenmeer, die so weit über dem mittleren Tidehochwasser liegt, dass sie nur bei Sturmfluten oder gar nicht überspült wird. Die meisten Hochsände entstanden aus flacheren Sandbänken. Die hohe Lage ermöglicht Pflanzenwuchs, der seinerseits durch Festhalten von Flugsand für eine weitere Erhöhung der Sandfläche sorgen kann. Ein Hochsand kann sich somit im Laufe der Jahre zu einer Düneninsel entwickeln, er kann wandern oder auch zu einer flacheren Sandbank abgetragen werden.

Eine **Insel** ist eine in einem Meer oder Binnengewässer liegende, auch bei Hochwasser über den Wasserspiegel hinausragende Landmasse, die vollständig von Wasser umgeben, jedoch kein Kontinent ist. Für die Definition ist die tatsächliche Größe der umspülten Landmasse irrelevant, selbst kleine Felsgebilde wie die Schären werden dehalb oft noch als Inseln bezeichnet. Von den 77 deutschen Meeresinseln liegen 51 in der Ost- und 26 in der Nordsee. Dazu kommen noch – je nach Zählweise – 62 Binneninseln und 10 Halligen.

Ein **Koog** ist an der Nordsee durch Deichbau und Entwässerung aus der See gewonnenes flaches Marschland. In der Regel wird ein Koog durch Eindeichung geschützt.

Künstliche Flussinseln entstanden zumeist mittels Durchstich, um die Schiffbarkeit eines Flusses zu erhöhen oder um Schifffahrtswege abzukürzen. Beispiele für derart geschaffene Flussinseln sind in Deutschland etwa die Weininsel am Main und der Kühkopf am Rhein.

Mit **Land unter** (auch: **landunter**) wird im deutschen Sprachraum meist die Überflutung des Grünlandes der Halligen vor der nordfriesischen Nordseeküste bezeichnet, das nur etwa einen halben Meter höher als der Pegel der mittleren Flut liegt; nur die zum Schutz von Häusern, Menschen und Vieh aufgeworfenen Erdhügel (Warften) bleiben in der Regel davon verschont.

1888 fertigte Arnold Böcklin ein Bild mit dem Titel **Lebensinsel**. Es stellt eine kleine Insel dar, mit ausgelassen badenden Göttern und einigen Schwänen im Vordergrund, auf der Insel ist eine Gruppe einander im Reigen zugewandter Menschen zu erkennen. Das Bild, wie auch die erste Version der berühmteren Toteninsel, hängt im Kunstmuseum Basel.

Als **Leeseite** wir auf einer Insel immer die der Hauptwindrichtung abgewandte Seite einer Insel bezeichnet.

Eine **Lorenbahn** ist eine Schmalspurbahn einfachster Bauart. Auf manchen Halligen der Nordsee besitzt jede Familie ihre eigene Lorengarnitur. Diese besteht aus einer kleinen Lokomotive und ankoppelbaren Transportwagen. Über den Lorendamm können damit vom Festland Post, Einkäufe, Güter aber auch Feriengäste zur Hallig transportiert werden. Früher wurden die Loren auch oft von Pferden gezogen, oder – zumindest in eine Richtung – durch Montage von Segeln, vom Wind angetrieben.

Natürliche Flussinseln entstehen entweder durch Verzweigungen des Flussbetts in mehrere Flussarme oder in Flüssen mit verflochtenem Lauf. Die Inseln gehen graduell in Sand- und Kiesbänke über. Als Unterscheidungsmerkmal wird oft die Ausbildung von Vegetation genannt: Inseln sind meist permanent und dicht mit Pflanzen bewachsen, während Bänke vegetationsfrei oder nur mit nicht deckender Vegetation bewachsen sind. In natürlichen Wildflusslandschaften werden Inseln regelmäßig neu gebildet und bei starken Hochwassern durch Erosion wieder abgetragen, oder ihre Lage, Abgrenzung und Gestalt verändert sich durch Verlagerung des Flusslaufs.

Eine **Phantominsel** oder **Scheininsel** ist eine Insel, die auf historischen Karten verzeichnet oder in historischen Schriftstücken beschrieben ist, aber tatsächlich nie existierte. Phantominseln verweisen nach heutigem Wissensstand weder auf eine bestehende Insel, noch sind sie vulkanisch, tektonisch, klimatisch oder durch Erosion unter den Meeresspiegel gesunken. Viele Phantominseln waren zeitweise auf Seekarten eingetragen.

Die **Pricke** ist eine häufig im Wattenmeer verwendete Fahrwasserkennzeichnung. Dazu werden meistens junge, etwa 5 bis 7 Meter hohe Birken oder Stangen mit Zweigbüscheln verwendet.

Ein **Priel** ist ein natürlicher, oftmals mäandrierender Wasserlauf im Watt, in der Marsch und in Küstenüberflutungsmooren. Er kann die Fortsetzung eines Flussarms von Land auf dem Wattenmeer sein oder aber verschiedene bei Niedrigwasser voneinander getrennte Meeresteile miteinander verbinden.

In **Robinson Crusoe**, einem 1719 erschienen Roman von Daniel Defoe, wird die Geschichte eines Seemannes erzählt, der als Schiffbrüchiger rund 28 Jahre auf einer Insel verbringt. Das literarische Motiv des Eingeschlossenseins auf einer Insel wird nach ihm auch als Robinsonade bezeichnet.

Salzwiesen sind vom Meer periodisch oder unregelmäßig überflutete Bestände krautiger Pflanzen (Salzpflanzenvegetation). Sie bilden den natürlichen Übergang und die biologische Grenze zwischen Land und Meer auf gezeitengeprägten Schwemmböden.

Das **Seegatt** ist eine Strömungsrinne, die durch die ständig hin und her strömenden Wassermassen, meist wegen der Gezeiten, erodiert. Es ist meist ein relativ schmaler – aber tiefer (bis zu 30 m) – Durchlass zwischen Landmassen (Inseln und Halbinseln) oder flachen Stellen im Wattenmeer sowie – weniger tief – an Lagunenküsten auch ohne Tidenhub.

Als **schwimmende Insel** bezeichnet man ein natürliches oder künstliches Gebilde, das an der Gewässeroberfläche treibt und nicht mit dem Grund des Gewässers verbunden ist. Schwimmende Inseln sind keine Landmassen und somit auch keine echten Inseln. Schwimmende Inseln können mehrere hundert Meter lang werden. Bewegt wird eine schwimmende Insel durch den Wind oder durch die Strömung. Einige waren einst Teil des Ufers und haben sich, meist nach Naturkatastrophen, gelöst und wurden weggeschwemmt. Größere Abbruchstücke können ihren Bewuchs behalten haben und Büsche oder Bäume aufweisen. Andere entstehen auch durch die anwachsende Verflechtung von pflanzlichem

Material. In Deutschland gibt es schwimmende Inseln in folgenden Seen: Hautsee, Schollener See, Kleiner Arbersee, Ungeheuersee, Prinzessinloch.

Ein **Siel** ist ein verschließbarer Gewässerdurchlass in einem Deich. Das Schließen erfolgt normalerweise durch höheren Druck bei höherem Wasserspiegel auf der Meerseite, das Öffnen durch höheren Druck von der Binnenseite bei niedrigem Wasserstand auf der Meerseite. Ein Siel ist also ein Ventil zur passiven Entwässerung des hinter dem Deich gelegenen Binnenlandes, besonders als Teil des Entwässerungssystems von Marschgebieten.

Als **Sood** auch **Soot** wird eine Zisterne auf Warften bezeichnet, in die das von den Dächern gesammelte Regenwasser geleitet wird. Früher waren die Soode mit Grassoden, später dann mit Holz oder Backsteinmauerwerk ausgekleidet. Bis 1970 war Regenwasser aus Sooden für einige Warften auf den Halligen die einzig mögliche Trinkwasserversorgung.

Tauteiche, auch Himmelsteiche genannt, dienen der Süßwasserversorgung in Gebieten ohne nutzbare Quellen, oberflächennahem Grundwasser oder sonstigen Zuflüssen, wie z. B. in Küstenregionen und Karstgebieten. Tauteiche gibt es unter anderem auf den Warften der Halligen.

Tetrapoden sind vierfüßige Betonblocksteine, die in Küstenschutzbauwerken Verwendung finden. Tetrapoden werden an der Küstenlinie, an Dämmen oder Hafenmolen aneinandergereiht oder in mehreren Reihen aufeinandergeschichtet. Sie dienen als Wellenbrecher und sollen die Kraft der Wasserwellen, die gegen das Ufer schlagen, mindern.

Toteninsel heißen fünf Gemälde Arnold Böcklins. Alle entstanden zwischen 1880 und 1886 und zeigen eine düstere, zypressenbestande Felsinsel. In den Felsen sind Grabkammern zu sehen. Im Kahn, der auf die Insel zusteuert, befinden sich eine weiß verhüllte stehende Gestalt, ein weißer Sarg und ein Ruderer.

Eine **Warft** ist ein aus Erde aufgeschütteter Siedlungshügel, der dem Schutz von Menschen und Tieren bei Sturmfluten dient. Auf einer Warft können sich je nach Größe Einzelgehöfte oder auch ganze Dörfer befinden. Warften sind zumeist rund, manchmal aber auch langgestreckt. Sie kommen in den nordwestdeutschen Marschgebieten und in der Nordsee auf den Halligen vor. Die bereits seit dem 3. Jahrhundert v. Chr. entstandenen Hügel waren lange vor dem Deichbau der einzig wirksame Hochwasserschutz.

Als **Watt** bezeichnet man Flächen in der Gezeitenzone der Küsten, die bei Niedrigwasser trockenfallen. Dabei kann es sich um Sand-, Misch-, Schlick- oder Felswatt handeln. Der Begriff Watt leitet sich vom altfriesischen Wortstamm wada »durch waten passierbar, seicht, untief« her. Sehr ausgedehnte, von Prielen durchzogene Wattgebiete an Flachküsten bilden zusammen mit unmittelbar angrenzenden Gebieten, wie z. B. Salzwiesen, ein Wattenmeer. Watt gibt es aber auch in der Uferzone und in Seitenarmen von Flussmündungen.

Der **Werder** ist eine topografische Bezeichnung. Sie wird für Inseln gebraucht, die zwischen Flüssen oder in stehenden Gewässern liegen. Weiterhin bezeichnet Werder eingedeichtes oder aus Sumpf trockengelegtes und als Moorbesiedlung urbar gemachtes Land. In Ortsnamen finden sich noch -werth, -wörth, -ward und ähnliche Formen. Das Wort ist seit dem 8. Jahrhundert in der Bedeutung »Flussinsel« nachgewiesen.

Packrafts – die idealen Begleiter fürs Islandeering

Pack – was?
Packraft ist eine Wortschöpfung, die sich aus Backpacking und Rafting zusammensetzt. Hierzulande werden diese Wasserfahrzeuge zumeist als Rucksackboote bezeichnet. Wobei der Wortteil Raft oftmals zu Irritationen führt, da man im Deutschen unter Raft eher für den Wuchtwasser-Einsatz konzipierte, große Schlauchboote mit mehrköpfiger Besatzung versteht.

Das Reiseboot für unterwegs
Packrafts sind luftbefüllte Reiseboote, die sich durch leichtes Gewicht und kompakte Transportmaße bei gleichzeitig hoher Widerstandsfähigkeit auszeichnen. Auch das Zubehör wie Paddel und »Luftspender« sind gewichts- und größenoptimiert. Die Paddel sind bis zu vierfach teilbar, oftmals aus Carbon, und statt herkömmlicher Luftpumpe oder Blasebalg kommt ein ganz leichter »Luftsack« zur Anwendung. Kleinere Boote lassen sich sogar nur mit dem Mund aufblasen. Dass sich diese Ausrüstung deshalb ideal zur Mitnahme bei Hike- oder Bike-Touren eignet, liegt auf der Hand. Sie bietet allerdings auch für den Islandeering-Einsatz beste Voraussetzungen.

Allgemeine und spezielle Packraft-Vorteile
Packrafts sind leicht zu verstauen, sowohl zu Hause als auch im Auto, in öffentlichen Verkehrsmitteln oder im eigenen Wanderrucksack. In der kompaktesten Ausführung lässt sich die komplette Bootsausrüstung sogar in einer Schwimmboje oder aber in einem vom Autor mit- und weiterentwickelten SWACK, einer Kombination aus Wanderrucksack (Backpack) und Schwimmboje (Swimbuoy), transportieren.
Im Zusammenspiel dieser Ausrüstungsgegenstände lassen sich interessante Islandeering Paddel-, Rad- und Wander-Kombinationen realisieren.

Beispiele für Islandeering-Packrafting Einsätze
Variante 1 »größere Insel«: Übersetzen zur Insel mit dem Packraft (z. B. MRS Adventure X2) samt Mitnahme eines Mountainbikes, Erkundung der Insel mit dem Mountainbike und dem Packraft im SWACK, Abkürzen eines Fjords durch Traversierung mit dem Packraft, Weiterfahrt mit dem Mountainbike bis zur Felsküste, Abstellen des Mountainbikes und Abstieg zu einem »wilden« Badestrand, unten wahlweise Schwimmen mit SWACK oder Paddeln mit Packraft und dann das Ganze retour.

Variante 2 »Island-Hopping«: Überfahrt zur Hauptinsel mit Fähre mit UL-Packraft im SWACK am Rücken, Aufrüsten des Packrafts und Übersetzen zur benachbarten Kleininsel, Erkundung und Badeaufenthalt auf dem kleinen Eiland, Verpacken des Packrafts (z. B. Anfibio Nano Sl) im – jetzt als Schwimmboje genutzten und mit einem Hüftgurt vom Schwimmer gezogenen, luftbefüllten – Swack,

Schwimmen zurück zur Hauptinsel, Packraft im – jetzt wieder als Rucksack genutzten – SWACK verstauen und Rückfahrt zum Festland mit Fähre.

Variante 3 »Flussinsel in Wildfluss«: Je nach Strömung entweder per »Seilfähre« mit dem wildwassertauglichen Packraft (z. B. MRS Alligator 2S Pro) direkt zur Insel oder etwas oberhalb der Insel einsetzen und strömungsunterstützt die Insel anlanden, Flussinsel erkunden und anschließend wieder mit dem Packraft retour.

Heißt leicht auch leicht kaputt?
Aufgrund des leichten und dünnen Bootsmaterials scheint diese Frage auf den ersten Blick durchaus berechtigt. Bei genauerer Betrachtung zeigt sich jedoch, dass die Haut eines Packrafts keinerlei Ähnlichkeit mit den PVC-Billigschlauchbooten aus dem Supermarkt hat. Echte Packrafts bestehen aus urethanbeschichteten Nylon. Dank spezieller Oberflächenbehandlung ist dieses Material äußerst widerstandsfähig, kältefest und UV-resistent.

Der Aufbau der Packcrafts
Im Wesentlichen bestehen die kleinen Schlauchboote aus einer Bodenwanne und einem luftbefüllten Außenschlauch, ggf. Spritzdecke und weiterer Sonderausstattung (z. B. Finne, Schenkelgurte, Gepäckreißverschluss). Dazu kommt dann zumeist noch ein ebenfalls aufblasbarer, einhängbarer Sitz samt Rückenlehne.

Die Packcraft-Modelle
Mixed Doppel
Die größten Modelle sind für zwei Personen konzipiert und sind, wenn man zu zweit paddeln gehen will, sowohl vom Preis-Leistungs- als auch vom Pro-Kopf-Gewichtsverhältnis deutlich günstiger als zwei Einser-Modelle. Wird dieser Bootstyp nur von einer Person benutzt, sind entsprechend hohe Zuladungen und auf Zahmgewässern sogar Fahrradtransporte möglich. Im Schnitt weist dieser Bootstyp ein Gewicht von etwa 3,5 Kilo auf.
Beim Autor im Einsatz gewesen: MRS Adventure X2

Ultra-Light
Kaum zu glauben, aber die leichteste Bootsvariante bringt zur Zeit nur etwa 800 g auf die Waage (Anfibio Nano SL). Selbstverständlich ist diese Variante nicht für große Zuladungen, Langstrecken oder wilde Gewässer geeignet. Die Befahrung oder das Crossing von Flüssen, Seen, Buchten oder Fjorden ist damit aber jedenfalls gut machbar.
Will man die Bootsausrüstung tatsächlich auch in SWACKS/Schwimmbojen transportieren, dann sind diese Boote die ideale Wahl.
Beim Autor im Einsatz gewesen: Anfibio Alpha XC

Performance
Je nach Modell und Ausstattungsvariante verfügen diese Bootstypen über eine stärkere Bootshaut sowie zusätzlich über Spritzdecken und Schenkelgurte. Das macht sie wildwasser-, hochsee- und für Könner sogar eskimorollentauglich. Das Gewicht dieser Boote liegt etwa bei drei Kilo.

Beim Autor im Einsatz gewesen:
MRS Alligator 2S Pro

Sonderausstattungen
Einige Modelle gibt es in einer Sonderausstattung mit luft- und wasserdichten Reißverschlüssen (Internal Storage System / ISS oder TubeBags). So kann das Gepäck innerhalb des Luftwulstes untergebracht werden.
Auch die Paddel gibt es von ultralight und kompakt bis zu wildwassertauglich. Je nach Vorliebe können die Boote mit Stech- oder Doppelpaddel gefahren werden.

Der verlässliche Partner wenn's um Packrafting geht
Die Mannschaft des in Dresden, Leipzig und im Web beheimateten Anfibio Packrafting Stores ist kompetent, outdoorminded und servicestark. Hier werden nicht nur die besten Packrafts am Markt vertrieben, hier wird auch selbst entwickelt und repariert und natürlich in jeder freien Minute »gepackrafted«.

Kontakt:
Anfibio Packrafting Store / Leipzig I Dresden
Tel: 0049(0)341/39281264 / info@packrafting-store.de
www.packrafting-store.de/www.packrafting.de (Blog)

Hansjörg Ransmayr – der Autor

»Der Mann, der in Postkarten schwimmen kann«

Obiges Zitat stammt von einer Freundin aus der Facebook-Gruppe »Bergseen-Schwimmen«. In seinen jungen, wilden Jahren war Hansjörg Ransmayr begeistert vom alpinen Kajaksport. Schon dabei hat er manchmal frei-, aber auch öfter unfreiwillig kalte alpine Gewässer beschwommen. Von da war es denn auch nur ein kleiner Schritt zum Openwater-, also Freiwasserschwimmen. Beim Freiwasserschwimmen verdiente sich der Salzburger seine ersten Sporen im Salzwasser: Als erster Österreicher durchschwamm er die Straße von Gibraltar, und von der Gefängnisinsel Alcatraz schlug er sich durch eiskaltes Wasser durch nach San Francisco. Als erster und einziger Österreicher nahm er 2010 im eisigen Wasser des Bleder Sees an der dortigen Winter-Swimming-WM in Bled teil. Als Kind der Berge und begeisterter Bergwanderer war es nur logisch, dass Ransmayr alsbald seine Liebe zu den heimischen Bergseen entdeckte. Er gründete die Facebook-Gruppe »Bergseen-Schwimmen« und den Infoblog »alpine-swimming.com«. Dabei kommen ihm seine Fähigkeiten, die er sich während seiner jahrzehntelangen Tätigkeit als Creative Director einer Werbeagentur und Autor angeeignet hat, zugute. Momentan ist er als freier Konzeptionist, Texter und Autor tätig. Darüber hinaus ist er in diverse TV- und Buchprojekte zum Thema Wildswimming und alpines Schwimmen involviert. Unter »Swimsalabim« entwickelt er touristische Schwimm-Projekte für heimische Anbieter und internationale Schwimmreise-Veranstalter. Im Rahmen von »Alpine-Swimming Tours & Holidays« sollen so Gäste bei begleiteten Touren ihre Liebe zu alpinem Wildswimming entdecken können. Als geprüfter Bergwanderführer und aktiver Wasserretter ist ihm das Thema Sicherheit am und im Wasser ein ganz besonderes Anliegen. Dies ist auch einer der Gründe, warum sich Ransmayr intensiv mit der Entwicklung innovativer Produkte für das Freiwasserschwimmen befasst. Darüber hinaus ist er in der nationalen und internationalen Freiwasser- und Eisschwimm-Community tief verankert.

Martin Elsen – Luftbildfotograf

Die Fotos auf den Seiten 15a, 20, 31, 44, 91b, 99, 127, 162, 217b, 246, 253b, 426 kommen von © Martin Elsen, einem der bekanntesten deutschen Luftbild-fotografen. Martin Elsen hat sich auf die Fahnen geschrieben Deutschlands faszinierende Küste einem großen Publikum zu zeigen. Z. B. bei Facebook besuchen ihn auf seiner Seite luftbild.fotograf.de bis zu einer Millionen User monatlich. Geflogen wird mit einem Flugzeug oder auf Kundenwunsch auch mit dem Helikopter. Martin Elsen fliegt von Mitte Mai bis Ende September die schöne Nord- und Ostsee Küste ab.

Seine Fotos erscheinen in vielen bekannten deutschlandweiten Publikationen (u.a. GEO, Stern, BILD, Kampen.de, Sylt.de usw.).

Viele Bücher sind von Martin Elsen schon erschienen (u.a. Faszination Nordseeküste und Faszination Ostseeküste).

www.luftbild.fotograf.de
www.nord-luftbild.de

Impressum

Islandeering Detuschland
Entdecke die kleinen und großen Inseln in Deutschlands Meeren, Flüssen und Seen

Haffmans Tolkemitt
1. Auflage Mai 2020
ISBN 978-3-942048-69-9

Redaktion
Katharina Theml, Büro Z, Wiesbaden

Designkonzeption, Umsetzung und Satz
Linn Kleeberg, strokeandmarvel.de

Druck & Bindung
Adverts Ltd., Riga
Printed in Latvia

Danksagung
Für die Unterstützung am Zustandekommen dieses Buches möchte ich mich neben meinem Verleger Till Tolkemitt, der Art-Direktorin Linn Kleeberg und der Lektorin Katharina Theml besonders bedanken bei: E. Ransmayr, J. Ransmayr, S. Schellin, D. Carstensen, A. Spiegel-Schmidt, F. Breimann, A. Mittermair, U. Kirsten, D. Forberger, R. Baumgärtl, E. Lichtenberger, S. Böttcher, K.- Henschel, M. Elsen, M. Widuch, S. Lenz, J. Koch, R. Reich, M. Drux, U. Steger, C. Kickum, M. Hauser, B. Mahler und L. Pes, J. Liske, D. Lotze.

Der Verlag dankt Daniel Start.

www. haffmans-tolkemitt.de
www.wildund.cool

wildundcool
#islandeering.de
#wildundcool

Alle Fotos Bilder von Hansjörg Ransmayr außer den Luftbildern von Martin Elsen (s. S. 426) und den Bildern auf Seite(n): Cover (Alamy/imageBROKER),18, U4 b User: Matthias Süßen (https://commons.wikimedia.org/wiki/File:Sonnen-untergangKniepMSU768.jpg), https://creativecommons.org/licenses/by-sa/4.0/legalcode, 23 User: Matthias Süßen (https://commons.wikimedia.org/wiki/File:Amrum_M_Suessen-4449.jpg), https://creativecommons.org/licenses/by-sa/4.0/legalcode, 34 Stadt Wunstorf, 42 Gemeinde Baltrum/Olaf Kün, 57 d Datenquelle: Bayerische Vermessungsverwaltung – www.geodaten.bayern.de (https://commons.wikimedia.org/wiki/File:Abtsdorfer_See_Orthofoto.jpg), Abtsdorfer See Orthofoto, 76, 77, 78, 79 Stadt Brandenburg O. Böttcher 91 a, 199 D. Carstensen, 104, Klappe a Gerhard66 (https://commons.wikimedia.org/wiki/File: Chiemsee_Fraueninsel.JPG), Chiemsee Fraueninsel, https://creativecommons.org/licenses/by/3.0/legalcode, 114 R.Grasses, 115 Sammlung Bergischer Geschichtsverein e.V. / Nachlass Manfred und Waltraud Jakob,118 b,119 b, c, 121 Regio-Nord mbH-Archiv, 138 b, 139 b,c Bayerische Schlösserverwaltung, 139 a, 140 Bayerische Schlösserverwaltung (Foto: Bavaria Luftbild Verlags GmbH), 170 Böhringer (https://commons.wikimedia.org/wiki/File:LindauInsel.jpg), LindauInsel, https://creativecommons.org/licenses/by-sa/2.5/legalcode, 171, 212, 213, 374 b, 378 b, 424 E. Ransmayr 180 Aconcagua (https://commons.wikimedia.org/wiki/File:Nixe_Isa_(Jochenstein).jpg), Nixe Isa (Jochenstein), https://creativecommons.org/licenses/by-sa/3.0/legalcode, 181 a High Contrast (https://commons.wikimedia.org/wiki/File:Kraftwerk_Jochenstein, _August_2012.JPG), Kraftwerk Jochenstein, August 2012, https://creativecommons.org/licenses/by/3.0/de/legalcode, 181 b High Contrast (https://commons.wikimedia.org/wiki/File:Jochenstein_Donau, _2012.JPG), Jochenstein Donau, 2012, https://creativecommons.org/licenses/by/3.0/de/legalcode, 183 Marktgemeinde Engelhartszell (https://commons.wikimedia.org/wiki/File:Donaukraftwerk_ Jochenstein.JPG), Donaukraftwerk Jochenstein, https://creativecommons.org/licenses/by-sa/3.0/at/deed.en, 205 a C. Löser (https://commons.wikimedia.org/wiki/File:Drochtersen_Krautsand_Große-Räthe_Juni-2018_04DSC_0989.JPG), Drochtersen Krautsand Große-Räthe Juni-2018 04DSC 0989, https://creativecommons.org/licenses/by/3.0/de/legal-code, 205 c Torsten Behrens from Tarbek – Segeberg – Schleswig-Holstein, Deutschland (https://commons.wikimedia.org/wiki/File: Unterfeuer_Krautsand_(5065272824). jpg), Unterfeuer Krautsand (5065272824), https://creativecommons. org/licenses/by/2.0/legalcode, 206 Ra Boe / Wikipedia (https://commons.wikimedia. org/wiki/File: Luftaufnahmen_Nordseekueste_2011-09-04_by-RaBoe-073.jpg), Luftaufnahmen Nordseekueste 2011-09-04 by-RaBoe-073, https://creativecommons.org/licenses/by-sa/3.0/de/legalcode, 210 Hessische Polizeifliegerstaffel, 211 b UBZ / K. Lemp, 216 Losdedos (https://commons.wikimedia.org/wiki/File:Pirolatal-langeoog.jpg), Pirolatal-langeoog, https://creativecommons.org/licenses/by-sa/3.0/de/legalcode, 218 b User: Huebi (https://commons.wikimedia.org/wiki/File:Luftaufnahme_Langeoog.jpg), Luftaufnahme Langeoog, https://creativecommons.org/licenses/by-sa/3.0/legalcode, 219 b WHVer, Uwe Karwath, Wilhelmshaven (https://commons.wikimedia.org/wiki/File:2009_04_Inselkirche_Langeoog.JPG), 2009 04 Inselkirche Langeoog, https://creativecommons.org/licenses/by/3.0/legalcode, 225 Kreisstadt Donauwört/F.Felten, 234,235 a, c, 428 A. Scharschmidt, https://creativecommons.org/licenses/by/3.0/de/legalcode 261 Ra Boe/Wikipedia (https://commons.wikimedia.org/wiki/File:Luftaufnahmen_Nordseekueste_2012-05-by-RaBoe-252.jpg), Luftaufnahmen Nordseekueste 2012-05-by-RaBoe-252, https://creativecommons.org/licenses/by-sa/3.0/de/legalcode, 273 b Ra Boe/Wikipedia (https://commons.wikimedia.org/wiki/File:Luftaufnahmen_Nordseekueste_2012-05-by-RaBoe-090.jpg), Luftaufnahmen Nordseekueste 2012-05-by-RaBoe-090, https://creativecommons.org/licenses/by-sa/3.0/de/legalcode,275 c Michael Schuchard (https://commons.wikimedia.org/wiki/File:Pellworm_alteKirche_orgel_MS_P4140091a.JPG), Pellworm alte Kirche Orgel MS P4140091a, https://creativecommons.org/licenses/by-sa/3.0/legalcode, 286 c Berlin,Pfaueninsel, Menagerie, Voliere, Stiftung Preußische Schlösser und Gärten Berlin-Brandenburg, M. Lüder, 287 a Berlin, Pfaueninsel, Park, Meierei, Stiftung Preußische Schlösser und Gärten Berlin-Brandenburg, J.P. Anders, 287 b Berlin, Pfaueninsel, Schloss, Festsaal, Stiftung Preußische Schlösser und Gärten Berlin-Brandenburg, W. Pfauder, 288 Barth Wilhelm, Schloss Pfaueninsel, GKI 11887, Stiftung Preußische Schlösser und Gärten Berlin-Brandenburg G., Lepkowski, 289 Berlin Pfaueninsel, Schloss, Ansicht von Osten, Stiftung Preußische Schlösser und Gärten Berlin-Brandenburg, W. Pfauder, 293 b,c Feinkost Schäfer, 298, 301 Adobe Stock, 299 a A. Stedtler, bildershop.mz.de, 299 b, 300 S. Böttcher, 316 Helmlechner (https://commons.wikimedia.org/wiki/File:Donauwörth_Reichsstraße_2009_03.jpg), Donauwörth Reichsstraße 2009 03, https://creativecommons.org/licenses/by-sa/3.0/legalcode, 317 a, b Städt. Tourist-Information Donauwörth/Ulrike Steger, 319 F.Felten, 322, 323 Friedrich-Loeffler-Institut, 324, U4c Friedrich-Loeffler-Institut, W. Graupner, 330 b, 334, 335 Bayerische Schlösserverwaltung, www.schloesser.bayern.de, 331 b, Klappe c Bayerische Schlösserverwaltung (Foto: Bavaria Luftbild Verlags GmbH) www.schloesser.bayern.de, 339 Patrick Huebgen USER:pahu (https://commons.wikimedia.org/wiki/ File:Klosterweltenburg_aussen.jpg), 351 Inselmann (https://commons.wikimedia.org/wiki/File:Spiekeroog_Luftbild.jpg), https://creativecommons.org/licenses/by-sa/4.0/legalcode, 390–393 S. Schacht, 402 (https://commons.wikimedia. org/wiki/File: Wilhelmstein_island_ Steinhuder_ Meer_lake_Lower_Saxony_Germany.jpg), https://creativecommons.org/licenses/by-sa/4.0/legalcode / Karten © Mapbox, © OpenStreetMap